# 非税收入知识读本

谭建淋 主 编
曾娟红 李珍萍 副主编

中国财经出版传媒集团
经济科学出版社
Economic Science Press

**图书在版编目（CIP）数据**

非税收入知识读本/谭建淋主编．—北京：经济科学出版社，2020.3（2021.7 重印）
ISBN 978-7-5218-1374-6

Ⅰ．①非…　Ⅱ．①谭…　Ⅲ．①非税收收入-财政管理-基本知识-中国　Ⅳ．①F812.43

中国版本图书馆 CIP 数据核字（2020）第 037852 号

责任编辑：周国强
责任校对：郑淑艳
责任印制：邱　天

**非税收入知识读本**
谭建淋　主　编
曾娟红　李珍萍　副主编
经济科学出版社出版、发行　新华书店经销
社址：北京市海淀区阜成路甲 28 号　邮编：100142
总编部电话：010-88191217　发行部电话：010-88191522
网址：www.esp.com.cn
电子邮件：esp@esp.com.cn
天猫网店：经济科学出版社旗舰店
网址：http：//jjkxcbs.tmall.com
固安华明印业有限公司印装
710×1000　16 开　16.75 印张　290000 字
2020 年 3 月第 1 版　2021 年 7 月第 4 次印刷
ISBN 978-7-5218-1374-6　定价：68.00 元

# 长沙税务干部学院教材
# 编审指导委员会

# 《非税收入知识读本》
# 编写委员会


主　编　谭建淋

副主编　曾娟红　李珍萍

审　稿　李志刚　李迈群　李珍萍　曾娟红

　　　　刘慧平　杨美莲

# 前　言

按照党中央、国务院关于国税、地税征管体制改革的决策部署，自2019年1月1日起由税务部门统一征收先行划转的非税收入。为适应改革需要，满足非税收入征管职责划转税务系统后税务干部学习需要，帮助税务干部提升适岗履职能力，我们编写了《非税收入知识读本》。

作为非税收入业务学习的入门教材，本书较为系统地论述了非税收入基本理论、基本原理和基本概念，回顾和分析了我国非税收入的发展历程，全面梳理了现行非税收入基本政策制度。本书具有以下两个突出特点：一是创新性，根据机构改革后非税收入征管职责划转税务系统后带来的业务上的变化，助力税务干部更新业务知识，填补了税务系统此类教材的空白。二是实用性，目前已出版的非税收入相关教材侧重于理论研究，本书以国税、地税机构合并后税务干部岗位需求为导向，可以帮助税务干部基本掌握非税收入必备知识，增强税务干部服务能力。本书也可以作为非税收入研究人员的学习用书。

《非税收入知识读本》为长沙税务干部学院税务干部教育培训系列教材之一，是在学院领导的组织和指导下，以本院教师为骨干力量编写完成的。李珍萍（第一章、第四章）、徐晓华（第二章）和刘慧平（第三章）负责具体编写。湖南省财政厅、国家税务总局湖南省税务局相关业务处室领导对本书进行了审定。中央财经大学王雍君教授对本书的编写进行了指导。

由于水平有限，书中疏漏之处在所难免，恳请读者批评指正。

编　者

2020年1月

# 目　　录

# 第一章　非税收入概述

自国家产生以来，非税收入就以各种形式与税收收入同时存在。市场经济条件下，非税收入是政府在提供局部受益的公共物品或准公共物品、规范具有负外部效应的社会行为、代行管理国有资源资产等履行经济社会管理职能的过程中取得的，非税收入已成为世界各国政府财政收入，特别是地方政府财政收入不可或缺的重要组成部分。

新中国成立以来，非税收入一直是我国财政收入的重要组成部分。2019年，我国一般公共预算收入为190 382亿元，其中非税收入为32 390亿元。非税收入占一般公共预算收入的17%。适应市场经济的要求，进一步规范和加强我国非税收入管理，建立合理的非税收入秩序，是理顺政府分配关系、增强政府宏观调控能力、深化公共财政体制改革的客观要求，是构建公共财政体系的重要内容之一，也是整顿和规范财经秩序，从源头上治理和防范腐败的重要举措，是依法行政、建设法治政府、优化营商环境、促进和谐社会建设的迫切需要。

## 第一节　非税收入基础理论

政府非税收入的取得，凭借的是政府拥有的公共权力和对国有资产的产权权利。不同类型的非税收入，其取得的理论依据也不相同。

### 一、成本补偿理论

公共物品一般分为纯公共物品和准公共物品。理论上讲，纯公共物品应由政府提供，其成本补偿由个人或企业向政府缴税；准公共物品则可以通过缴税或者缴费两种方式来解决。非税收入是政府提供准公共物品的成本补偿。

纯公共物品在消费上具有非排他性和非竞争性，而且存在效用的不可分割性（如作为纯公共物品的生态保护、社会治安等）。准公共物品则兼具公共物品和私人物品的双重性，其非竞争性和非排他性相对较弱。由于公共物品具有可共同消费的特点，许多人不付费也能消费，所以会导致“免费搭车”现象，如果要采取措施将不付费的人排斥出去，往往技术上做不到，或者即使能够做到，排斥成本也十分高昂。根据边际成本定价原则，政府在向社会提供纯公共物品时，不应该向使用者直接收费，也很难通过非税的方式来为纯公共物品筹集资金。政府提供纯公共物品的成本只能通过强制征税来加以弥补。

非税收入作为政府提高公共物品效率的重要途径，可以有效减少“免费搭车”现象。例如，准公共物品如公路、高等教育等若完全由政府以税收方式筹资然后免费提供，容易导致过度消费，造成消费拥挤，降低分配效率；而如果完全由市场提供，则又会造成商品供给量低于社会效率水平，导致社会福利损失。采用收费方式提供，虽然要承担一定的排他成本（如设立收费站、围墙等），但可以有效限制消费量，避免拥挤状态和拥挤成本，从而促使这类物品的分配效率和社会福利实现最大化。因此，对准公共物品成本的补偿，应当采用非税的形式，按照消费主体从准公共物品使用中获得的收益收取相关费用。

在实践中，准公共物品分配效率最大化理论的运用范围是：容易发生拥挤的公共运输、高速公路及其他基础设施；集中供水、供暖、供气的公用事业（这一部分目前在我国已基本转为经营服务性收费）；高等教育、特殊医疗服务等。这类行政收费也可叫作“准入性收费”或“拥挤性收费”。采取收费的机制实际上是在准公共产品的生产和消费方面适度引入市场机制，以便能够较好地显示消费者的真实偏好，有效地组织收入，从而有助于提高公共决策水平和实现准公共产品的有效供给。

公共收费也有助于公共部门灵活、便利地履行社会职能和实施必要调控。对于那些具有较强区域性或时效性的公共服务，如某些社区公共事务、一次性公共服务、个别污染行为的治理和高峰时期道路交通拥挤现象的缓解等，可以通过收费机制，实现有效的规制和必要的筛选。

例如，新加坡为缓解高峰时段出行拥挤的问题，在1975年6月实施了全球第一个道路定价系统——区域通行证系统（area licening scheme，ALS），对早高峰期间出行的私人小汽车及出租车收费。到了 1989 年，又将 ALS 的收费范围扩大到晚高峰和所有种类车辆。1998 年，新加坡的交通拥堵收费系统（electronic road pricing，ERP）取代 ALS，用电子设备替代了人工岗哨。新加坡陆路交通管理局（LTA）官网显示，每条路在不同时段对不同车型收取的费用都不同，收费标准由 LTA 每个季度调整公布。

虽然在新加坡几乎所有车主都讨厌拥堵费，但不可否认的是，这是全球唯一一个成功的拥堵费系统。LTA 出版的《旅程：新加坡陆路交通的故事》一书中的数据显示，1975 年 ALS 开始运营后，使用公共交通通勤的人口从 33% 上升到了 1983 年的 70%，而且至今一直基本稳定。新加坡统计局的数据则显示，2002～2012 年，核心区高峰期平均车流时速都在 20～30 公里，市内高速路的行车时速则高于 60 公里。①

通过收费方式对准公共物品的成本进行补偿，可以改善公共资源的使用效率，降低经济制度的扭曲程度，改进公共资源的配置效率，提高公共服务质量。

## 二、受益者负担理论

受益者负担制度是从古罗马时代就开始运用的一种公用负担制度。受益者负担理论也是现行行政收费制度的主要支撑点之一，并作为公共负担的理论基础而使用。

在行政管理过程中，行政主体与相对人之间就特定事务会发生特别支出和特别收益的关系，会使部分社会成员得到特别收益。由于行政主体的特别活动是针对个别人满足或增进个别人的利益，因此，应该根据收益大小和服务成本，由直接的受益者承担由特别活动引起的特别支出。所以，受益者负担理论可以归纳为：对于特定公共事业、公共设施或行政服务的特别受益者，在其受益范围内，以使用费、手续费、费用等形式使其承担该项公共服务经费的一部分或者全部的理论。

例如，某项公共事业的目的是为了全体居民的利益，但客观上部分公共事业的利益会被特定人所享用。因此，应当将这部分由特定人享有的公共利益还

① 杜竞强．道路畅通的新加坡　不仅只有拥堵费［EB/OL］．http：//www.122.cn/jtwxiang/jtbjd/429417.shtml，2014-03-21．

原，即将这部分由特定人享有的公共事业经费分配给受益者负担，剩余部分则由一般人负担。这体现了在同一个公共事业中由一般受益者与特别受益者共同分担事业经费的性质，即“谁受益谁负担”，或者“行政特别支出补偿”。

受益者负担理论有两大特点：一是存在于行政主体向特别相对人提供“准私人产品”的领域，如自来水、管道煤气供给，这些产品的消费不会产生巨大的“效应外溢”，向受益者收费还有利于资源节约。二是与行政主体特定的行政职能联系密切，但收费本身并不是该行政职能的主要内容，而是“附带性”的。如许可证费、注册登记费，行政机关的主体行政行为分别是行政许可行为和注册登记行为，收费并不是该行政行为的必要内容，其存在理由是遵循“谁受益谁负担”理论，避免“免费相送”产生的显失公平后果。“谁受益谁负担”运用于行政主体向特别的相对人提供特定服务并使其取得收益的领域。

在某些情况下，对损坏特定公共设施（或公共事业）的人，要让其负担该事业的维护或修理费用的全部或者一部分，也属于受益者负担。因为从“受益”的角度来看，让损坏特定设施或者特定事业的实施人承担部分或者全部费用，相对于一般公民来说，其实质都是一种相对的“受益”。如日本《下水道法》第 18 条规定：“对于由于损坏公共下水道设施的行为而使有关公共下水道设施的工程产生必要的费用，在该产生必要的范围内，公共下水道管理者可以使实施该行为者负担该费用的全部或者一部分。”①

《中华人民共和国民法通则》第一百一十七条第二款规定：“损坏国家的、集体的财产或者他人财产的，应当恢复原状或者折价赔偿。”也是对损坏赔偿的规定。

## 三、矫正负外部效应理论

经济社会中的外部效应可分为正外部效应和负外部效应。正外部效应指的是交易双方之外的第三者可以取得未在价格中反映的收益；负外部效应是指交易双方之外的第三者可能承担未在价格中反映的成本费用。由于外部效应的产权往往难以界定，损益的范围和大小也很难确定，因此，受外部效应影响的主体很难因受害而向负外部效应生产者索赔。这样，客观上诱发负外

① 江利红．日本受益者负担制度研究［J］．四川农业大学学报，2007，25（2）：219－224．

部效应生产者过度地从事这类活动，使负外部效应进一步加剧，而由此产生的治理成本却要由社会来承担，造成明显的不公平和社会福利的损失。因此，在负外部效应的领域，市场机制失去调节作用，政府就应该承担起矫正外部效应的责任。

政府用于矫正外部效应的措施一般有两类：即矫正负外部效应的税收和收费与矫正正外部效应的财政补贴。由于负外部效应带来的社会成本难以估算，因此应根据消除或减轻负外部效应所需的治理成本来确定税率或收费的标准，实现“谁污染、谁治理”的公平分配原则。

例如，我国《排污费征收标准管理办法》（国家发展计划委员会　财政部　国家环境保护总局　国家经济贸易委员会令第 31 号）第二条规定：“直接向环境排放污染物的单位和个体工商户，必须按照本办法规定，缴纳排污费。”具体征收排污费的项目包括“污水排污”“废气排污”“固体废物及危险废物排污”“噪声超标排污”等。我国在 1979 年就已经确立了排污费制度，2015 年全国征收排污费 173 亿元，缴费户数 28 万户。①

在政府非税收入中，各种罚没收入也属于矫正性收入。罚款与罚没收入，是政府在实施社会经济管理职能中取得的一项收入副产品，政府依据公共权力为了社会整体利益而对少数个人或单位实施经济性惩戒，收取罚款罚没收入并非是政府社会经济管理的主要目标和出发点。罚没收入作为带有惩罚性的非税收入形式，是政府利用利益机制约束微观主体产生负外部效应的重要手段，它与行政手段、法律手段相互配合，能够有效地矫正微观主体的行为模式，从而约束其负外部效应的频繁发生。在治理负外部效应的效果上，收费明显优于税收，这类收费具有某种“惩戒性”，能使生产者自觉减少负外部效应的产生。按照社会治理“负外部效应”的所需成本来核定收费标准，可以有效地修正社会成本与微观（个体）成本的差距，使生产者负担真实的活动成本。

例如，2015 年 2 月 10 日，国家发展改革委依据《中华人民共和国反垄断法》对美国移动芯片巨头高通公司处以人民币 60. 88 亿元罚款（约合 9. 75 亿美元），并为智能手机厂商授权使用其技术设定了费率。至此，为期长达 14 个月的反垄断调查正式宣告结束。高通公司随之发表声明称，国家发展改革

---

① 《中华人民共和国环境保护税法》（以下简称《环境保护税法》）已于 2016 年 12 月 25 日由十二届全国人民代表大会常务委员会第二十五次会议表决通过，并于 2018 年 1 月 1 日起施行。2018 年 1 月 1 日起，根据《环境保护税法》规定征收环境保护税，不再征收排污费。

委判决该公司违反了《中华人民共和国反垄断法》，并表示该公司并未对此判决提出异议。国际上对于这种垄断行为都有一定的处罚标准，通常罚款金额会远远超出企业的违法所得，这样才足以震慑企业，使其在经营过程中不敢存在侥幸心理。

因此，旨在矫正负外部效应的行政收费也可以称为“矫正性收费”。

### 四、国有资产有偿使用理论

根据现代经济学中的产权及其收益理论，收益权是附着在产权上的权益。公共资源如土地、草原、矿产、河流、海洋渔场、自然能源、电磁波谱等为社会共有。在我国，公共资源归国家所有，由国家进行合理配置，交有关主体占有、使用和经营。国有资源的使用产权如果不加以确立和建立资源收费制度，社会主体就会对国有资源进行掠夺性破坏，任何人都会从“共有的池塘”里滥捕鱼类，在“共有的森林”里滥伐树木。而界定产权的最好方式就是建立资源有偿使用制度，即费用征收制度。这样一是可以使国有资源产权规范清晰，使产权主体能自觉合理地使用资源，避免资源的浪费；二是可以给国家在保护和再生国有资源方面的投资提供充足的经费保障。此类收费适用于国家所有并经行政程序进行合理配置以便实现最大使用效益的公共资源（主要是自然资源），也可叫作“界定性收费”。目前，扩大“使用者付费”范围已经成为市场经济国家的流行趋势，以提高资源配置效率。

在我国政府非税收入中，体现国有产权的收入为国有资源有偿使用收入、国有资产有偿使用收入和国有资本经营收益。

## 第二节　非税收入概念及分类

### 一、非税收入概念

#### （一）国际上对非税收入的界定

国际上通常将政府收入划分为经常性收入、资本收入和赠与收入三大类，其中，经常性收入又分为税收收入和非税收入。经常性非税收入是政府为公共目的而取得的无须偿还的收入，如罚款、管理费、政府财产经营收入等，以及政府以外的单位自愿和无偿地向政府支付的款项等。经常性非税收入不包括政府间拨款、借款、前期贷款回收，以及固定资产、股票、土地、无形资产的售卖变现收入，也不包括来自政府部门的以资本形成为目的的赠与收入。因此，国外非税收入通常是政府经常性收入之中的一个概念。这与我国将赠与收入和财产变现收入等归为非税收入的范畴有所不同。

国际货币基金组织（IMF）的政府财政统计体系是目前世界上运用最为广泛的，涵盖世界上149个国家和地区，将政府收入按照相同的口径进行统计和比较。在IMF的政府财政统计分类里，政府收入被划分为经常性收入、资本收入和赠与收入三大类。其中，经常性收入包括税收收入和非税收入。但无论政府以哪种形式取得收入，都纳入预算管理，即政府收入也就是指财政收入。IMF关于非税收入的定义与世界银行的定义基本一致，即非税收入是指政府在税收以外取得的收入，它包括因公共目的而获得的不需要归还的补偿性收入以及非政府单位自愿和无偿向政府支付的款项，具体包括经营和资产收益、罚款收入、收费等。

经济合作与发展组织（OECD）界定税收和非税收入以征收是否具有对应的报偿性作为标准，但是在实践中，税与费的差别并不容易辨清。其原因在于如何界定所谓的“报偿性”。根据OECD对税收分类所作的界定，在满足以下条件时，征收可以被视为是无偿的：①费大大超过了该项公共服务的提供成本；②费的缴纳者并非利益的获得者；③政府并不根据取得的征收额来提供相应的具体服务；④尽管只有付费的人收益，但每个人所得到的利益并不必然同自己所支付的金额成比例。如果一种收入形式满足以上任何一个条件，那么这种收入从性质上说就应该是税，而不应该是费。

### （二）我国关于非税收入的认识

新中国成立以来，随着我国经济体制由计划经济向市场经济转型和财政体制的不断完善，我国非税收入管理经历了由自收自支到逐步规范的发展过程。

2000年以前，我国非税收入主要以行政性和事业性收费、政府性基金及附加等形式存在，且大部分作为预算外资金管理。

2000年以来，全国各地相继开展规范非税收入管理探索。2001年7月，湖南率先按照“要逐步淡化预算外资金概念”的要求，在辰溪县进行了以规范政府非税收入管理为目标的改革试点。同年12月，国务院在国办发〔2001〕93号文件中明确指出，“预算外资金收入收缴制度改革是实施财政收入收缴制度改革的第一步，今后还将对纳入预算管理的其他非税收入和税收收入收缴制度实施改革。”这标志着我国对规范非税收入管理取得了认识上的新突破。

1. 非税收入概念的提出

2001年4月，湖南省首次提出要逐步淡化预算外资金概念，树立非税收入管理新理念。

2003年5月，《财政部　国家发展改革委　监察部　审计署关于加强中央部门和单位行政事业性收费等收入“收支两条线”管理的通知》（财综〔2003〕29号）第一次对非税收入范围做了界定：中央部门和单位按照国家有关规定收取或取得的行政事业性收费、政府性基金、罚款和罚没收入、彩票公益金和发行费、国有资产经营收益、以政府名义接受的捐赠收入、主管部门集中收入等属于政府非税收入。

2004年3月，国务院《全面推进依法行政实施纲要的通知》（国发〔2004〕10号）要求，“清理和规范行政事业性收费等政府非税收入”。自此，全国各地开始积极探索规范非税收入管理的有效路径。2004年5月，湖南省第十届人大常委会第九次会议审议通过了我国第一部规范非税收入管理的地方性法规——《湖南省非税收入管理条例》。

2010年6月，财政部决定从2011年1月1日起，将按预算外资金管理的收入（不含教育收费）全部纳入预算管理。自此，预算外资金退出历史舞台。

2013年11月，中共中央、国务院印发的《党政机关厉行节约反对浪费条例》，第一次从国家治理的宏观视角审视非税收入管理工作，使之进入国家法规层面，为进一步规范和加强非税收入管理提供了有力制度保障。

中共十八届三中全会把财税工作的重要性提升到国家治理的基础和重要支柱高度，并对财税体制改革提出了明确要求。规范非税收入管理作为财税体制改革的重要组成部分，加快了改革步伐。

2. 非税收入范围的界定

依据非税收入组成项目的不同，我国学术界对非税收入按照大、中、小三个口径进行统计分析。其中，小口径非税收入指一般公共预算中的非税收入，包括专项收入、行政事业性收费、罚没收入、国有资源有偿使用收入及其他；

中口径非税收入一般与《政府非税收入管理办法》（财税〔2016〕33 号）的界定相同，包含小口径非税收入以及一般公共预算外的政府性基金和国有资本经营收入；大口径非税收入是指除税收入以外的政府收入，即在中口径非税收入的基础上加入了社会保险费、住房公积金（指计入缴存人个人账户部分）。

3. 非税收入概念的界定

广义上，非税收入是指政府通过合法程序获得的除税收以外的一切收入。广义的非税收入包括行政事业性收费、政府性基金、社会保障缴款、财产经营收入、出售商品及服务收入、政府债务收入、罚款和罚没收入、赠与收入、特许收入、主管部门集中收入、住房公积金及其他收入等。

广义的非税收入定义为：非税收入是指除税收以外，由各级政府、国家机关、事业单位、代行政府职能的社会团体及其他组织依法利用政府权力、政府信誉、国家资源、国有资产或提供特定公共服务、准公共服务取得的财政性资金，是政府参与国民收入初次分配和再分配的一种形式，是政府财政收入的重要组成部分。

狭义上的非税收入通常不包括政府债务收入和社会保障缴款，即政府债务收入、保险基金、住房公积金不纳入非税收入管理。公债收入严格来说不属于政府收入范畴，因为无论是内债和外债，都是以还本付息和自愿为前提的；而社会保障收入由于其特殊的收支特点和相对独立的运行管理方式，往往通过编制专门的社会保障预算来管理，独立于经常性预算，通常也不划入（经常性）非税收入的范畴。此外，政府间转移收入在我国尽管也划归在本级政府的一般预算收入之列，但对于整个政府体系来讲，并不是额外取得的收入，而且大部分转移支付的来源为税收，因此，政府间转移收入通常也不作为非税收入来考虑。

2016 年，财政部颁布的《政府非税收入管理办法》中对非税收入的界定："非税收入，是指除税收以外，由各级国家机关、事业单位、代行政府职能的社会团体及其他组织依法利用国家权力、政府信誉、国有资源（资产）所有者权益等取得的各项收入。"并明确"不包括社会保险费、住房公积金（指计入缴存人个人账户部分）"。虽然该概念并没有指出债务收入是否列入非税收入，但从所列示的具体内容来看，也并不包括政府债务收入。因此，属于狭义的非税收入范畴。

4. 非税收入的内涵

非税收入作为与税收相区别的一种政府财政收入形式，有其独特的内涵。

从以上定义分析，其内涵一般包括以下七个方面：

（1）从征收主体来看，非税收入的征收主体是各级国家机关、事业单位、代行政府职能的社会团体及其他组织。

（2）从征收依据来看，非税收入依据的是国家行使的公权力、提供的社会公共服务和财产（资产）所有权及国家信誉等。

（3）从征收范围来看，包括行政事业性收费、政府性基金、彩票公益金、国有资源有偿使用收入、国有资产有偿使用收入、国有资本经营收益、罚没收入、以政府名义接受的捐赠收入、主管部门集中收入、政府财政资金产生的利息收入等。

（4）从征收目的来看，是为了实现公共利益、促进社会公平与合理负担，其资金使用一般具有特定用途。

（5）从征收标准来看，非税收入是政府按照成本补偿或个人边际收益等确定，通常要低于政府提供该种产品或劳务的平均成本，平均成本与收费之间的差额（实际上是对使用者的补贴）由财政来弥补。

（6）从基本特征来看，非税收入具有非强制性（如行政事业性收费）或者半强制性的特征（如政府性基金）。

（7）从征收管理来看，非税收入必须依法征收和管理，其项目与标准要依法律程序确定、调整与变更，资金的征集与使用要依法进行。

5. 税收与非税收入的界定

税收与非税收入的界定主要依据公共产品（公共服务）的生产费用（或边际提供成本）和管理费用。不同的公共产品（公共服务）其生产成本的变动趋势是不一致的。相对于税收制度的固定性特征，非税收入的收费率则可以根据生产成本和市场供求关系的变化进行灵活调整。因此，一般来说，边际成本基本保持不变的公共产品和服务，宜采取税收制度；边际成本递增或递减的公共物品或准公共物品和服务，宜采取收费等制度来提供。

对某一具体的准公共物品的生产成本或费用，应当在多大范围和程度上用税收来补偿，在多大范围和程度上采取收费等非税收入的形式来补偿，主要取决于两个因素：一是受益程度，一般来说，受益范围不确定、受益差异不明显的准公共物品的提供，主要用税收来补偿，而受益范围确定、受益差异较明显的准公共物品的提供则主要通过收费来补偿；二是生产成本和交易成本的高低，就生产成本而言，边际生产成本大体保持不变的准公共物品的生产费用，应主要通过稳定性较强的税收来补偿，边际生产成本递增或递减的准公共物品的生产费用，主要采取灵活性较强的收费来补偿。就交易成本而言，征收成本较低的准公共物品的生产费用，可主要通过税收来补偿，征收成本较高的准公共物品的生产费用，应主要通过收费来补偿。

从管理费用方面，税收制度的管理费用主要包括立法费用和征收管理费用；收费制度的管理费用则主要是为实施排斥性而引发的费用和征管费用。如果某公共物品或服务的供给采取税收方式而引发的费用比采取收费方式而引发的费用更高，就应该采取收费方式；反之，则应该采取税收方式。例如，很多国家都对部分本应收费的项目征税，如道路使用费，本应由道路使用者缴纳，但如果在每一个道路上设卡收费则成本很大，所以，很多国家都把它放在燃油税中征收，如美国是在燃料消费税中征收的。这就是“费改税”时应考虑的成本标准。

税与费作为两个不同的分配范畴，在经济领域里发挥着各自的功能，不能简单地相互替代。从现实情况来看，我国许多收费是地方政府的临时性行为，是不规范的，主要原因是地方政府没有足够的收入来源，同时又没有相应的税收立法权，因此，只有依靠收费来解决支出需求问题。要从根本上解决问题不是简单地把费改为税，而是要通过赋予地方适当的立法权，使其有自己的收入来源，保留必要的收费形式，不能一味强调“费改税”。一些本来属于税收性质的收费，或者随着经济社会发展某些局部公共产品和服务转变为全局性的公共产品和服务，则相应地可将该项收费通过法定程序转变为税收收入形式。

总之，税收是政府为提供公共服务，凭借国家政治权力向法人或居民的强制性征收，而费是政府为提供个别的、特定的服务而对指定对象收取的费用，一般是服务对象自愿要求服务而引发的付费。这种服务的特点是必须依据政府的权力才能实现，并且是基于政府进行社会管理的需要。市场价格则是提供经营性服务的收费，不属于政府进行社会管理的需要。因此，从总体上说，提供公共服务所需的财力，应通过税收和收费方式来筹集财力；而经营性服务所需的财力，应通过市场以价格的形式取得补偿。

**知识链接**

### 车辆购置附加费与车辆购置税

车辆购置附加费是国家向购车单位和个人在购车时征收用于公路建设的专用资金。为了加快公路建设，扭转交通运输紧张状况，使公路建设有长期稳定的资金来源，国家规定对所有购置车辆的单位和个人包括国家机关和军队一律征收车辆购置附加费。2000年10月22日，国务院颁布的《中华人民共和国车辆购置税暂行条例》规定，从2001年1月1日起开始向有关车辆征收车辆购置税，原有的车辆购置附加费取消。至此，由交通管理部门征收15年的车辆购置附加费被车辆购置税所取代，随之又经历了4年由交通部门代征的历程，于2005年1月1日起移交国税部门（原）征收管理。

## 二、非税收入特点

非税收入具有灵活性、不稳定性、成本补偿性、专款专用性等特点。

### （一）灵活性

非税收入的灵活性主要体现在其取得方式、取得时间及取得标准都相对灵活。在非税收入的取得形式上，政府在提供特定公共服务时，可以按照受益原则采取收费形式；在为发展特定产业、社会事业或者特定项目筹集资金时可以采取各种基金形式收取，如政府性基金、教育费附加等；为加强社会管理，矫正负外部效应采取收费形式，如交通违章罚款等。

### （二）不稳定性

非税收入的不稳定性主要体现在非税收入征收对象具有随机性，其交款行为不具有连续性。由于政府非税收入是对特定的行为和其他特定对象征收，一旦该行为或者该对象消失或锐减，与之对应的政府非税收入也会随之消失或锐减。例如，随着社会法制观念的加强，公民遵章守纪的自觉性增强，则某些违法行为的罚款就会随之减少甚至消失。再如，罚没收入中交通违规罚款的多少主要取决于驾驶者对交通法规的重视程度和自身安全意识的高低，如果驾驶者都能够做到严守规则以及防患未然，则该项收入很可能在未来一段时间逐渐减少甚至消失。

另外，国有资源（资产）的有偿使用也具有不可预期性。

### （三）成本补偿性

非税收入的成本补偿性是指非税收入的征收或收取主要是用于弥补政府

提供准公共物品的各项成本开支。例如，行政事业性收费要满足行政事业性收费收入所必需的工本费、代收费等支出，罚没收入需要考虑执法过程中所需的票据、案卷等直接与执法相关的工本费及执法部门因执法行为发生的专项办公支出成本性支出等。

#### （四）专款专用性

非税收入的专款专用性在于政府非税收入的使用往往与其收入来源联系在一起，非税收入大多具有规定的专门用途，不能挪作他用。例如，行政事业性收费经常应用于补偿政府提供的公共服务的成本；国有资产与资源收益原则上应用于国有资产运营和国有资源的开发等；政府性基金则是为了支持特定公共基础设施建设和公共事业发展，如教育费附加是为了发展地方性教育事业，扩大地方教育经费的资金来源，国家重大水利工程建设基金是国家为支持南水北调工程建设、解决三峡工程后续问题，以及加强中西部地区重大水利工程建设而设立的政府性基金。正因为如此，非税收入资金具有专项用途，必须做到专款专用。

### 三、非税收入分类

依据不同的标准，可以对非税收入进行不同分类。

#### （一）按非税收入取得依据分类

（1）依据政府权力、国家资源、国有资产和政府信誉取得并用于满足社会公共需要或准公共需要的非税收入。如政府性基金、国有资产（资源）有偿使用收入、国有资本经营收益、彩票公益金收入、罚没收入、以政府名义接受的捐赠收入、主管部门集中收入、政府财政资金产生的利息收入等。

（2）依据有关部门和单位在提供特定公共服务、准公共服务时从其消费者或者使用者取得，并且再用于满足社会公共需要或准公共需要的非税收入，如行政事业性收费。

#### （二）按非税收入经济性质分类

1. 负外部效应矫正性非税收入

负外部效应矫正性非税收入主要包括：排污费或排污超标费（我国从

2018年4月1日起将该类收费改为征收环境保护税)；对某些高能耗和可能引发公共风险行业（或行为）的限制性收费。

2. 成本补偿性非税收入

成本补偿性非税收入主要包括：使用费和某些规费、证照性收费等。

3. 资产资源性非税收入

资产资源性非税收入主要包括：国有资本经营收益；特许权收入（如专卖收入)；国有土地有偿使用收入（土地出让金)；资产利息、租金收入；水资源费；国有矿藏、森林、滩涂开采费等收入。

4. 行政司法管理（管辖权）性非税收入

行政司法管理（管辖权）性非税收入主要包括：罚款、罚没收入；工商、司法收费；某些政府性基金（资金、附加）等。

5. 其他非税收入

其他非税收入主要包括：彩票发行公益金、赠与收入、主管部门集中收入、无主财物变现收入等。

以上分类存在一定程度的交叉。例如，某些行政事业性收费可能具有成本补偿性，同时也是政府行使某种行政司法管理权而取得收入，大多数规费就典型属于这种性质。而特许收入，既可以认为是政府的无形资产收入（即特许权力)，划为资产资源性收入，但同时又可列为行政管理性收入，因为从某种意义上讲，正是因为政府首先具有了公共管理职能（行政管辖权)，才有了代表公众获取某种（公共）资产资源的收益的可能。

### （三）按预算管理和资金管理方式分类

（1）按照预算管理方式，非税收入可以分为纳入预算管理的非税收入与纳入财政专户管理的非税收入。

（2）按照资金管理方式，非税收入可以分为中央政府非税收入类、中央地方共享收入类、地方政府非税收入类。

### （四）按非税收入来源分类

《政府非税收入管理办法》将我国非税收入划分为十二大类：行政事业性收费收入、政府性基金收入、罚没收入、国有资源（资产）有偿使用收入、国有资本收益、彩票公益金收入、特许经营收入、中央银行收入、以政府名义接受的捐赠收入、政府收入的利息收入、主管部门集中收入、其他非税收入。

1. 行政事业性收费收入

（1）行政事业性收费的概念。

行政事业性收费是指国家机关、事业单位、代行政府职能的社会团体和其他组织按照法律、法规和省级以上人民政府及其财政、价格部门规定，经过法定程序批准，在向公民、法人和其他组织提供特定服务过程中，按照成本补偿和非营利性原则向特定服务对象收取的费用。

行政事业性收费分为行政性收费和事业性收费。行政性收费是指国家行政机关、司法机关和法律、法规授权的机构依据国家法律、法规行使其管理职能，向公民、法人和其他组织收取的费用；事业性收费是指事业单位根据法律、法规等有关规定，在向公民、法人和其他组织提供特定服务时，收取的费用。

（2）行政事业性收费的特点。

①行政性收费具有国家强制性、社会管理性、补偿性特点。

国家强制性。行政性收费以国家强制力作为保证，是一种政府行为，是依据国家法律、法规行使管理职能而实施的收费，在某种特定情况下，单位和个人不能拒绝缴纳，如果拒绝，必将受到行政制裁。

社会管理性。行政性收费是国家行政机关为行使管理职能而收取的费用，直接用于社会管理。

补偿性。行政机关、司法机关以及国家授权的其他单位，在实施管理的过程中，需要消耗人力、财力和物力，这些消耗，有的可以通过财政拨款来解决，有的需要通过收取一定的费用来补偿。

②事业性收费具有特定性、服务性、补偿性特点。

特定性。首先表现为服务项目的特定性，这些项目是由国家法规、政策规定的，是社会发展所需要的一些服务，如教育收费等；其次表现为服务对象的特定性，某个专业的服务往往对应着某个范围、类别、层次的服务对象，具有较强的专业性，比如，公证收费就是针对需要对某个事项进行公证的单位或个人的收费。

服务性。与行政性收费不同，事业性收费是因提供某种特定服务而收取的费用，具有很明显的服务性。这种服务性要求收费单位必须具备一定的条件，如资质、人员、场所等。

补偿性。与行政性收费相同，事业性收费单位在提供服务的过程中需要消耗人力、财力和物力，这些耗费不应当也不可能全部由国家财政负担，享受服务的单位和个人应适当付费补偿。

（3）行政事业性收费的分类。

行政事业性收费可以从其所提供公共服务的内容、执收部门的不同、立项审批权限以及按照资金收入的归属四个方面进行分类。

一是按照所提供公共服务的内容分类。可以分为行政管理类收费、资源补偿类收费、鉴定类收费、考试类收费、教育类收费、惩罚类收费等。

行政管理类收费指国家行政机关依据有关法律、法规规定，在行使国家管理职能时，向被管理对象收取的费用。其中，“证照类收费”指国家行政机关根据社会、经济、技术、资源管理的需要，依据法律、法规和省以上人民政府的规定制发各种证件、牌照、簿卡而收取的工本费。主要包括注册费、登记费、手续费、审验费、审查费、签证费以及各种证照收费。

资源补偿类收费指开采、利用自然和社会公共资源，按照法律、法规规定缴纳的费用。主要包括无线电频率占用费、水资源费等资源类收费和特许权等无形资产使用费；排污费、水土流失防费、林地补偿费、社会抚养费等补偿和治理类收费。

鉴定类收费指按照法律、法规规定，从事检验、检测、鉴定、检定、认证、检疫等活动而收取的费用，主要包括检验费、检测费、鉴定费、检定费、认证费、检疫费等。

考试类收费指国家行政机关、事业单位和社会团体按照法律、法规以及国务院或省级政府文件规定组织的考试，或实施经人事部批准的专业技术资格和执业资格考试，以及经人力资源社会保障部批准的职业资格考试而收取的费用。

教育类收费指根据法律、法规规定开展强制性培训活动而收取的费用。

二是按照执收部门分类。分别为公检法司、工商、财政、税务、审计、人口、质监、出版、安全、档案、贸促会、人防办、文化、教育、科技、体育、发展与改革、统计、国土资源、建设、环保、旅游、海洋、测绘、交通运输、工业和信息产业、农业、林业、水利、卫生、民政、人力资源社会保障、党校等部门为执收主体开展的收费。

三是按照立项审批权限分类。分为国家收费项目和省级收费项目。其中，国家收费项目如护照费、普通高中学费、户籍管理证件工本费等。省级收费项目如普通高校招生体检费、中学学科奥林匹克竞赛参赛费、城市易地绿化补偿费等。

四是按照资金收入归属分类。分为地方收费项目、中央收费项目、中央与地方共享的收费项目。

2. 政府性基金收入

作为政府非税收入的重要组成部分，政府性基金对我国公共基础设施的建设和公用事业的发展发挥了非常重要的作用。

（1）政府性基金的概念。

政府性基金是指各级人民政府及其所属部门根据法律、国家行政法规和中共中央、国务院有关文件的规定，并经国务院或财政部批准，为支持某项事业发展，向公民、法人和其他组织征收的政府性基金以及参照政府性基金管理或纳入基金预算、具有特定用途的财政资金（包括各种基金、资金、附加和专项收费）。

政府性基金（附加）按照法律、法规、国务院或者财政部的规定设定，各区县（自治县）不得自行设立政府性基金。截至目前，我国共设立了铁路建设基金、国家重大水利工程建设基金、教育费附加等21项政府性基金。

（2）政府性基金的特点。

政府性基金具有统一性、专用性、非对等给付性特点。

一是项目名称、征收范围和征收标准具有统一性。从审批权限来看，政府性基金由财政部统一审批，重要的基金项目需报国务院批准，基金项目名称、征收标准、征收对象、征收范围、征收环节等在全国是统一的。各地和各部门不得扩大范围和提高标准，否则就是违规征收。

二是资金使用范围明确，规定具体，使用上具有专用性。政府性基金必须用于实现特定经济社会政策所指向的用途，不得用于一般的财政需求，具有专款专用性。

三是资金给付或报偿具有非对等给付性。政府性基金以实现特定经济社会政策为目的，无意授予负担群体利益，具有非对等给付性。

（3）政府性基金的分类。

政府性基金按照征收对象、资金管理方式、项目名称、使用用途等方面可作如下分类：

按照征收对象不同，政府性基金可分为两类。第一类基本面向所有社会成员征收，如国家重大水利工程建设，是隐藏在电价中的；第二类面向特定行业或阶层征收，如铁路建设基金，主要面向铁路货运货主这一特定对象征收。

按照资金管理方式不同，政府性基金可分为三类。第一类是缴入中央国库的基金，包括铁路建设基金等；第二类是缴入中央和地方国库的基金，包括港口建设费等；第三类是缴入地方国库的基金，包括城市基础设施配套费等。

按照项目名称不同，政府性基金可以分为四类。一是基金类，如水利建设基金、旅游发展基金等；二是资金类，如国家电影事业发展专项资金、农网还贷资金等；三是附加类，如教育费附加、地方教育附加等；四是专项收费类，如森林植被恢复费、文化事业建设费等。

按照使用用途不同，政府性基金可以分为两类：一是集资类基金，如农网还贷资金、国家重大水利工程建设基金、港口建设费、民航发展基金等；二是支持专项事业发展的基金，如旅游发展基金、残疾人就业保障金、文化事业建设费、国家电影事业发展专项资金等。此外，还有少数补偿类基金，如森林植被恢复费等。

**知识链接**

**政府性基金预算收支情况**

一、政府性基金预算收入情况

2019年，全国政府性基金预算收入84 516亿元，同比增长12%。分中央和地方看，中央政府性基金预算收入4 040亿元，同比增长0.1%；地方政府性基金预算本级收入80 476亿元，同比增长12.6%，其中国有土地使用权出让收入增长11.4%。

二、政府性基金预算支出情况

2019年，全国政府性基金预算支出91 365亿元，同比增长13.4%。分中央和地方看，中央政府性基金预算本级支出3 113亿元，同比增长0.8%；地方政府性基金预算相关支出88 252亿元，同比增长13.9%，其中国有土地使用权出让收入安排的支出（含棚户区改造、土地储备专项债券收入安排的支出等）增长8.8%。

3. 罚没收入

（1）罚没收入的概念。

罚没收入是指执法机关按照法律、法规、规章规定，对公民、法人和其他组织实施行政处罚、刑事处罚取得的罚款、罚金、没收款以及没收非法财物的变价收入。

（2）罚没收入的特点。

罚没收入是比税收更加强制和无偿的一种财政收入的特殊形式，具有强制性、非固定性、惩罚性、无偿性以及一次性的特点。

强制性。罚没收入是对当事人违法违规行为的一种处罚，是国家执法部门依法向个人、企业以及其他组织强制征收的。在违反罚没收入相关法规的前提下，当事人必须无条件地履行缴纳罚款义务，否则就可能通过国家强制来保证执行。

非固定性。主要体现在：一是征收时间的非固定性。罚没收入的执法者无法预料违法案件的发生，包括发生的时间以及事件发生的影响程度，而且罚没收入的意义是对违规事件进行惩戒，削减当事人的经济能力，而不是收取更多的罚没收入。二是征收数额的非固定性。即有些罚没收入的征收数额和征收对象是有特定联系的。

惩罚性。惩罚性是指当事人对他人或社会公众造成危害的同时违反国家的法律法规，从而被处以相应的罚款的形式。

无偿性。政府对违法者征收的罚没收入是无偿的，既不需要对当事人提供补偿和服务，也不需要支付任何报酬，是一种经济惩处的方式。

一次性。罚没收入是针对违规违法行为实施的一种处罚方式，在违规者缴纳罚款后，执法机关在后续的处理中不再针对此件违法行为对当事人征收罚款，除非当事人再次违规违法，因此，是属于一次性的。

以上特征决定了罚没收入不能成为政府稳定的收入来源。

（3）罚没收入的分类。

一是按罚没形式分类，可分为罚金、罚款、没收赃款赃物及其变相收入、没收财产等；

二是按执法部门分类，可分为政法部门、行政执法机关、其他国民经济管理部门执收的罚没收入；

三是按管理级次分类，可分为中央罚没收入、中央和地方共享罚没收入、地方罚没收入；

四是按罚没收入来源的特殊性分类，可分为一般罚没及缉私、缉毒罚没收入。

4. 国有资源（资产）有偿使用收入

（1）国有资源（资产）有偿使用收入概念。

国有资源（资产）有偿使用收入是指有偿转让国有资源（资产）使用权

取得的收入。

(2) 国有资源(资产)有偿使用收入分类。

国有资源(资产)有偿使用收入可以分为国有资源有偿使用收入和国有资产有偿使用收入。

国有资源有偿使用收入是各级人民政府代表国家以国有资源所有者的身份将一定年限内的资源使用权出让给资源使用者,资源使用者按规定的标准向国家缴纳的相关费用。

国有自然资源有偿使用收入主要包括:探矿权和采矿权使用费及价款收入,场地和矿区使用费收入,出租汽车经营权、公共交通线路经营权、汽车号牌使用权等有偿出让取得的收入。

社会公共资源有偿使用收入主要包括:户外广告资源有偿使用收入,政府举办的广播电视机构占用国家无线电频率资源取得的广告收入,以及其他利用国有资源的开发权、使用权、冠名权、广告权、特许(垄断)经营权等取得的收入。

国有资产有偿使用收入(包括有形资产和无形资产),是指国家机关、事业单位(含参照《公务员法》管理的事业单位)、代行政府职能的社会团体以及其他组织出租、出借国有资产获取的收入;事业单位利用国有资产对外投资、担保产生的收入;行政单位附属后勤服务单位利用国有资产进行生产经营活动所上缴的国有资产占用费收入;行政单位未脱钩经济实体上缴国有资产占用费收入;世界遗产保护范围内实行特种经营项目的有偿出让收入和世界文化遗产的门票收入;利用政府投资建设的城市道路和公共场地设置停车泊位取得的收入;财政部门认定的其他收入,以及国有资产处置收入(包括国有资产的出售收入、置换差价收入、出让和转让收入、报废报损残值变价收入,以及零星、低值固定资产的变卖价款收入等)。

5. 国有资本收益

(1) 国有资本收益的概念。

国有资本收益是指经营、使用国有财产等取得的收入。具体指国家以出资人身份从国家出资企业依法取得的国有资本收入,包括国有资本分享的企业税后利润,国有股股利、红利、股息,企业国有产权(股权)出售、拍卖、转让收益和依法由国有资本享有的其他收益。

(2) 国有资本收益的分类。

一是按资本收益管理权限划分,分为中央国有资本收益和地方国有资本收益。中央企业资本收益归属中央政府，地方企业资本收益归属地方政府。

二是按产业划分，可以分为第一产业国有资本收益、第二产业国有资本收益、第三产业国有资本收益。

三是按行业划分，根据2017年10月1日开始实施的《国民经济行业分类》（GB/T 4754—2017），以及于2019年3月29日起实施的《国家统计局关于执行国民经济行业分类第一号修改单的通知》（国统字〔2019〕66号），将国民经济按同质性原则划分为农林牧渔业、采矿业、制造业、建筑业、金融业等20个行业，相应地可以分为采矿业国有资本收益、金融业国有资本收益等。

2014年12月9日，财政部发布《关于完善政府预算体系有关问题的通知》（财预〔2014〕368号），就加大政府性基金预算与一般公共预算的统筹力度、加大国有资本经营预算与一般公共预算的统筹力度、加强一般公共预算各项资金的统筹使用等内容做出了要求。国有资本经营预算支出范围除调入一般公共预算和补充社保基金外，限定用于解决国有企业历史遗留问题及相关改革成本支出、对国有企业的资本金注入及国有企业政策性补贴等方面。据国务院国资委披露，截至2018年底，划转部分国有资本充实社保基金稳步实施，共完成18家中央企业股权划转，划转规模达到750亿元。

**知识链接**

**国有资本收益——2019年全国国有资本经营预算收支情况**

一、国有资本经营预算收入情况

2019年，全国国有资本经营预算收入3 960亿元，同比增长36.3%。分中央和地方看，中央国有资本经营预算收入1 636亿元，同比增长23.3%；地方国有资本经营预算收入2 324亿元，同比增长47.2%。

二、国有资本经营预算支出情况

2019年，全国国有资本经营预算支出2 287亿元，同比增长6.2%。分中央和地方看，中央国有资本经营预算本级支出987亿元，同比下降3.7%；地方国有资本经营预算支出1 300亿元，同比增长15.3%。

6. 彩票公益金收入

（1）彩票公益金的概念。

彩票公益金是指按照国家规定发行彩票取得销售收入扣除返奖奖金、发行经费后的净收入。彩票公益金是按照规定比例从彩票发行销售收入中提取的，专项用于社会福利、体育等社会公益事业的资金。逾期未兑奖的奖金纳入彩票公益金。

国家发行彩票是为了集中社会闲散财力以用于支持国家的社会公益事业。其主要作用体现在：一是作为公益事业发展的补充资金；二是作为公益事业发展的专项资金；三是作为社会救助资金；四是作为社会公益建设的引导资金；五是作为社会投资的吸纳资金。

（2）彩票公益金的分类。

一是按层级划分，可以分为中央彩票公益金和地方彩票公益金，从2005年起，彩票公益金的分配政策在中央与地方之间调整为按50∶50的比例分配。

二是按性质划分，可以分为福利彩票公益金收入、体育彩票公益金收入和其他彩票公益金收入。福利彩票是指以筹集社会福利资金为目的而发行的，印有号码、图形或文字供人们自愿购买并按特定规则确定购买获取或不获取奖金的有价凭证，该凭证必须冠以“中国福利彩票”字样，标明票面价格，印有发行单位和印制厂家名称。福利彩票不还本金、不挂失、不能流通使用。福利彩票公益金主要包括销售中国福利彩票总额扣除兑奖和管理费用后的净收入、彩票销售中不设奖池的弃奖收入、社会福利基金的银行存款利息。体育彩票公益金是指经国务院批准，从体育彩票销售额中按规定比例提取的专项用于发展体育事业的资金。体育彩票公益金的来源及构成包括：从事体育彩票销售总额中按不低于30%的比例提取的资金、下级按规定比例上缴的公益金、体育彩票公益金利息收入、即开型彩票的弃奖收入。

彩票公益金纳入政府性基金预算管理，专款专用，结余结转下年继续使用。彩票公益金资金支付按照财政国库管理制度有关规定执行。

7. 特许经营收入

（1）特许经营收入的概念。

特许经营收入是指国家依法特许企业、组织或个人垄断经营某种产品或服务而获得的收入，属于政府非税收入的组成部分。

（2）特许经营收入分类。

特许经营收入基于特许经营权。特许经营收入主要包括烟草专卖收入、酒类产品专卖收入、免税商品专营收入、货币发行收入、印钞造币收入、纪念邮票（纪念币）发行收入、食盐批发专营收入等。

2004年，财政部发布《财政部关于加强政府非税收入管理的通知》（财综〔2004〕53号）对特许经营收入征收领域有基本规定，包括“世界文化遗产保护范围内实行特许经营项目的有偿出让收入和世界文化遗产的门票收入”，“要积极探索城市基础设施开发权、使用权、冠名权、广告权、特许经营权等无形资产有效管理方式，通过进行社会招标和公开拍卖，广泛吸收社会资金参与经营，盘活城市现有基础设施存量资产，有关招标、拍卖收入全额上缴同级国库，增加政府非税收入”。

特许经营收入的征收主管部门按照《政府非税收入管理办法》规定为各级财政部门，由财政部门直接征收或者由财政部门委托的部门和单位征收。其批准设立依据国务院和省级人民政府及其财政部门的规定进行。

8. 中央银行收入

（1）中央银行收入的概念。

中央银行收入是指人民银行在履行中央银行职能、开展各项业务经营过程中发生的全部收入。

（2）中央银行收入的分类。

中央银行收入按其收入性质不同可以分为利息收入、业务收入、其他收入。

利息收入是指中央银行对其债权按国家规定的利率向债务人计收的利息，包括金融机构再贷款利息收入、再贴现利息收入、邮政汇兑资金往来利息收入、专项贷款利息收入、金融债券利息收入和其他利息收入等。

业务收入是指中央银行在行使中央银行职能、办理各项业务过程中所发生的除利息收入以外的收入，包括外汇储备经营收益、金银业务收入、手续费收入、证券买卖收益、预算外专项收入、其他业务收入等。

其他收入是指与中央银行业务活动没有直接关系的收入，包括对外投资收益、租赁收入、赔款收入、其他收入等。

9. 以政府名义接受的捐赠收入（即政府性捐赠收入）

（1）政府性捐赠收入的概念。

政府性捐赠收入是指各级国家机关、实行公务员管理的事业单位、代行政府职能的社会团体及其他组织以政府名义接受的非定向捐赠货币收入。

（2）政府性捐赠收入的分类。

政府性捐赠收入按来源不同可以分为国外捐赠收入和国内捐赠收入。

政府性捐赠收入不包括定向捐赠货币收入、实物捐赠收入以及以不实行公务员管埋的事业单位、不代行政府职能的社会团体、企业、个人或者其他民间组织名义接受的捐赠收入。

接受政府性捐赠收入的部门单位，应设立专门备查台账，登记捐赠收支情况，由专人管理，自觉接受财政、审计等部门的监督检查。

政府性捐赠收入的使用，必须严格按照国家规定的用途，专款专用。政府性捐赠收入已纳入当年财政部门预算的，按项目支出内容使用。未纳入当年部门预算的，由接受部门单位向财政部门提出申请，由财政部门会同接受部门单位统筹安排使用，并依法履行相关预算管理程序。

接受政府性捐赠收入的部门单位，禁止下列行为：①私分、隐瞒、滞留、截留、坐支、挪用、冒领以及其他形式占有捐赠收入；②未经批准，将捐赠收入存入私自开设的账户，或以私人名义存入银行，或将捐赠收入转交不实行公务员管理的事业单位、不代行政府职能的社会团体、企业、个人或者其他民间组织管理；③违规对捐赠收入提取管理费；④政府性捐赠收入用于投资建设项目或采购物资、商品，未履行基本建设程序和政府建设项目管理规定，或未实行政府采购；⑤违反财政票据管理规定；⑥其他违反财经纪律的行为。

10. 政府收入的利息收入

政府收入的利息收入主要包括国库存款利息、政府持有的有价证券利息及其他利息收入。

国库存款利息是指人民银行对国库存款计付的利息收入以及国库现金管理操作的利息收入。

11. 主管部门集中收入

主管部门集中收入是指政府主管部门从下属单位集中的收入。

12. 其他非税收入

其他非税收入是指除上述 11 个项目以外的其他非税收入。

## 第三节　非税收入管理

非税收入是我国政府财政收入体系的重要组成部分，是各级政府除了税收收入以外最重要的收入来源，尤其在地方财政收入中占有举足轻重的地位。加强非税收入管理，是我国市场经济条件下理顺政府分配关系，健全公共财政职能的客观要求，也是推进政府职能转变，促进社会经济持续协调健康发展的重要举措，是全面贯彻党的十九大精神的必然选择。

2014 年，国务院发布《关于深化预算管理制度改革的决定》（国发〔2014〕45 号），明确要求：“加强非税收入管理。各地区、各部门要依照法律法规切实加强非税收入管理。继续清理规范行政事业性收费和政府性基金，坚决取消不合法、不合理的收费基金项目。加快建立健全国有资源、国有资产有偿使用制度和收益共享机制。加强国有资本收益管理，完善国家以所有者身份参与国有企业利润分配制度，落实国有资本收益权。加强非税收入分类预算管理，完善非税收入征缴制度和监督体系，禁止通过违规调库、乱收费、乱罚款等手段虚增财政收入。”

我国非税收入管理经过多年来的不断改革和完善，特别是近年来随着《中华人民共和国行政许可法》《中华人民共和国预算法》《政府非税收入管理办法》等法律、文件的颁布，已经基本形成较为规范的非税收入管理体系。

## 一、非税收入管理体制

非税收入管理体制是中央和地方以及地方各级政府部门之间、财政与相关职能部门、单位之间，关于非税收入立项、执行以及资金管理权限划分的行政规范。非税收入管理体制是我国财政管理体制不可或缺的组成部分，其概念、原则等也与财政收入管理体制一脉相承，但在具体管理方面也有其自身的特点。

### （一）非税收入管理体制概念

非税收入管理体制是确定中央、地方以及地方各级政府之间、财政部门与相关职能部门、单位之间非税收入管理的职责权限和收支范围的一项根本制度。由于非税收入本身内容的独特性，非税收入管理体制不仅涉及非税收入在政府（包括中央政府、省级地方政府以及地方各级政府）之间的分配关系的规范，还涉及其在政府部门、单位之间的分配规范。

### （二）建立非税收入管理体制遵循的原则

非税收入管理体制是一个包括资金取得管理、资金的预算管理及资金的分配使用管理等所组成的体系。非税收入预算管理除了要遵循财政收支预算的基本原则外，还要遵循其自身的特定原则。

1. 统一领导，分级分类管理原则

统一领导，分级管理是我国制定财政管理体制的基本原则，也是制定非税收入管理体制的基本原则。

《政府非税收入管理办法》明确规定："非税收入是政府财政收入的重要组成部分，应当纳入财政预算管理。""非税收入实行分类分级管理。"

统一领导、分级管理原则本质上是处理集权与分权的关系。一般来说，凡是关系全局的管理权限一定要集中于中央和地方政府，不能分散，以保证政府的集中统一领导；凡是需要由地方和部门、单位因时、因地制宜的管理权限，要下放给地方、部门和单位，不宜统得过死，以充分调动地方、相关职能部门和单位的积极性。

"统一领导"要求非税收入管理的政策、制度由政府（包括中央政府和地方政府）制定，并要求下属各级政府、各部门及单位遵照执行。

"统一领导"主要体现在：一是非税收入的立项权、标准制定及审批权归政府，属于全国性的非税收入项目归中央负责，属于地方性的非税收入项目归地方负责政府（如《政府非税收入管理办法》明确政府性基金的设立和征收权限在国务院和财政部，地方政府的非税项目设立和征收权限在省级人民政府）；二是非税收入管理制度的审批和发布由同级人大或政府负责；三是非税收入的收支管理必须纳入政府预算和财政国库进行管理。

"分类分级管理"既包括政府间的分级管理，也体现在政府内部职能部门之间、政府与单位之间的分级管理。一是指非税收入具体项目的审定、批准以及非税收入管理制度的制定与发布分别由中央和地方政府分权管理；二是在人大与政府之间、政府相关职能部门（财政部门、物价管理部门）之间、部门与相关单位之间在政府非税收入的立项、标准制定、征收管理与资金使用方面，按照分权与制衡原则对非税收入征收管理方式进行分权管理。

2. 财权、事权相匹配原则

合理划分中央与地方财政事权和支出责任是政府有效提供基本公共服务的前提和保障，是建立现代财政制度的重要内容，也是推进国家治理体系和治理能力现代化的客观需要。

2016 年，国务院发布了《关于推进中央与地方财政事权和支出责任划分改革的指导意见》（国发〔2016〕49 号），明确提出"通过合理划分中央与地方在基本公共服务提供方面的任务和职责，形成科学合理、职责明确的财政事权和支出责任划分体系"，中央与地方财政要"做到支出责任与财政事权相适应。按照'谁的财政事权谁承担支出责任'的原则，确定各级政府支出责任。对属于中央并由中央组织实施的财政事权，原则上由中央承担支出责任；

对属于地方并由地方组织实施的财政事权，原则上由地方承担支出责任；对属于中央与地方共同财政事权，根据基本公共服务的受益范围、影响程度，区分情况确定中央和地方的支出责任以及承担方式”。

财权、事权相匹配本质上是事权与支出责任相适应。事权是指政府、职能部门、单位等非税收入使用主体的职责范围（包括处理属于职责范围内行政事务的法律许可及应承担的运用非税资金提供基本公共服务）；财权是指在法律或上级机关赋予的非税收入资金各使用主体拥有支配非税收入的权利。

财权、事权相匹配就是要按照“谁的非税收入事权谁承担支出责任”的原则，确定非税收入使用主体支出责任。对属于中央并由中央组织实施的非税收入事权，原则上由中央承担支出责任；对属于地方、部门、单位并组织实施的非税收入事权，原则上由地方、部门、单位承担支出责任；对属于中央与地方共同的非税收入事权，根据基本公共服务的受益范围、影响程度，区分情况确定中央和地方的支出责任以及承担方式。

3. 依法、规范、透明、高效原则

《政府非税收入管理办法》第六条明确规定：“非税收入管理应当遵循依法、规范、透明、高效的原则。”

遵循依法、规范、透明、高效的原则，需要做到以下四点：

第一，要健全非税收入法律制度体系，并与相关法律和制度的修订完善相衔接。要依照法律法规切实加强非税收入管理，加强非税收入分类预算管理，积极推进预算公开，完善非税收入征缴制度和监督体系，注重运用法律和制度规范非税收入预算管理，提高政府公共管理和公共服务水平。

第二，要厘清政府税收、非税收入和市场价格手段通用的边界。属于市场能发挥作用，可以通过价格机制解决的问题，应该交由市场解决；属于纯公共产品涉及国家或区域均等公共服务的，应该采用税收方式解决；属于准公共产品和公共服务范围的可以采取非税收入方式解决，并且在条件成熟时改为征收税收。继续清理规范行政事业性收费和政府性基金，坚决取消不合法、不合理的收费基金项目。

第三，坚持将全部非税收入纳入预算管理，并着力推进预算公开透明。实施全面规范、公开透明的非税收入制度，将公开透明贯穿非税收入的立项、审批、征收、管理、使用全过程，强化对非税收入的监督和约束作用。

第四，加强非税收入绩效管理。全面推进非税收入绩效管理工作，强化支出责任和效率意识，逐步将绩效管理范围覆盖各非税收入主体和所有非税收入项目。开展非税项目的开征、执行、结果的绩效管理，对拟开设的非税项目，从收入规模、收入质量、收入管理、收入成本、收入潜力、社会影响进行测算和可行性评价等方面进行科学评估，严格项目立项审批；对项目执行进行经济、效率性评价，做好项目征收过程和征收结果的评估，将绩效评价重点由非税收入支出拓展到非税收入政策、制度、管理等方面，加强绩效评价结果应用，从社会整体的角度来评估其正面积极影响和负面消极影响并将评价结果作为完善非税收入管理的重要依据。

## 二、非税收入管理内容

依据《政府非税收入管理办法》，按照相关法律、文件规定，我国现行非税收入管理主要包括非税收入设立、征收、票据、资金和监督管理等内容。

### （一）非税收入管理范围

我国现行非税收入管理范围具体包括：行政事业性收费收入、政府性基金收入、罚没收入、国有资源（资产）有偿使用收入、国有资本收益、彩票公益金收入、特许经营收入、中央银行收入、以政府名义接受的捐赠收入、主管部门集中收入、政府收入的利息收入、其他非税收入。暂不包括社会保险费、住房公积金（指计入缴存人个人账户部分）。

### （二）非税收入管理部门及职责

非税收入实行分类分级管理，根据非税收入不同类别和特点，制定与分类相适应的管理制度。鼓励各地区探索和建立符合本地实际的非税收入管理制度。

各级财政部门是非税收入的主管部门。财政部负责制定全国非税收入管理制度和政策，按管理权限审批设立非税收入，征缴、管理和监督中央非税收入，指导地方非税收入管理工作。

县级以上地方财政部门负责制定本行政区域非税收入管理制度和政策，按管理权限审批设立非税收入，征缴、管理和监督本行政区域非税收入。

各级财政部门应当完善非税收入管理工作机制，建立健全非税收入管理系统和统计报告制度。

省级财政部门可以根据财政部规定，结合本地区实际情况，制定本地区非税收入管理的具体实施办法。

### （三）非税收入的设立和征收管理

非税收入设立和征收管理总的方针：任何部门、单位不得违法设定非税收入项目、范围、标准和征收非税收入。

1. 非税收入设立和征收权限

非税收入的设立和征收，应当依据法律、法规的规定或者按下列管理权限予以批准：

（1）行政事业性收费设立和征收权限：按照国务院和省、自治区、直辖市（以下简称省级）人民政府及其财政、价格主管部门的规定设立和征收。收费项目实行中央和省两级审批制度。

中央单位申请设立收费项目，应当向财政部、国家发展改革委提出书面申请，由财政部、国家发展改革委审批。中央单位申请设立下列收费项目，属于重要收费项目，应当向财政部、国家发展改革委提出书面申请，由财政部、国家发展改革委审核后报国务院批准：在全国范围内实施的资源类收费；在全国范围内实施的公共事业类收费；对国民经济和社会发展具有较大影响的其他收费。

省级单位、省以下单位，申请设立一般收费项目，应当向省级财政、价格主管部门提出书面申请，由省级财政、价格主管部门审批。省级单位、省以下单位申请设立重要收费项目和设立专门面向企业的收费项目，应当向省级财政、价格主管部门提出书面申请，由省级财政、价格主管部门审核后报省级政府批准。

（2）政府性基金设立和征收权限：按照国务院和财政部的规定设立和征收。

政府性基金项目立项的总体原则是：符合法律法规和党中央、国务院规定；有利促进国民经济持续稳定健康发展；符合国家财税政策和产业政策；来源合理，负担水平合理。

政府性基金项目立项权限归财政部，重要的报国务院。《财政部关于公布保留的政府性基金项目的通知》（财综〔2002〕33 号）第七条指出，今后除法律、国家行政法规规定外，国家原则上不再审批新的政府性基金项目。改变征收对象、调整征收范围，也要按照规定程序进行申报。《财政部关于加强政府性基金管理问题的通知》（财综字〔2000〕22 号）明确，各地区、各部门申请设立政府性基金项目、变更项目名称，改变征收对象、调整征收范围或标准、减免政府性基金等，一律按照上述规定程序办理。其他任何部门和地区均无权批准设立政府性基金项目、改变征收对象、调整征收范围和标准、减免政府性基金，也不得以行政事业性收费名义变相批准设立政府性基金项目。

（3）国有资源有偿使用收入、特许经营收入设立和征收权限：按照国务院和省级人民政府及其财政部门的规定设立和征收。

（4）国有资产有偿使用收入、国有资本收益设立和征收权限：由拥有国有资产（资本）产权的人民政府及其财政部门按照国有资产（资本）收益管理规定征收。国有资源收益项目依据法律、法规和规章的相关规定具体设定，现行国有资源收益如矿产资源收益、土地资源收益、林业资源收益、水资源收益等，它们的设定分别由《中华人民共和国矿产资源法》《中华人民共和国土地管理法》《中华人民共和国森林法》《中华人民共和国水法》等规定设定。

（5）彩票公益金设立和征收权限：按照国务院相关规定及《彩票公益金管理办法》（财综〔2012〕15 号）等规定设立和征收。

（6）中央银行收入设立和征收权限：按照国务院相关法律法规征收。

（7）罚没收入设立和征收权限：按照《中华人民共和国行政处罚法》等法规和规章的规定征收。

（8）主管部门集中收入、以政府名义接受的捐赠收入、政府收入的利息收入及其他非税收入按照同级人民政府及其财政部门的管理规定征收或者收取。

任何部门和单位不得违反规定设立非税收入项目或者设定非税收入的征收对象、范围、标准和期限。

非税收入的取消、停征、减征、免征或者缓征，以及非税收入征收对象、范围、标准和期限的调整，按照设立和征收非税收入的管理权限予以批准，不许越权批准。

取消法律、法规规定的非税收入项目，应当按照法定程序办理。

2. 非税收入缴纳义务人

公民、法人或者其他组织（以下简称缴纳义务人）应当按规定履行非税收入缴纳义务。对违规设立非税收入项目、扩大征收范围、提高征收标准的，缴纳义务人有权拒绝缴纳并向有关部门举报。缴纳义务人因特殊情况需要缓缴、减缴、免缴非税收入的，应当向执收单位提出书面申请，并由执收单位报有关部门按照规定审批。

3. 非税收入执收部门

非税收入目前正逐步划转税务部门直接征收，或者由财政部门委托的部门和单位（以下简称执收单位）征收。未经财政部门批准，不得改变非税收入执收单位。法律、法规对非税收入执收单位已有规定的，从其规定。

2018 年通过的《深化党和国家机构改革方案》明确，将省级和省级以下国地税机构合并，具体承担所辖区内各项税收、非税收入征管等职能。国地税合并后，实行以国家税务总局为主与省（区、市）人民政府双重领导管理体制。税务机关将承担相应非税收入征管职责。

执收单位主要职责包括：①公示非税收入征收依据和具体征收事项，包括项目、对象、范围、标准、期限和方式等；②严格按照规定的非税收入项目、征收范围和征收标准进行征收，及时足额上缴非税收入，并对欠缴、少缴收入实施催缴；③记录、汇总、核对并按规定向同级财政部门报送非税收入征缴情况；④编报非税收入年度收入预算；⑤执行非税收入管理的其他有关规定。

执收单位不得违规多征、提前征收或者减征、免征、缓征非税收入。财政部门不得向执收单位下达非税收入指标。

4. 非税收入的收缴管理

非税收入收缴实行国库集中收缴制度。非税收入应当全部上缴国库，任何部门、单位和个人不得截留、占用、挪用、坐支或者拖欠。

5. 非税收入项目实行清单管理

根据《财政部关于加强全国政府性基金和行政事业性收费目录清单“一张网”管理有关事项的通知》（财税〔2017〕69 号）规定，为进一步加强和规范政府性基金和行政事业性收费管理，提高收费基金政策透明度，主动接受社会监督，按照国务院决策部署，财政部在门户网站公布全国政府性基金和行政事业性收费目录清单“一张网”，集中公示中央和各省（区、市）政府性基金和行政事业性收费目录清单。财政部负责编制“一张网”中的全国政府性基金目录清单、全国性及中央部门和单位行政事业性收费目录清单、全国性及中央部门和单位涉企行政事业性收费目录清单，对清单内容的完整性、准确性和时效性承担主体责任。各省（区、市）财政厅（局）负责编制“一张网”中各省（区、市）设立的行政事业性收费目录清单和涉企行政事业性收费目录清单，对清单内容的完整性、准确性和时效性承担主体责任。财政部指导和监督地方收费基金目录清单管理工作。

未列入清单名录的非税收入项目不得征收。

### （四）非税收入票据管理

《政府非税收入管理办法》对非税收入票据管理作了以下明确规定：

（1）非税收入票据是征收非税收入的法定凭证和会计核算的原始凭证，是财政、审计等部门进行监督检查的重要依据。

（2）非税收入票据种类包括非税收入通用票据、非税收入专用票据和非税收入一般缴款书。

具体适用下列范围：①非税收入通用票据，是指执收单位征收非税收入时开具的通用凭证；②非税收入专用票据，是指特定执收单位征收特定的非税收入时开具的专用凭证，主要包括行政事业性收费票据、政府性基金票据、国有资源（资产）收入票据、罚没票据等；③非税收入一般缴款书，是指实施非税收入收缴管理制度改革的执收单位收缴非税收入时开具的通用凭证。

（3）各级财政部门应当通过加强非税收入票据管理，规范执收单位的征收行为，从源头上杜绝乱收费，并确保依法合规的非税收入及时足额上缴国库。

（4）非税收入票据实行凭证领取、分次限量、核旧领新制度。执收单位使用非税收入票据，一般按照财务隶属关系向同级财政部门申领。

（5）除财政部另有规定以外，执收单位征收非税收入，应当向缴纳义务人开具财政部或者省级财政部门统一监（印）制的非税收入票据。对附加在价格上征收或者需要依法纳税的有关非税收入，执收单位应当按规定向缴纳义务人开具税务发票。不开具前款规定票据的，缴纳义务人有权拒付款项。

（6）非税收入票据使用单位不得转让、出借、代开、买卖、擅自销毁、涂改非税收入票据；不得串用非税收入票据，不得将非税收入票据与其他票据互相替代。

（7）非税收入票据使用完毕，使用单位应当按顺序清理票据存根、装订成册、妥善保管。非税收入票据存根的保存期限一般为 5 年。保存期满需要销毁的，报经原核发票据的财政部门查验后销毁。

另外，2017 年发布的《国家税务总局办公厅关于全面推行财政票据电子化管理系统的通知》（税总办发〔2017〕125 号），要求从 2018 年 1 月 1 日起停止使用手工票据，全面实施财政票据电子化管理。

### （五）非税收入资金管理

非税收入依照法律、法规规定或者按照管理权限确定的收入归属和缴库要求，缴入相应级次国库。非税收入通过国库单一账户体系收缴、存储、退付、清算和核算。

非税收入实行分成的，按照事权与支出责任相适应的原则确定分成比例，并按下列管理权限予以批准：涉及中央与地方分成的非税收入，其分成比例由国务院或者财政部规定；涉及省级与市、县级分成的非税收入，其分成比例由省级人民政府或者其财政部门规定；涉及部门、单位之间分成的非税收入，其分成比例按照隶属关系由财政部或者省级财政部门规定。上下级政府分成的非税收入，由财政部门按照分级划解、及时清算的原则办理。

未经国务院和省级人民政府及其财政部门批准，不得对非税收入实行分成或者调整分成比例。已上缴中央和地方财政的非税收入依照有关规定需要退付的，分别按照财政部和省级财政部门的规定执行。

非税收入根据性质不同，分别纳入一般公共预算、政府性基金预算和国有资本经营预算管理。

各级财政部门按照相关规定加强政府性基金、国有资本收益与一般公共预算资金统筹使用，建立健全预算绩效评价制度，提高资金使用效率。

### （六）非税收入的减征、免征、缓征

执收单位或者其委托单位应当严格依法征收非税收入，确保应收尽收，不得多征、少征或者擅自减征、免征、缓征。

根据财综〔2004〕53号文件规定，符合国家规定审批程序批准设立的行政事业性收费和政府性基金，必须严格按照规定范围和标准及时足额征收。未经财政部和省、自治区、直辖市财政部门批准，执收单位不得减免行政事业性收费；未经国务院或财政部批准，执收单位不得减免政府性基金。

根据《预算法》第五十五条规定，预算收入征收部门，必须依照法律、行政法规的规定，及时、足额征收应征的预算收入。不得违反法律、行政法规规定，擅自减征、免征或者缓征应征的预算收入，不得截留、占用或者挪用预算收入。

非税收入缴款义务人符合缓征、减征、免征非税收入条件的，可以提出书面申请，由国家、省以及市政府和市财政部门规定的机关批准。批准机关

应当明确申办的依据、范围、条件、时限、程序，并由执收单位及其委托单位向社会公布。

按照现行分级财政管理体制，缓征、减征、免征非税收入只限于本级，不能跨级。减征、免征或者缓征非税收入，要报同级财政部门审批。属上级财政部门参与分成的收入，由上级财政部门审批。下级上缴上级主管部门非税收入的减缴、免缴或缓缴，由上级主管部门根据实际情况审核后报同级财政部门批准。

如缴款义务人确因特殊情况需要缓缴、减缴、免缴非税收入的，可以提出书面申请，由法律、法规、规章、国务院和省人民政府规定的机关批准。

### （七）非税收入监督管理

各级财政部门应当建立健全非税收入监督管理制度，加强非税收入政策执行情况的监督检查，依法处理非税收入违法违规行为。执收单位应当建立健全内部控制制度，接受财政部门和审计机关的监督检查，如实提供非税收入情况和相关资料。

各级财政部门和执收单位应当通过政府网站和公共媒体等渠道，向社会公开非税收入项目名称、设立依据、征收方式和标准等，并加大预决算公开力度，提高非税收入透明度，接受公众监督。

任何单位和个人有权监督和举报非税收入管理中的违法违规行为。各级财政部门应当按职责受理、调查、处理举报或者投诉，并为举报人保密。对违反规定设立、征收、缴纳、管理非税收入的行为，依照《预算法》、《财政违法行为处罚处分条例》（国务院令第427号）和《违反行政事业性收费和罚没收入收支两条线管理规定行政处分暂行规定》（国务院令第281号）等国家有关规定追究法律责任；涉嫌犯罪的，依法移送司法机关处理。

### （八）非税收入的违规处理

对于非税收入管理中的违规行为，可依据《行政许可法》、《违反行政事业性收费和罚没收入收支两条线管理规定行政处分暂行规定》、《财政违法行为处罚处分条例》、《行政事业性收费和政府性基金年度稽查暂行办法》（财综〔2002〕38号）等相关法律、法规进行处理。

违规的主要处罚：对直接负责的主管人员和其他直接责任人员，视情节严重，给予以下处分：警告、记大过、降级或者撤职、开除，构成犯罪的，依法追究刑事责任。

# 第二章　行政事业性收费基础知识

在社会主义市场经济条件下，行政事业性收费在规范管理社会活动、合理配置社会资源、有效推进公共服务事业的发展及服务水平的提高等方面都起到了非常积极的作用。按照资金管理方式，行政事业性收费可以分为中央政府收入类、中央地方共享类、地方行政事业性收费。

## 第一节　中央政府收入类行政事业性收费

中央政府收入类行政事业性收费缴入中央国库。根据财政部公布的 2018 年《全国性及中央部门和单位行政事业性收费目录清单》及《全国性及中央部门和单位涉企行政事业性收费目录清单》，中央政府收入类行政事业性收费（涉企行政事业性收费）共 14 项，涉及 9 个行政单位、1 个社会团体，具体见表 2 -1。

**表 2 -1　　中央政府收入类行政性事业收费**

（截止日期：2018 年 9 月 30 日）

| 序号 | 部门 | 项目名称 |
|---|---|---|
| 1 | 外交部门 | 驻外使领馆收费 |
| 2 | 公安部门 | 外国人证件费中的永久居留身份证工本费 |
| 3 | 交通运输部门 | 长江干线船舶引航收费 |
| 4 | 自然资源部门 | 海洋废弃物倾倒费 |
| 5 | 工业和信息化部门 | 电信网码号资源占用费 |
| 6 | 民航部门 | 航空业务权补偿费、适航审查费 |
| 7 | 知识产权部门 | 商标注册收费、专利收费、集成电路布图设计保护收费 |

续表

| 序号 | 部门 | 项目名称 |
| --- | --- | --- |
| 8 | 银保监会 | 银行业监管费、保险业监管费 |
| 9 | 证监会 | 证券、期货业监管费 |
| 10 | 红十字会 | 造血干细胞配型费 |

## 一、外交部门驻外使领馆收费

《国家物价局　财政部关于发布外交部行政事业性收费项目及标准的通知》（价费字〔1992〕198 号，以下简称价费字〔1992〕198 号文件）对外交部行政事业性收费进行了重新审定，并经全国治理“三乱”领导小组同意，确定了外交部驻外使领馆收费标准。

### （一）缴费义务人

缴费义务人为中华人民共和国公民和法人；我国企、事业单位；华侨和台湾、港澳同胞；外国公民。

### （二）缴费内容及标准

1. 护照费

因公护照，每本 20 元。

驻外使馆办理的护照：换发、补发因公护照，每本 50 元；换发、补发因私护照，每本 100 元；颁发一年一次有效旅行证，每本 30 元；颁发 2 年多次有效旅行证，每本 60 元；为非法移民换发、补发护照，各使馆可根据驻在国的具体情况和工作量的大小，每本加收 30 ~ 50 美元。

2. 驻外使、领馆的公证翻译费

对有固定格式、内容简单的公证译文，每份收取 10 元；对无固定格式，内容复杂、篇幅较长的公证译文，每份收取 20 元；对生活确有困难的华侨和台湾、香港、澳门同胞申办公证的翻译，其翻译费可酌情减免。

### （三）缴费政策依据

《国家计委　财政部关于调整护照、认证和签证、认证代办费标准及有关问题的通知》（计价格〔1999〕466 号）；《国家物价局　财政部关于发布外交部行政事业性收费项目及标准的通知》（价费字〔1992〕198 号）；《关于印发〈关于受理、审批国籍申请的程序和注意事项〉》（公境外〔1992〕898 号）；《公安部关于调整外国人签证、证件收费标准的通知》（公通字〔1996〕89 号）；《关于调整驻外使领馆领事认证收费标准的通知》。

## 二、公安部门证照费

《国家发展改革委　财政部关于外国人永久居留申请费等收费标准及有关问题的通知》（发改价格〔2004〕1267 号，以下简称发改价格〔2004〕1267 号文件）明确规定：自 2004 年 7 月 1 日起，各省、自治区设区的市级公安机关和直辖市公安分局、县局受理外国人永久居留申请时收取申请费的收费标准，并要求收费单位严格按照上述规定收费，不得擅自增加收费项目、扩大收费范围、提高收费标准或加收其他任何费用，并自觉接受价格、财政部门的监督检查。

### （一）缴费义务人

申请永久居留证的外国人。

### （二）缴费内容及标准

受理外国人永久居留申请收费，1 500 元/人；在核发《外国人永久居留证》时，收取费用每证 300 元。

### （三）缴费政策依据

《财政部　国家发展改革委关于同意设立外国人永久居留申请费和外国人永久居留证费收费项目的函》（财综〔2014〕32 号）；发改价格〔2004〕1267 号文件；《财政部　国家发展改革委关于同意变更外国人永久居留证收费项目名称的通知》（财税〔2018〕10 号）文件。

## 三、交通运输部门长江干线船舶引航收费

《国家发展改革委　财政部关于重新核定航行长江干线船舶引航费收费标准等有关问题的通知》（发改价格〔2011〕1536 号，以下简称发改价格

〔2011〕1536 号文件）明确规定，交通部长江海事局对进出长江干线以及在该水区域移动泊位的船舶实行强制引航或移泊时，收取的引航费、移泊费按照规定标准执行，长江海事局应严格按照上述规定收费，不得擅自扩大收费范围、提高收费标准，并自觉接受价格、财政、审计部门的监督检查。长江海事局应按规定到国家发展改革委办理收费许可证，并使用财政部统一印制的票据。

### （一）缴费义务人

交通部门长江干线船舶引航费收费的缴费义务人为进出长江干线以及在该水区域移动实行强制引航或移泊泊位的船舶。

### （二）缴费内容及标准

引航员由出发点至被引领船舶之间的交通费收费标准为，引航交通费每次 400 元，移泊交通费每次 100 元。

自 2013 年 10 月 1 日起，为贯彻落实《国务院办公厅关于实施〈国务院机构改革和职能转变方案〉任务分工的通知》（国办发〔2013〕22 号）要求，减轻企业和居民负担，长江干线船舶引航收费在现行收费标准基础上下调 20%。

### （三）缴费政策依据

《国家发展改革委　财政部关于降低部分行政事业性收费标准的通知》（发改价格〔2013〕1494 号）；《关于重新核定航行长江干线船舶引航费收费标准等有关问题的通知》（发改价格〔2011〕1536 号）；财综〔2007〕60 号文件；财税〔2014〕101 号文件；财办税〔2015〕14 号文件。

### （四）免征优惠

依据《财政部办公厅关于对小微企业免征船舶港务费等三项行政事业性收费有关问题的复函》（财办税〔2015〕14 号）精神，对小微企业 100 总吨以下的内河船和 500 总吨以下海船，免征船舶港务费、船舶登记费、沿海港口和长江干线船舶引航收费。

## 四、自然资源部门海洋废弃物倾倒费

为了保护和改善海洋环境，保护海洋资源，防治污染损害，维护生态平衡，保障人体健康，促进经济和社会的可持续发展，我国制定了《中华人民共和国海洋环境保护法》（以下简称《海洋环境保护法》），规定国家在重点海洋生态功能区、生态环境敏感区和脆弱区等海域划定生态保护“红线”，实行严格保护。国家建立并实施重点海域排污总量控制制度，确定主要污染物排海总量控制指标，并对主要污染源分配排放控制数量，具体办法由国务院制定。直接向海洋排放污染物的单位和个人，必须按照国家规定缴纳排污费。依照法律规定缴纳环境保护税的，不再缴纳排污费。向海洋倾倒废弃物，必须按照国家规定缴纳倾倒费。根据《海洋环境保护法》规定征收的排污费、倾倒费，必须用于海洋环境污染的整治，不得挪作他用。具体办法由国务院规定。

任何单位未经国家海洋行政主管部门批准，不得向中华人民共和国管辖海域倾倒任何废弃物。需要倾倒废弃物的单位，必须向国家海洋行政主管部门提出书面申请，经国家海洋行政主管部门审查批准，发给许可证后，方可倾倒。

### （一）缴费义务人

海洋废弃物倾倒费的缴费义务人为直接向海洋排放污染物的单位和个人。

### （二）缴费内容及标准

见表2－2。

**表2－2**　　**废弃物海洋倾倒费收费标准**　　单位：元/立方米

| 废弃物种类 | | | 倾倒地点与倾倒方式 | | |
|---|---|---|---|---|---|
| | | | 近岸倾倒 | 远海倾倒 | 有益处置 |
| 疏浚物 | 清洁疏浚物 | | 0.30 | 0.15 | 0.05 |
| | 沾污疏浚物 | 通过全部生物学检验 | 0.40 | 0.20 | 0.10 |
| | | 一种生物未通过生物学检验 | 0.80 | 0.40 | 0.15 |
| | | 两种或三种生物未通过生物学检验 | 1.50 | 0.60 | 0.20 |
| | 污染疏浚物 | 一种生物未通过生物学检验 | 1.50 | 0.60 | 0.20 |
| | | 两种或三种生物未通过生物学检验 | 3.00 | 1.00 | — |

续表

| 废弃物种类 | 倾倒地点与倾倒方式 | | |
|---|---|---|---|
| | 近岸倾倒 | 远海倾倒 | 有益处置 |
| 城市阴沟淤泥 | 6.00 | 2.00 | — |
| 渔业加工废料 | 0.40 | 0.20 | — |
| 惰性无机地质材料 | 0.50 | 0.20 | 0.10 |
| 天然有机物 | 0.40 | 0.20 | 0.10 |
| 岛上建筑物料 | 0.40 | 0.20 | 0.10 |
| 船舶、平台或其他海上人工构造物 | 国家海洋行政主管部门根据废弃物的性质、原地弃置或异地弃置、弃置区的环境敏感性、废弃物的体积、占海面积、倾倒前的拆解情况、是否采取有别于海洋弃置的其他有益处置方式等情况进行个案处理，一次性收费，收费标准报国务院价格主管部门、财政部门备案。 | | |

说明：1. 倾倒地点与倾倒方式。

（1）近岸倾倒：指倾倒区距离海岸 12 海里以内。

（2）远海倾倒：指倾倒区距离海岸 12 海里以外。

（3）有益处置：指将废弃物作为海滩及养殖海底培育、营造生物栖息地、岸线维护或加固、美化景观、海上建坝等海洋工程原材料而进行的海洋处置方式。

2. 废弃物种类。

按有关规定，可以在海上倾倒的废弃物包括七大类，具体是：

（1）疏浚物：从水下挖掘出的沉积物，包括淤积的、河流冲刷形成的或自然沉积的沉淀物。依据疏浚物海洋倾倒分类标准，按照疏浚物的特性、污染物含量水平及其对海洋环境的影响程度，疏浚物分为三类：清洁疏浚物、沾污疏浚物和污染疏浚物。沾污疏浚物和污染疏浚物必须进行生物学检验，并进行适当处理后方可在海上倾倒。

（2）城市阴沟淤泥：市政污水处理后残余的富含有机物的废物，主要由物理过程产生。

（3）渔业加工废料：由远洋捕捞、水产养殖等渔业加工过程所产生的含有水产品肉、皮、骨、内脏、外壳或鱼粉残液等废物。

（4）惰性无机地质材料：矿物开采或工程建设产生的来源于自然界的无机废弃物。主要成分为岩石、砂石和泥土等，不得含有海泥、塘泥、家居垃圾、塑胶、金属、沥青、工业和化工废料、木材和动植物残体。

（5）天然有机物：源于农业产出的动植物。

（6）岛上建筑物料：远离大陆的岛屿产生的包括铁、钢、混凝土和只会产生物理影响的无害物质。

（7）船舶、平台：船舶是指任何形式的水上航行工具。平台是为生产、加工、储存或支持矿物资源开采设计并制造的装置。

3. 疏浚物倾倒量的核定方法：由海洋主管部门按疏浚工程水下实际基建开挖量进行核定。

### （三）缴费政策依据

《海洋环境保护法》；《国家发展改革委 财政部关于废弃物海洋倾倒费收费标准及有关问题的通知》（发改价格〔2008〕1927 号）。

## 五、工业和信息化部门电信网码号资源占用费

电信网码号资源（简称码号资源），是指由数字、符号组成的用于实现电信功能的用户编号和网络编号。码号资源属于国家所有，国家对码号资源实行有偿使用制度，工业和信息化部负责全国码号资源的统一管理工作。省、自治区、直辖市通信管理局在工业和信息化部授权范围内，依照《电信网码号资源管理办法》的规定，对本行政区域内的码号资源实施管理。

国家对码号资源的使用实行审批制度。未经工业和信息化部和省、自治区、直辖市通信管理局（以下合称电信主管部门）批准，任何单位或者个人不得擅自启用码号资源。“用户码号”是指普通固定电话（包括本地无线市话）用户号码和移动电话用户号码。“短号码”是指在一个本地网内，位长短于普通固定电话用户号码的号码。

### （一）缴费义务人

电信网码号资源占用费的缴费义务人为在中华人民共和国境内占有、使用码号资源的电信业务经营者。

### （二）缴费内容及标准

下列码号资源应当缴纳码号资源占用费：固定电话网码号；移动电话网码号；数据通信网码号；信令点编码；国务院信息产业、财政和价格主管部门认定的其他码号资源。

电信网码号资源占用费标准见表 2 -3。

### （三）缴费期限

码号资源占用费按月计费、按季度缴纳。电信业务经营者应在每季度第 1 个月 10 日前缴纳上季度的码号资源占用费。

表 2-3　　电信网码号资源占用费标准

| 电信网码号资源类别 | | | | 原收费标准 | 降低后收费标准 |
|---|---|---|---|---|---|
| 固定电话网码号 | 局号 | | | 12 000/年·局号·本地网 | 600 元/年·局号·本地网 |
| | 短号码 | 3 位号 | | 420 万元/年·号 | 210 万元/年·号 |
| | | 4 位号 | | 120 万元/年·号 | 60 万元/年·号 |
| | | 5 位号 | 跨省使用 | 24 万元/年·号 | 12 万元/年·号 |
| | | | 省内使用 | 4.8 万元/年·号 | 2.4 万元/年·号 |
| | | 6 位号 | 跨省使用 | 2.4 万元/年·号 | 1.2 万元/年·号 |
| | | | 省内使用 | 0.48 万元/年·号 | 0.24 万元/年·号 |
| 移动通信网码号 | 网号 | | | 1 200 万元/年·网号 | 600 万元/年·号 |

注：1. 移动通信网占用的码号资源按照实际占用的 H0 进行收费；电信业务经营者分配给专用电信网的码号资源按照 6 元/年·百层号·本地网收取；

2. 西部地区的用户号码资源占用费减半收取（包括重庆、四川、贵州、云南、西藏、陕西、甘肃、青海、宁夏、新疆、内蒙古、广西）；

3. 公益性短号码免收码号资源占用费，包括 110、119、120、122、123××（“××”从 00~99）；

4. 信令点编码和数据通信网码号资源暂不收费；

5. 400、600、700、800 等智能网业务号码暂不收费；

6. 114、117、121、106×（“×”从 0~9）、长途过网号的码号资源暂不收费；

7. 非固定电话网短号码资源占用费按照固定电话网短号码收费标准收取；

8. 党政机关专用网，国际、军事、战备专用网，公安、安全、武警部门专用网等使用的电信网码号资源免收码号资源占用费。

### （四）减免优惠

列举的如下社会公益性号码免收码号资源占用费：110 匪警电话；119 火灾报警电话；120 急救服务电话；122 交通事故报警电话；123 系列以及其他公益服务电话。

经国务院信息产业主管部门或者省、自治区、直辖市电信管理机构批准，电信业务经营者利用《电信网码号资源占用费征收管理暂行办法》第四条所列码号资源经营电信业务，自取得用户码号资源之日起，第一年内可以免缴码号资源占用费，第二年内按照规定的收费标准减半缴纳。占有、使用码号资源不足 1 个月的，免缴码号资源占用费。

下列电信网码号资源只限内部专网专用：党政机关专用网使用的电信网码号资源；国际、军事、战备专用网使用的电信网码号资源；公安、安全、武警部门专用网使用的电信网码号资源免收码号资源占用费。

### （五）缴费政策依据

《国家发展改革委　财政部关于降低电信网码号资源占用费等部分行政事业性收费标准的通知》（发改价格〔2017〕1186 号）；《信息产业部　财政部　国家发展改革委关于发布〈电信网码号资源占用费征收管理暂行办法〉和〈电信网码号资源占用费标准〉的通知》（信部联清〔2004〕517 号）；信部联清〔2005〕401 号文件。

## 六、民航部门航空业务权补偿费、适航审查费

《国家发展改革委　财政部关于重新发布民航系统行政事业性收费标准及有关问题的通知》（发改价格〔2011〕3214 号）规定，为加强收费管理，规范收费行为，切实维护公民、法人和其他社会组织的合法权益，对民航系统行政事业性收费标准进行了清理和审核。

### （一）缴费义务人

航空业务权补偿费、适航审查费的缴费义务人为以营利为目的从事外国至中国或中国至外国的客、货包机运输的外国航空公司。

### （二）缴费内容及标准

航空业务权补偿费：向以营利为日的从事外国至中国或中国至外国的客、货包机运输的外国航空公司收取的航空业务权补偿费，由中国民用航空局根据国际通行做法制定收费标准，报国家发展改革委、财政部备案。

适航审查费：具体包括型号合格审查费、型号更改审查费（包括所有产品）、生产许可审查费、适航检查费、特许飞行审查费、维修许可审查费、国际合作审查费七种。具体标准如下。

1. 型号合格审查费

对申请型号合格证、型号设计批准书或型号认可证等航空产品型号批准的单位或个人收取型号合格审查费的收费标准为：

（1）航空器（包括定翼机、旋翼机、气球和飞艇等）。

见表 2 –4。

表 2－4　　航空器型号合格审查费具体标准

| 最大起飞全重（千克） | 基本费率（元） | 每千克费率（元/千克） |
| --- | --- | --- |
| 2 730（含 2 730）以下 | 280 | 0.15 |
| 2 730 ~ 5 700（含 5 700） | 463 | 0.09 |
| 5 700 以上 | 575 | 0.07 |

航空器型号合格审查费 =（基本费率 + 每千克费率 × 最大起飞全重）× 人数 × 天数

其中：最大起飞全重指中国民用航空局批准的飞机额定最大起飞全重（下同）；人数指对审查项目指定、委派或聘请的审查工作人员数（下同）；天数指对审查项目的审查天数，每个工作日按 8 小时计算（下同）。

（2）发动机。

见表 2－5。

表 2－5　　发动机型号合格审查费具体标准

| | 最大推力（千克）最大功率（千瓦） | 基本费率（元） | 每千克（千瓦）费率（元/千克，千瓦） |
| --- | --- | --- | --- |
| 推力 | 2 000（含 2 000）以下 | 111 | 0.13 |
| | 2 000 以上 | 257 | 0.06 |
| 功率 | 2 000（含 2 000）以下 | 147 | 0.11 |
| | 2 000 以上 | 183 | 0.09 |

发动机型号合格审查费 =［基本费率 + 每千克（千瓦）费率 × 最大推力（功率）］× 人数 × 天数

其中：最大推力（功率）指中国民用航空局批准的发动机最大额定起飞推力（功率）（下同）。

（3）螺旋桨。

见表 2－6。

表 2－6　　螺旋桨型号合格审查费具体标准

| 最大功率（千瓦） | 基本费率（元） | 每千瓦费率（元/千瓦） |
| --- | --- | --- |
| 1 000（含 1 000）以下 | 78 | 0.08 |
| 1 000 以上 | 94 | 0.06 |

螺旋桨型号合格审查费＝（基本费率＋每千瓦费率×最大功率）×人数×天数

其中：最大功率指中国民用航空局批准的螺旋桨最大额定功率（下同）。

（4）材料、零部件、机载设备、航化产品、航空油料或委任单位代表合格审查费。

对申请技术标准规定项目批准书、零部件制造人批准书、设计批准认可证、民用航空用化学产品设计/生产批准函、民用航空油料供应企业适航批准书、民用航空油料检测单位批准函或委任单位代表证等材料、零部件、机载设备、航化产品、航空油料或委任单位代表的单位或个人收取材料、零部件、机载设备、航化产品、航空油料或委任单位代表合格审查费的收费标准为170元/人·天×人数×天数。

2. 型号更改审查费（包括所有产品）

对申请补充型号合格证、改装设计批准书或补充型号认可证等航空产品型号更改的单位或个人收取型号更改审查费的收费标准为200元/人·天×人数×天数。

3. 生产许可审查费

对申请生产许可证或生产批准的单位或个人收取生产许可审查费的收费标准为：

（1）航空器、发动机和螺旋桨生产许可审查费＝200元/人·天×人数×天数。

（2）材料、零件、机载设备和航空油料生产许可审查费＝170元/人·天×人数×天数对国内制造单位进行生产许可证或生产批准有效性复查，按初次申请收费标准的50%计收。

4. 适航检查费

适航检查费包括：初始适航检查费和持续适航检查费。

（1）初始适航检查费是指对申请适航证件或中国民用航空局认为有必要对其航空产品的使用情况进行适航检查而按规定收取的费用。

对申请适航证、出口适航证、外国适航证认可书或适航批准标签等，或中国民用航空局认为有必要对其航空产品的使用情况进行适航检查的单位或个人收取适航检查费的收费标准为：

对航空器、发动机、螺旋桨实施初始适航检查收取的初始适航检查费的收费标准按工时计收，每人工时收费标准为200元。

航空器根据使用状况、加改装情况来确定人工时数；发动机根据推力和功率分别确定人工时数；螺旋桨根据最大功率确定人工时数。

材料、零件和机载设备初始适航检查费 =150 元/人·天 × 人数 × 天数

对运行中的航空器进行持续适航检查，按检查航空器的运行类型和复杂程度收取持续适航检查费的收费标准按工时计收，每人工时收费标准为 200 元。检查项目标准工时由中国民用航空局制定，报国家发展改革委、财政部备案。

（2）持续适航检查费。

对运行中的航空器进行持续适航检查，按检查航空器的运行类型和复杂程度收取持续适航检查费的收费标准按工时计收，每人工时收费标准为 200 元。

5. 特许飞行审查费

对申请特许飞行证的单位或个人收取特许飞行审查费的收费标准为：

特许飞行审查费 =200 元/人·天 × 人数 × 天数

6. 维修许可审查费

对申请维修许可证及其变更的维修单位进行审查，或对已批准的维修单位进行维修许可证有效性复查，按照审查的项目收取维修许可审查费的收费标准按工时计收，每人工时收费标准为 200 元。

7. 国际合作审查费

对外国当局委托的审查，按照符合国际惯例和国际对等原则收取国际合作审查费，具体收费标准由中国民用航空局制定，报国家发展改革委、财政部备案。

以上适航审查费中涉及具体人数、天数、人工时数的，由中国民用航空局制定，报国家发展改革委、财政部备案。同时，上述规定的适航审查费，不包括到现场审查所发生的交通费和住宿费，适航审查过程中发生的交通费和住宿费，由被审查单位和个人支付。交通费和住宿费标准由中国民用航空局按照财政部规定的差旅费标准、本着节俭的原则进行规范。中国民用航空局及地区民用航空管理机构对民用航空器等的其他审查、登记等发生的交通费和住宿费，不得由被审查单位和个人支付。

### （三）缴费政策依据

《关于重新发布民航系统行政事业性收费标准及有关问题的通知》（发改价格〔2011〕3214 号）；《财政部　国家计委关于批准民航系统行政事业性收

费项目的通知》（财综〔2002〕54号）。

## 七、知识产权部门商标注册收费、专利收费、集成电路布图设计保护收费

### （一）商标注册收费

根据《中华人民共和国商标法》（以下简称《商标法》）规定，经知识产权局核准注册的商标为注册商标，包括商品商标、服务商标和集体商标、证明商标；商标注册人享有商标专用权，受法律保护。

集体商标，是指以团体、协会或者其他组织名义注册，供该组织成员在商事活动中使用，以表明使用者在该组织中的成员资格的标志。

证明商标，是指由对某种商品或者服务具有监督能力的组织所控制，而由该组织以外的单位或者个人使用于其商品或者服务，用以证明该商品或者服务的原产地、原料、制造方法、质量或者其他特定品质的标志。

集体商标、证明商标注册和管理的特殊事项，由国务院市场监督管理部门规定。法律、行政法规规定必须使用注册商标的商品，必须申请商标注册，未经核准注册的，不得在市场销售。

1. 缴费义务人

商标注册收费的缴费义务人为商标注册申请人。

2. 缴费内容及标准

根据《国家发展改革委　财政部关于降低住房转让手续费受理商标注册费等部分行政事业性收费标准的通知》（发改价格〔2015〕2136号，以下简称发改价格〔2015〕2136号文件）规定，受理商标注册费，由现行的800元（限定本类10个商品。10个以上商品，每超过1个商品，每个商品加收80元），降为600元（限定本类10个商品。10个以上商品，每超过1个商品，每个商品加收60元）。2016年1月1日起，延长国家知识产权部门专利年费减缴时限，对符合《专利费用减缓办法》规定、经知识产权局批准减缓专利费的，专利年费减缴时限由现行授予专利权前3年，延长为前6年。

为推进普遍性降费，切实减轻企业和居民负担，激发市场活力，促进经济稳定增长，按照国务院关于推进收费清理改革的要求，决定降低部分行政

事业性收费标准。根据《财政部　国家发展改革委关于清理规范一批行政事业性收费有关政策的通知》（财税〔2017〕20号）的规定，自2017年4月1日起，取消或停征41项中央设立的行政事业性收费，将商标注册收费标准降低50%。

根据《关于降低部分行政事业性收费标准的通知》（发改价格〔2019〕914号）文件，为进一步加大降费力度，切实减轻社会负担，促进实体经济发展，自2019年7月1日起，降低商标注册收费标准。具体如下：

（1）受理商标续展注册费收费标准，由1000元降为500元。

（2）变更费收费标准，由250元降为150元。

（3）对提交网上申请并接受电子发文的商标业务，免收变更费，其他收费项目，包括受理商标注册费、补发商标注册证费、受理转让注册商标费、受理商标续展注册费、受理续展注册迟延费、受理商标评审费、出具商标证明费、受理集体商标注册费、受理证明商标注册费、商标异议费、撤销商标费、商标使用许可合同备案费，按现行标准的90%收费。

3. 缴费政策依据

《商标法》；财税〔2017〕20号文件；发改价格〔2013〕1494号文件；发改价格〔2008〕2579号文件；财综〔2004〕11号文件；计价费〔1998〕1077号文件；财综字〔1995〕88号文件；计价格〔1995〕2404号文件；价费字〔1992〕414号文件；发改价格〔2015〕2136号文件；财税〔2017〕20号文件；发改价格〔2019〕914号。

### （二）专利收费

为了保护专利权人的合法权益，鼓励发明创造，推动发明创造的应用，提高创新能力，促进科学技术进步和经济社会发展，我国制定了《中华人民共和国专利法》（以下简称《专利法》），并自1985年4月1日起施行。《专利法》所称的发明创造是指发明、实用新型和外观设计。发明，是指对产品、方法或者其改进所提出的新的技术方案。实用新型，是指对产品的形状、构造或者其结合所提出的适于实用的新的技术方案。外观设计，是指对产品的形状、图案或者其结合以及色彩与形状、图案的结合所作出的富有美感并适于工业应用的新设计。

国家知识产权局负责管理全国的专利工作；统一受理和审查专利申请，依法授予专利权。省、自治区、直辖市人民政府管理专利工作的部门负责本行政区域内的专利管理工作。

1. 缴费义务人

专利收费的缴费义务人为专利权人。

2. 缴费内容及标准

为进一步规范行政事业性收费标准，根据《国家发展改革委　财政部关于重新核发国家知识产权局行政事业性收费标准等有关问题的通知》（发改价格〔2017〕270号，以下简称发改价格〔2017〕270号文件）、《关于降低电信网码号资源占用费等部分行政事业性收费标准的通知》（发改价格〔2017〕1186号）文件规定，国家知识产权局于2017年7月1日起执行新的行政事业性收费标准（见表2－7、表2－8）。

**表2－7　　国家知识产权局专利收费标准**　　单位：元

| 专利收费——国内部分 | |
|---|---|
| （一）申请费 | |
| 1. 发明专利 | 900 |
| 2. 实用新型专利 | 500 |
| 3. 外观设计专利 | 500 |
| （二）申请附加费 | |
| 1. 权利要求附加费从第11项起每项加收 | 150 |
| 2. 说明书附加费从第31页起每页加收 | 50 |
| 从第301页起每页加收 | 100 |
| （三）公告、公布印刷费 | 50 |
| （四）优先权要求费（每项） | 80 |
| （五）发明专利申请实质审查费 | 2 500 |
| （六）复审费 | |
| 1. 发明专利 | 1 000 |
| 2. 实用新型专利 | 300 |
| 3. 外观设计专利 | 300 |
| （七）专利登记费 | |
| 1. 发明专利 | 200 |
| 2. 实用新型专利 | 150 |
| 3. 外观设计专利 | 150 |

续表

| 专利收费——国内部分 | |
|---|---|
| （八）年费 | |
| 1. 发明专利 | |
| 1～3 年（每年） | 900 |
| 4～6 年（每年） | 1 200 |
| 7～9 年（每年） | 2 000 |
| 10～12 年（每年） | 4 000 |
| 13～15 年（每年） | 6 000 |
| 16～20 年（每年） | 8 000 |
| 2. 实用新型专利、外观设计专利 | |
| 1～3 年（每年） | 600 |
| 4～5 年（每年） | 900 |
| 6～8 年（每年） | 1 200 |
| 9～10 年（每年） | 2 000 |
| （九）年费滞纳金 | |
| 每超过规定的缴费时间 1 个月，加收当年全额年费的 5%。 | |
| （十）恢复权利请求费 | 1 000 |
| （十一）延长期限请求费 | |
| 1. 第一次延长期限请求费（每月） | 300 |
| 2. 再次延长期限请求费（每月） | 2 000 |
| （十二）著录事项变更费 | |
| 1. 发明人、申请人、专利权人的变更 | 200 |
| 2. 专利代理机构、代理人委托关系的变更 | 50 |
| （十三）专利权评价报告请求费 | |
| 1. 实用新型专利 | 2 400 |
| 2. 外观设计专利 | 2 400 |
| （十四）无效宣告请求费 | |
| 1. 发明专利权 | 3 000 |
| 2. 实用新型专利权 | 1 500 |
| 3. 外观设计专利权 | 1 500 |
| （十五）专利文件副本证明费（每份） | 30 |
| 注：对经济困难的专利申请人或专利权人的专利收费减缴按照《专利收费减缴办法》有关规定执行。 | |

续表

| 专利收费——PCT 申请收费 | |
|---|---|
| （一）PCT 申请国际阶段部分 | |
| 1. 国家知识产权局代世界知识产权组织国际局收取的费用 | |
| 国家知识产权局代世界知识产权组织国际局收取的费用（国际申请费、手续费），其收费标准和减缴规定参照《专利合作条约实施细则》执行，实际收费以国家知识产权局确定的国际申请日所在月国家外汇管理局公布的汇率计算。 | |
| 2. 国家知识产权局收取的费用 | |
| （1）传送费 | 500 |
| （2）检索费 | 2 100 |
| 附加检索费 | 2 100 |
| （3）优先权文件费 | 150 |
| （4）初步审查费 | 1 500 |
| 初步审查附加费 | 1 500 |
| （5）单一性异议费 | 200 |
| （6）副本复制费（每页） | 2 |
| （7）后提交费 | 200 |
| （8）恢复权利请求费 | 1 000 |
| （9）滞纳金<br>按应交费用的 50% 计收，最低不少于传送费，最高不超过《专利合作条约实施细则》中国际申请费的 50%。 | |
| （二）PCT 申请进入中国国家阶段部分 | |
| 1. 宽限费 | 1 000 |
| 2. 译文改正费 | |
| 初审阶段 | 300 |
| 实审阶段 | 1 200 |
| 3. 单一性恢复费 | 900 |
| 4. 优先权恢复费 | 1 000 |
| 注：由中国国家知识产权局作为受理局受理的 PCT 申请在进入国家阶段时免缴申请费及申请附加费；提出实质审查请求时，减缴 50% 的实质审查费。<br>由中国国家知识产权局作出国际检索报告或专利性国际初步报告的 PCT 申请，在进入国家阶段并提出实质审查请求时，免缴实质审查费。<br>由欧洲专利局、日本特许厅、瑞典专利局三个国际检索单位作出国际检索报告的 PCT 申请，在进入国家阶段并提出实质审查请求时，减缴 20% 的实质审查费。<br>PCT 申请进入中国国家阶段的其他收费标准依照国内部分执行。 | |

| 专利收费——依据约定收费 |
|---|
| 国家知识产权局在为其他国家和地区的专利申请提供检索和审查服务时，收取的专利收费标准按双方约定执行。 |

表 2-8　　国家知识产权局集成电路布图设计保护费标准　　单位：元

| 项目 | 收费标准 |
|---|---|
| （一）布图设计登记费（每件） | 1 000 |
| （二）布图设计登记复审请求费（每件） | 1 000 |
| （三）著录事项变更手续费（每件每次） | 50 |
| （四）延长期限请求费（每件每次） | 150 |
| （五）恢复布图设计登记权利请求费（每件） | 500 |
| （六）非自愿许可使用布图设计请求费（每件） | 150 |
| （七）非自愿许可使用布图设计支付报酬裁决费（每件） | 150 |

注：依据发改价格〔2017〕1186 号文件。

国家知识产权局在组织全国专利代理人资格考试时，向各省（自治区、直辖市）知识产权局收取的考务费标准，按照《国家发展改革委　财政部关于改革全国性职业资格考试收费标准管理方式的通知》（发改价格〔2015〕1217 号）有关规定执行，在国家规定的收费标准上限范围内按成本补偿原则自行确定。

3. 减免规定

根据《财政部　国家发展改革委关于停征、免征和调整部分行政事业性收费有关政策的通知》（财税〔2018〕37 号，以下简称财税〔2018〕37 号文件）精神，自 2018 年 8 月 1 日起，停征专利收费（国内部分）中的专利登记费、公告印刷费、著录事项变更费（专利代理机构、代理人委托关系的变更），PCT（《专利合作条约》）专利申请收费（国际阶段部分）中的传送费；对符合条件的申请人，专利年费的减缴期限由自授予专利权当年起 6 年内，延长至 10 年内；对符合条件的发明专利申请，在第一次审查意见通知书答复期限届满前（已提交答复意见的除外），主动申请撤回的，允许退还 50% 的专利申请实质审查费。

根据《关于减免部分行政事业性收费有关政策的通知》（财税〔2019〕45 号），自 2019 年 7 月 1 日起，将《财政部　国家发展改革委关于印发〈专利收费减缴办法〉的通知》（财税〔2016〕78 号）第三条规定可以申请减缴专利收费的专利申请人和专利权人条件，由上年度月均收入低于 3 500 元（年 4.2 万元）的个人，调整为上年度月均收入低于 5 000 元（年 6 万元）的个人；由上年度企业应纳税所得额低于 30 万元的企业，调整为上年度企业应纳税所得额低于100万元的企业。

4. 缴费政策依据

《专利法》及其实施细则；财税〔2017〕8号文件；发改价格〔2017〕270号文件；《财政部　国家发展改革委关于印发〈专利收费减缴办法〉的通知》（财税〔2016〕78号）；财税〔2018〕37号文件；《关于减免部分行政事业性收费有关政策的通知》（财税〔2019〕45号）。

## 八、银保监会银行业监管费、保险业监管费

### （一）银行业监管费

为了加强对银行业的监督管理，规范监督管理行为，防范和化解银行业风险，保护存款人和其他客户的合法权益，促进银行业健康发展，2003年12月27日第十届全国人民代表大会常务委员会第六次会议通过了《中华人民共和国银行业监督管理法》，国务院银行业监督管理机构负责对全国银行业金融机构及其业务活动监督管理的工作。

银行业金融机构，是指在中华人民共和国境内设立的商业银行、城市信用合作社、农村信用合作社等吸收公众存款的金融机构以及政策性银行。对在中华人民共和国境内设立的金融资产管理公司、信托投资公司、财务公司、金融租赁公司以及经国务院银行业监督管理机构批准设立的其他金融机构的监督管理，适用对银行业金融机构监督管理的规定。

1. 缴费义务人

银行业监管费的缴费义务人为对纳入监管范围的各类商业银行、信用社、财务公司、信托投资公司、金融租赁公司、邮政储蓄机构等被监管单位。

2. 缴费内容及标准

银行业监管费具体包括：机构监管费、业务监管费。

机构监管费：是对纳入监管范围的各类商业银行、信用社、财务公司、信托投资公司、金融租赁公司、邮政储蓄机构等被监管单位收取的机构监管费，按被监管单位上年末实收资本的一定比例并考虑风险因素计收。具体收费标准为：机构监管费＝上年末实收资本×0.05%×风险调整系数。风险调整系数根据被监管单位的监管评级确定，其中一级为0.85，二级为0.92，三

级为1，四级为1.08，五级为1.15。

业务监管费：是对纳入监管范围的单位收取业务监管费，按被监管单位上年末资产总额减去上年末实收资本后的一定比例分档累加并考虑风险因素计收。具体标准为：

$$\text{业务监管费}=\left(\text{上年末资产总额}-\text{上年末实收资本}\right)\times\text{分档费率}\times\text{风险调整系数}-\text{境外分支机构向所在国家缴纳的监管费}$$

2015～2017年的分档费率为：6万亿元（含6万亿元）以下部分为0.03483‰，6万亿元以上至9万亿元（含9万亿元）部分为0.0243‰，9万亿元以上至12万亿元（含12万亿元）部分为0.0162‰，12万亿元以上至15万亿元（含15万亿元）部分为0.0081‰，15万亿元以上部分免收。风险调整系数根据被监管单位的监管评级确定，其中一级为0.85，二级为0.92，三级为1，四级为1.08，五级为1.15。

自2015年1月1日起，被监管单位的境外分支机构上一年度向所在地缴纳的监管费，可抵扣境内法人计缴的业务监管费，但抵扣总额不得超过该境外分支机构按上述标准计收的业务监管费数额。

3. 免缴优惠

根据《财政部　国家发展改革委关于暂免征银行业监管费和保险业监管费的通知》（财税〔2017〕52号，以下简称财税〔2017〕52号文件）规定，自2017年7月1至2020年12月31日，免征银行业监管费（包括机构监管费和业务监管费）。

4. 缴费政策依据

《财政部　国家发展改革委关于重新发布中国银行业监督管理委员行政事业性收费项目的通知》（财税〔2015〕21号）；《国家发展改革委　财政部关于重新核发银监会、证监会、保监会监管费等收费标准的通知》（发改价格〔2016〕14号）；《财政部　国家发展改革委关于暂免征银行业监管费和保险业监管费的通知》（财税〔2017〕52号，以下简称财税〔2017〕52号）。

### （二）保险业监管费

保险业监管费包括机构监管费和业务监管费。

机构监管费是对纳入监管范围的各类保险公司（含保险集团、控股公司，下同）、保险资产管理公司、专门从事保险中介业务的机构（含保险中介集团公司，下同）、外国保险机构代表处和其他经批准成立的保险机构等收取机构监管费。

业务监管费是对纳入监管范围的保险公司和专门从事保险中介业务的机构收取业务监管费。

自留保费是指保费加上分入保费减去分出保费。

保费是指投保人按照保险合同约定向保险公司支付的全部款项。

分出保费是指保险机构向境内保险机构分出的保费（不含向境外保险机构分出的保费）。

1. 缴费义务人

缴费义务人为纳入监管范围的各类保险公司、保险资产管理公司、专门从事保险中介业务的机构、外国保险机构代表处和其他经批准成立的保险机构。

2. 缴费内容及标准

（1）机构监管费的具体收费标准。

对各类保险公司按照注册资本金（外国保险公司分公司按照营运资金）的0.4‰收取，其中，保险集团公司、保险控股公司每年每家不超过200万元。对保险资产管理公司按照注册资本金的1‰收取，每年每家不低于30万元，最高不超过100万元。对专门从事保险中介业务的保险代理、保险经纪、保险公估机构以及保险中介集团公司按照注册资本金的0.4‰收取，每年每家不低于3 000元，最高不超过5万元。对外国保险机构代表处按照每年每家2万元收取。

（2）业务监管费的具体收费标准。

对保险公司经营的责任保险、信用保险和短期健康保险业务，按年度自留保费的0.6‰收取；对意外伤害保险、除责任保险和信用保险以外的其他财产保险业务，按年度自留保费的0.8‰收取；对人寿保险业务、长期健康保险业务，按年度自留保费的0.4‰收取。对专门从事保险中介业务的机构按每年代办业务营业收入的0.4‰收取。

对于在会计核算时，区分保险风险和其他风险进行分拆处理和重大保险风险测试后，不确认为保费收入的部分（涉及分红险、投连险、万能险、变额年金和非寿险投资型等业务），按照年度销售额的0.4‰收取。

监管费政策调整后应缴监管费增加的保险公司和机构，其2014年和2015年应缴监管费仍按老的收费标准执行；其2016年和2017年应缴监管费按照上述规定执行。

3. 免缴优惠

根据财税〔2017〕52 号文件规定，自 2017 年 7 月 1 日至 2020 年 12 月 31 日，免征银行业的保险业监管费（包括机构监管费和业务监管费）。

### （三）缴费政策依据

《财政部　国家发展改革委关于重新发布中国保险监督管理委员会行政事业性收费项目的通知》（财税〔2015〕22 号）；发改价格〔2016〕14 号文件；财税〔2017〕52 号文件。

## 九、证监会证券、期货业监管费

为了减轻社会负担，促进实体经济发展，我国对证券、期货业监管费经历了收费到免征部分费用的发展历程。

### （一）缴费义务人

证券、期货业监管费的缴费义务人为在中国境内登记注册的证券公司、基金管理公司、期货经纪公司。

### （二）缴费内容及标准

1. 机构监管费收费标准

对证券公司和基金管理公司每年按注册资本金的 0.5‰收取，最高不超过 30 万元；对期货经纪公司每年按注册资本金的 0.5‰收取，最高不超过 5 万元。

根据《关于停征、免征和调整部分行政事业性收费有关政策的通知》（财税〔2018〕37 号）文件规定，自 2018 年 1 月 1 日至 2020 年 12 月 31 日，暂免征收证券期货行业机构监管费。

2. 业务监管费收费标准

对上海、深圳证券交易所收取证券业务监管费，自 2015 年 1 月 1 日起，按股票年交易额的 0.02‰收取。对上海期货交易所、郑州商品交易所、大连商品交易所和中国金融期货交易所收取期货业务监管费，按年交易额的 0.001‰收取。

### （三）缴费政策依据

《财政部　国家发展改革委关于重新发布中国证券监督管理委员会行政事业性收费项目的通知》（财税〔2015〕20 号）；《国家发展改革委　财政部关于重新核发银监会、证监会、保监会监管费等收费标准的通知》（发改价格〔2016〕14 号）；财税〔2017〕32 号文件；财税〔2018〕37 号文件；发改价格规〔2018〕917 号文件。

## 十、红十字会造血干细胞配型费

2006 年，中国红十字会总会向国家发展改革委、财政部提出了《关于中华骨髓库申请向国（境）外提供造血干细胞收费事宜的函》（红总函〔2006〕69 号），2008 年，两部门答复中国红十字会总会，明确中华骨髓库造血干细胞配型费收费标准，并明确规定不得擅自增加收费项目，使用财政部统一印制的票据，并自觉接受价格、财政、审计部门的监督检查。

2016 年，根据国务院机构改革和职能转变的有关要求，财政部、国家发展改革委进一步明确了中国红十字会总会行政事业性收费项目，重新审核其行政事业性收费标准，并强调要按规定收费公示，自觉接受监督检查。

### （一）缴费义务人

造血干细胞配型费的缴费义务人为需要国（境）外骨髓库或医疗机构提供正式检索、血样高分辨检测、血样采集检测、造血干细胞采集移植服务的接受者。

### （二）缴费内容及标准

国（境）外骨髓库或医疗机构提供正式检索、血样高分辨检测、血样采集检测、造血干细胞采集移植服务时，可以收取造血干细胞配型费。

由中国红十字会按照国际对等原则制定，并报国家发展改革委、财政部。

### （三）缴费政策依据

《国家发展改革委　财政部关于中华骨髓库造血干细胞配型费收费标准及有关问题的通知》（发改价格〔2008〕305 号）；财税〔2016〕115 号；《国家

发展改革委 财政部关于重新核发中国红十字会总会行政事业性收费标准等有关问题的通知》（发改价格〔2016〕2492号）。

## 第二节 中央地方共享类行政事业性收费

中央地方共享类行政事业性收费根据规定分别缴入中央国库和地方国库。根据财政部2019年《全国性及中央部门和单位行政事业性收费目录清单》，中央地方共享类行政性事业收费共20项，涉及13个部门，见表2－9。

**表2－9　中央地方共享类行政性事业收费**

（截止日期：2019年12月31日）

| 序号 | 部门 | 项目名称 |
| --- | --- | --- |
| 1 | 外交部门 | 认证费、签证费 |
| 2 | 教育部门 | 公办幼儿园保教费、住宿费；普通高中学费、住宿费；中等职业学校学费、住宿费；高等学校（含科研院所、各级党校等）学费、住宿费、委托培养费、函大电大夜大及短期培训费；国家开放大学收费 |
| 3 | 公安部门 | 外国人证件费中的居留许可和永久居留申请；公民出入境证件费；外国人签证费 |
| 4 | 自然资源部门 | 不动产登记费 |
| 5 | 工业和信息化部门 | 无线电频率占用费 |
| 6 | 水利部门 | 水资源费；水土保持补偿费 |
| 7 | 农业农村部门 | 农药实验费；渔业资源增殖保护费 |
| 8 | 卫生健康部门 | 鉴定费中的医疗事故鉴定费 |
| 9 | 人防部门 | 防空地下室易地建设费 |
| 10 | 法院 | 诉讼费 |
| 11 | 体育部门 | 外国团体来华登山注册费 |
| 12 | 药品监管部门 | 药品注册费；医疗器械产品注册费 |
| 13 | 相关部门 | 考试教务费 |

## 一、外交部门认证费、签证费

我国驻外使（领）馆办理认证的收费标准由外交部制定，并报国家计委、财政部备案。

2018 年 3 月 9 日（当地时间）起，中国驻外使（领）馆降低对中国公民办理领事认证收费标准，民事类领事认证书由原先每份 150 元人民币（下同）调整为 50 元，商事类领事认证书由每份 300 元调整为 100 元，急件收费维持不变，上述收费将由各驻外使（领）馆按比价折合当地收费货币收取。

### （一）缴费义务人

缴费义务人为中华人民共和国公民和法人；我国企、事业单位；华侨和台湾、港澳同胞；外国公民。

### （二）缴费内容及标准

领事认证费：商业文件由每份 15 元调整到每份 100 元；民事类证书由每证 15 元调整到每证 50 元；上述两项的文件或证书，当事人要求在第 1 个工作日内或立等即取认证证书的，每份（证）可另收 50 元加急费。

签证、认证代办费：外交部机关及驻外机构服务中心（以下简称服务中心）代办因公出国外国签证，代办费由每证每国 25 元调整到每证每国 50 元。服务中心代办外国领事认证，代办费由每证 30 元调整到每证 60 元；服务中心接受当事人委托，代办签证和领事认证，必须在受理后的 2 个工作日内，将代办文件送达有关外国（地区）驻华使（领）馆，并负责及时取回通知当事人领取。当事人要求当日或当时专程送取代办文件的，可另收加急费，签证代办加急费由每证每国 10 元调整到每证每国 20 元；领事认证代办加急费由每证 15 元调整到每证 30 元。

服务中心代当事人填写外国签证申请表，代办费每份由 5 元调整到每份 10 元。

### （三）缴费政策依据

《国家计委　财政部关于调整护照、认证和签证、认证代办费标准及有关问题的通知》（计价格〔1999〕466号）；《国家物价局　财政部关于发布外交部行政事业性收费项目及标准的通知》（价费字〔1992〕198号）；《关于印发〈关于受理、审批国籍申请的程序和注意事项〉》（公境外〔1992〕898号）；《公安部关于调整外国人签证、证件收费标准的通知》（公通字〔1996〕89号）；《关于调整驻外使领馆领事认证收费标准的通知》（中国驻外使领馆2018年3月9日）。

## 二、教育部门学费、住宿费

缴入中央和地方财政专户的教育部门收费主要有5项费用，具体包括：公办幼儿园保教费、住宿费；普通高中学费、住宿费；中等职业学校学费、住宿费；高等学校（含科研院校、各级党校等）学费、住宿费、委托培养费、函大电大夜大及短期培训费；国家开放大学收费。

### （一）缴费义务人

公办幼儿园保教费、住宿费缴费义务人：中华人民共和国境内所有经教育行政主管部门依法批准的公办和民办全日制、寄宿制、半日制幼儿园及小学附设的学前班、幼儿班，学前教育属于非义务教育，幼儿园可向入园幼儿收取保育教育费（以下简称保教费），对在幼儿园住宿的幼儿可以收取住宿费。

普通高中学费、住宿费缴费义务人：入校就读的普通高中学生。

中等职业学校学费、住宿费缴费义务人：入校就读的中等职业学校学生。

高等学校（含科研院校、各级党校等）学费、住宿费、委托培养费、函大电大夜大及短期培训费缴费义务人：参加科研院校、各级党校、函大电大夜大及短期培训的学员或其单位。

国家开放大学收费缴费义务人：参加国家开放大学学习的学员。

### （二）缴费内容及标准

1. 幼儿园保教费、住宿费缴费标准

公办幼儿园保教费、住宿费缴费标准：由省级教育行政部门根据当地城乡经济发展水平、办园成本和群众承受能力等实际情况提出意见，经省级价格主管部门、财政部门审核后，三部门共同报省级人民政府审定。制定或调整公办幼儿园住宿费标准，由当地教育行政部门提出意见，报当地价格主管部门会同财政部门审批。公办幼儿园保教费标准根据年生均保育教育成本的一定比例确定。保育教育成本包括以下项目：教职工工资、津贴、补贴及福利、社会保障支出、公务费、业务费、修缮费等正常办园费用支出。不包括灾害损失、事故、经营性费用支出等非正常办园费用支出。公办幼儿园住宿费标准按照实际成本确定，不得以营利为目的。

民办幼儿园保教费、住宿费缴费标准：由幼儿园按照《中华人民共和国民办教育促进法》及其实施条例规定，根据保育教育和住宿成本合理确定，报当地价格主管部门、教育行政部门备案后执行。享受政府财政补助（包括政府购买服务、减免租金和税收、以奖代补、派驻公办教师、安排专项奖补资金、优惠划拨土地等）的民办幼儿园，可由当地人民政府有关部门以合同约定等方式确定最高收费标准，由民办幼儿园在最高标准范围内制定具体收费标准，报当地价格、教育、财政部门备案后执行。

2. 普通高中学费、住宿费缴费标准

公办高中招收择校生要严格执行“三限”政策（即限分数、限人数、限钱数）。择校生最高收费标准由省级教育行政部门提出意见，经同级价格、财政部门审核后，由三部门共同报省级人民政府审批。招生比例和最低录取分数线由省级教育行政部门按照从严掌握的原则具体制定，并向社会公布，接受各方面监督。各公办高中要严格执行省级人民政府和省级教育行政部门的规定，严禁学校各行其是，擅自扩大择校生比例、提高收费标准或在限定金额外收取其他费用、降低录取分数线。

3. 中等职业学校学费、住宿费缴费标准

根据年生均教育培养成本的一定比例确定，不同地区、不同专业的学校应有所区别；教育培养成本包括以下项目：公务费、业务费、设置购置费、修缮费、教职工人员经费等正常办学费用支出。不包括灾害损失、事故、校办产业支出等非正常办学费用支出；学费占年生均教育培养成本的比例和标准的审批权限在省级人民政府。由省级教育部门提出意见，物价部门会同财政部门根据当地经济发展水平、办学条件和居民经济承受能力进行审核，三部门共同报省级人民政府批准后，由教育部门执行。学费标准的调整，由省级教育、物价、财政部门按照《中等职业学校收费管理暂行办法》（教财〔1996〕101 号）第五条规定的程序，根据本行政区域内的物价上涨水平和居民收入平均增长水平提出方案，报省级人民政府批准后执行。

4. 高等学校（含科研院校、各级党校等）学费、住宿费、委托培养费、函大电大夜大及短期培训费缴费标准

高校行政事业性收费包括学费、住宿费和考试费三类。

高校学费标准按属地化原则管理。国家现行高校收费政策有规定的，执行现行规定；没有规定的，由省级教育行政部门综合考虑实际成本、当地经济发展水平和居民经济承受能力等因素提出意见，报同级价格、财政部门审核，并经省级人民政府批准后执行；住宿费标准按属地化原则管理。国家有现行规定的，执行现行规定；没有规定的，由省级教育行政部门综合考虑实际成本、住宿条件和当地经济发展水平等因素提出意见，报同级价格、财政部门按照成本补偿和非营利原则进行审核，并经省级人民政府批准后执行。高校考试费收费标准，国家有明确规定的，按现行规定执行；没有规定的，由省级教育行政部门提出意见，报同级价格部门会同财政部门审批。

从2014年秋季学期起，研究生教育收费标准按照“新生新办法、老生老办法”的原则，向所有纳入全国研究生招生计划的新入学研究生收取学费。研究生学费标准应综合考虑不同专业研究生培养成本、当地经济发展水平、办学条件、居民经济承受能力等因素确定，并与本专科生学费标准及已收费研究生学费标准相衔接。原则上，现阶段全日制学术学位研究生学费标准，硕士生每生每年不超过8 000元，博士生每生每年不超过1万元。全日制专业学位研究生以及目前已按规定实行收费政策的研究生，暂执行原收费政策。

中共中央党校委托培养在职研究生学费等收费标准。委托培养在职博士研究生，每学员每学年8 000元；委托培养在职硕士研究生、在职研究生班学员，每学员每学年6 000元。

短期培训进修费、教材费收费标准。短期培训进修费收费标准由学校根据提供培训进修服务的费用支出情况，按照补偿服务成本的原则确定，报国家发展改革委、财政部备案。

函授学院收费标准：教材费按实际成本收取。

5. 中央广播电视大学（国家开放大学）直属教学点的收费标准

按当地省、自治区、直辖市价格、财政主管部门批准的省级广播电视大学的收费项目和收费标准执行。

### （三）减免规定

对家庭经济困难的幼儿、孤儿和残疾幼儿，应酌情减免收取保教费。具体减免办法由省级教育、价格和财政部门制定。

为了切实帮助家庭经济困难学生解决实际问题，确保其不因家庭经济困难影响入学或中止学业。有关部门和高等学校要认真执行国家关于资助经济困难学生的有关规定，完善“奖、贷、助、补、减”等配套政策和措施，对中小学学生要进一步落实包括贫困学生助学金、减免学杂费等在内的资助政策和措施，帮助家庭经济困难的学生就学。

对少数特殊专业，家庭经济困难的学生，应酌情减免学费，具体减免办法，由各省、自治区、直辖市人民政府制定。

为贯彻落实《国务院关于建立全科医生制度的指导意见》（国发〔2011〕23号）、《国家卫生计生委等7部门关于建立住院医师规范化培训制度的指导意见》（国卫科教发〔2013〕56号）和《教育部等6部门关于医教协同深化临床医学人才培养改革的意见》（教研〔2014〕2号）精神，进一步做好农村订单定向医学生免费培养工作，继续实施农村订单定向医学生免费培养工作，重点为乡镇卫生院及以下的医疗卫生机构培养从事全科医疗的卫生人才。免费医学生分5年制本科和3年制专科两种，以5年制本科为主，培养专业主要是临床医学、中医学（含民族医学，下同）专业，培养工作主要由举办医学教育的地方高等学校承担。3年制专科主要面向乡镇卫生院以下的医疗卫生机构和欠发达地区乡镇卫生院医疗卫生岗位，其培养、使用和支撑保障政策参照本科免费医学生有关规定执行。培养工作向集中连片特困地区、国家扶贫开发重点工作县倾斜。省级卫生健康、中医药、人力资源社会保障、财政部门根据本地农村卫生队伍建设发展规划和需求，于上年11月份前确定下一年度定向单位和岗位数，并会同省级教育行政部门提出各类免费医学生需求数量计划；省级教育行政部门商卫生健康、中医药、发展改革部门确定开展免费医学生培养的学校，省级卫生健康、中医药行政部门和教育行政部门联合与学校签署免费医学生培养协议。

落实好免费医学生培养经费。免费医学生在校学习期间免除学费，免缴住宿费，并补助生活费，学费、住宿费标准按照当地物价部门制定的收费标准执行，生活费补助标准由各省（区、市）结合实际确定，所需经费由省级财政在医疗卫生支出中统筹落实。国家每年为中西部乡镇卫生院招收5 000名左右5年制临床医学、中医学专业的本科免费医学生，中央财政予以经费补助并将适时调整生均补助标准。免费医学生的生均拨款正常划拨。

**（四）缴费政策依据**

1. 公办幼儿园保教费、住宿费缴费政策依据

《幼儿园管理条例》（国家教育委员会令第4号）；《国家发展改革委　教育部　财政部关于印发〈幼儿园收费管理暂行办法〉的通知》（发改价格〔2011〕3207号）。

2. 普通高中学费、住宿费缴费政策依据

《教育部　国家发展改革委　财政部关于做好2003年学校收费工作有关问题的通知》（教财〔2003〕4号，以下简称教财〔2003〕4号文件）；《高等学校收费管理暂行办法》（教财〔1996〕101号）。

3. 中等职业学校学费、住宿费缴费政策依据

财综〔2004〕4号文件，教财〔2003〕4号文件；《高等学校收费管理暂行办法》（教财〔1996〕101号）。

4. 高等学校（含科研院校、各级党校等）学费、住宿费、委托培养费、函大电大夜大及短期培训费缴费依据

《财政部　国家发展改革委　教育部关于完善研究生教育投入机制的意见》（财教〔2013〕19号）；发改价格〔2013〕887号文件；《教育部　国家发展改革委　财政部关于进一步规范高校收费管理若干问题的通知》（教财〔2006〕2号）；发改价格〔2005〕2528号文件；发改价格〔2003〕1011号文件；教财〔2003〕4号文件；计价格〔2002〕838号文件；计价格〔2002〕665号文件；计办价格〔2000〕906号文件；教财〔1996〕101号文件；价费字〔1992〕367号文件；教财〔1992〕42号文件；发改价格〔2006〕702号文件；教财〔2006〕7号文件；教电〔2005〕333号文件；教财〔2005〕22号文件；教高〔2015〕6号文件。

5. 国家开放大学缴费政策依据

《财政部　国家发展改革委关于明确国家开放大学收费项目等问题的通知》（财综〔2014〕21号）；发改价格〔2009〕2555号文件；计价格〔2002〕838号文件；《教育部办公厅　国家计委办公厅关于中央广播电视大学收费及其标准问题的通知》（教财厅〔2000〕110号）；财办综〔2003〕203号文件。

## 三、公安部门证照费及外国人签证费

公安部门收费主要包括：证照费。具体包括外国人证件费；公民出入境证件费和外国人签证费。

### （一）缴费义务人

1. 外国人证件费缴费义务人

需要办理往来签证、居留签证；居留许可、永久居留申请的外国人。

2. 公民出入境证件费缴费义务人

赴港澳签注、需办理往来台湾通行证的大陆居民。

3. 外国人签证费缴费义务人

需办理往来中国签证的外国人。

### （二）缴费内容及标准

公安部门证照费见表2－10。

**表2－10　　公安部门证照费**

| 收费项目 | 收费标准 | 收费文件依据 |
|---|---|---|
| 台湾居民一次来往大陆签注 | 15元/件 | 发改价格〔2005〕1460号，发改价格〔2017〕1186号 |
| 台湾居民1年（含）以内多次有效来往大陆签注 | 80元/件 | |
| 台湾居民1年以上、3年（含）以下居留签注 | 200元/件 | |
| 台湾居民3年以上、5年（含）以下居留签注 | 300元/件 | |
| 有效期不满1年的外国人居留许可费 | 400元/人 | 发改价格〔2004〕2230号 |
| 有效期1年（含1年）至3年以内的居留许可费 | 800元/人 | |
| 有效期3年（含3年）至5年（含5年）的居留许可费 | 1 000元/人 | |
| 增加偕行人，每增加1人 | 按上述相应标准收费 | |
| 减少偕行人 | 200元/人次 | |
| 外国人居留许可变更 | 200元/人次 | |

续表

| 收费项目 | 收费标准 | 收费文件依据 |
|---|---|---|
| 受理外国人永久居留申请收费 | 1 500 元/人 | 发改价格〔2004〕1267 号 |
| 核发《外国人永久居留证》收费 | 300 元/证 | |
| 有效期满、内容变更，申请换发或补发永久居留证 | 300 元/证 | |
| 对丢失补领或损坏换领外国人永久居留证 | 600 元/证 | |
| 内地居民赴港澳签注［长期（3 年）多次有效签注］收费 | 240 元/件 | 计价格〔2002〕1097 号，发改价格〔2017〕1186 号 |
| 内地居民赴港澳签注（一次有效签注）收费 | 15 元/件 | |
| 内地居民赴港澳签注［短期（不超过 1 年）多次有效签注］收费 | 80 元/件 | |
| 内地居民赴港澳签注（二次有效签注）收费 | 30 元/件 | |
| 普通护照加注、延期 | 每项次 20 元 | 价费字〔1993〕164 号，发改价格〔2017〕1186 号 |
| 大陆居民往来台湾通行证签注、加注 | 15 元/项次 | |
| 申领、换领第二代居民身份证工本费 | 20 元/证 | 发改价格〔2003〕2322 号 |
| 丢失补领或损坏换领第二代居民身份证工本费 | 40 元/证 | |
| 因私普通护照收费标准 | 由 160 元/本降为 120 元/本 | 发改价格〔2019〕914 号 |
| 往来港澳通行证收费标准 | 由 80 元/张降为 60 元/张 | |

### （三）缴费政策依据

1. 外国人证件费缴费依据

价费字〔1992〕240 号文件；公通字〔2000〕99 号文件。

（1）居留许可缴费依据：财综〔2004〕60 号文件；发改价格〔2004〕2230 号文件。

（2）永久居留申请缴费依据：财综〔2004〕32 号文件；发改价格〔2004〕1267 号文件。

2. 公民出入境证件费缴费依据

价费字〔1993〕164 号文件；价费字〔1992〕240 号文件；公通字〔2000〕99 号文件；发改价格〔2017〕1186 号文件；财税函〔2018〕1 号文件；发改价格〔2019〕914 号文件。

（1）因私护照（含护照贴纸加注）缴费依据：发改价格〔2013〕1494号文件；计价格〔2000〕293号文件；价费字〔1993〕164号文件。

（2）出入境通行证缴费依据：价费字〔1993〕164号文件；公通字〔2000〕99号文件。

（3）往来（含前往）港澳通行证（含签注）缴费依据：发改价格〔2005〕77号文件；计价格〔2002〕1097号文件。

（4）台湾居民来往大陆通行证缴费依据：发改价格〔2004〕334号文件；价费字〔1993〕164号文件。

（5）台湾同胞定居证缴费依据：发改价格〔2004〕2839号文件；价费字〔1993〕164号文件。

（6）大陆居民往来台湾通行证（含签注）缴费依据：发改价格〔2016〕352号文件；计价格〔2001〕1835号文件；价费字〔1993〕164号文件。

3. 外国人签证费缴费依据

计价格〔2003〕392号文件；价费字〔1992〕240号文件；公通字〔2000〕99号文件。

## 四、自然资源部门不动产登记费

自然资源部门行政性事业收费主要为不动产登记费。

为了维护国家基本经济制度，维护社会主义市场经济秩序，明确物的归属，发挥物的效用，保护权利人的物权，根据宪法，我国制定了《中华人民共和国物权法》（以下简称《物权法》），并由中华人民共和国第十届全国人民代表大会第五次会议于2007年3月16日通过，自2007年10月1日起施行。不动产物权的设立、变更、转让和消灭，经依法登记，发生效力；未经登记，不发生效力，但法律另有规定的除外。依法属于国家所有的自然资源，所有权可以不登记。不动产登记，由不动产所在地的登记机构办理。国家对不动产实行统一登记制度，统一登记的范围、登记机构和登记办法，由法律、行政法规规定。县级以上不动产登记机构依法办理不动产权利登记时，根据不同情形，收取不动产登记费。

### （一）缴费义务人

不动产登记费由登记申请人缴纳。按规定需由当事各方共同申请不动产登记的，不动产登记费由登记为不动产权利人的一方缴纳；不动产抵押权登记，登记费由登记为抵押权人的一方缴纳；不动产为多个权利人共有（用）的，不动产登记费由共有（用）人共同缴纳，具体分摊份额由共有（用）人自行协商。

房地产开发企业不得把新建商品房办理首次登记的登记费，以及因提供测绘资料所产生的测绘费等其他费用转嫁给购房人承担；向购房人提供抵押贷款的商业银行，不得把办理抵押权登记的费用转嫁给购房人承担。

### （二）缴费内容及标准

不动产登记费按件收取，不得按照不动产的面积、体积或者价款的比例收取。具体收费标准由国务院有关部门会同价格主管部门规定。

（1）住宅类不动产登记收费标准。

落实不动产统一登记制度，实行房屋所有权及其建设用地使用权一体登记。原有住房及其建设用地分别办理各类登记时收取的登记费，统一整合调整为不动产登记收费，即住宅所有权及其建设用地使用权一并登记，收取一次登记费。规划用途为住宅的房屋（以下简称住宅）及其建设用地使用权申请办理下列不动产登记事项，提供具体服务内容，据实收取不动产登记费，收费标准为每件 80 元。房地产开发企业等法人、其他组织、自然人合法建设的住宅，申请办理房屋所有权及其建设用地使用权首次登记；居民等自然人、法人、其他组织购买住宅，以及互换、赠与、继承、受遗赠等情形，住宅所有权及其建设用地使用权发生转移，申请办理不动产转移登记；住宅及其建设用地用途、面积、权利期限、来源等状况发生变化，以及共有性质发生变更等，申请办理不动产变更登记；当事人以住宅及其建设用地设定抵押，办理抵押权登记（包括抵押权首次登记、变更登记、转移登记）；当事人按照约定在住宅及其建设用地上设定地役权，申请办理地役权登记（包括地役权首次登记、变更登记、转移登记）；为推进保障性安居工程建设，减轻登记申请人负担，廉租住房、公共租赁住房、经济适用住房和棚户区改造安置住房所有权及其建设用地使用权办理不动产登记，登记收费标准为零。

（2）非住宅类不动产登记收费标准。

办理下列非住宅类不动产权利的首次登记、转移登记、变更登记，收取不动产登记费，收费标准为每件 550 元。具体包括：住宅以外的房屋等建筑物、构筑物所有权及其建设用地使用权或者海域使用权；无建筑物、构筑物的建设用地使用权；森林、林木所有权及其占用林地的承包经营权或者使用权；耕地、草地、水域、滩涂等土地承包经营权；地役权；抵押权。

不动产登记机构依法办理不动产查封登记、注销登记、预告登记和因不动产登记机构错误导致的更正登记，不得收取不动产登记费。

### （三）缴费政策依据

《物权法》；财税〔2016〕79 号文件；发改价格规〔2016〕2559 号文件；财税〔2019〕45 号；财税〔2019〕53 号。

### （四）减免规定

下列情形免收不动产登记费（含第一本不动产权属证书的工本费）：申请与房屋配套的车库、车位、储藏室等登记，不单独核发不动产权属证书的（申请单独发放权属证书的，按发改价格规〔2016〕2559 号文件第一条规定的收费标准收取登记费）；因行政区划调整导致不动产坐落的街道、门牌号或房屋名称变更而申请变更登记的；小微企业（含个体工商户）申请不动产登记的；农村集体经济组织成员以家庭承包或其他方式承包取得农用地的土地承包经营权申请登记的；农村集体经济组织成员以家庭承包或其他方式承包取得森林、林木所有权及其占用的林地承包经营权申请登记的；依法由农民集体使用的国有农用地从事种植业、林业、畜牧业、渔业等农业生产，申请土地承包经营权登记或国有农用地使用权登记的；因农村集体产权制度改革导致土地、房屋等确权变更而申请变更登记的；国家法律、法规规定予以免收的。

根据《财政部　国家税务总局关于免征易地扶贫搬迁有关政府性基金和行政事业性收费政策的通知》（财税〔2019〕53 号）文件规定，自 2019 年 7 月 1 日起，对易地扶贫搬迁项目免征城市基础设施配套费、不动产登记费。2016 年 1 月 1 日至 2019 年 6 月 30 日期间已实施的易地扶贫搬迁项目，可由各省、自治区、直辖市人民政府参照本通知规定执行。

根据《财政部　国家发展改革委关于减免部分行政事业性收费有关政策的通知》（财税〔2019〕45 号）文件规定，按照国务院关于降费减负的决策部署，为进一步减轻社会负担、激发市场活力，现就减免部分行政事业性收费有关政策通知如下：

自 2019 年 7 月 1 日起，对下列不动产登记费实行减免政策：

对下列情形免征不动产登记费：

（1）申请办理变更登记、更正登记的；

（2）申请办理森林、林木所有权及其占用的林地承包经营权或林地使用权，及相关抵押权、地役权不动产权利登记的；

(3) 申请办理耕地、草地、水域、滩涂等土地承包经营权或国有农用地使用权，及相关抵押权、地役权不动产权利登记的。

对申请办理车库、车位、储藏室不动产登记，单独核发不动产权属证书或登记证明的，不动产登记费由原非住宅类不动产登记每件550元，减按住宅类不动产登记每件80元收取。

## 五、工业和信息化部门无线电频率占用费

根据《中华人民共和国无线电管理条例》（以下简称《无线电管理条例》）明确规定，无线电频谱资源属于国家所有。国家对无线电频谱资源实行统一规划、合理开发、有偿使用的原则。无线电管理工作在国务院、中央军事委员会的统一领导下分工管理、分级负责，贯彻科学管理、保护资源、保障安全、促进发展的方针。国家鼓励、支持对无线电频谱资源的科学技术研究和先进技术的推广应用，提高无线电频谱资源的利用效率。使用无线电频率应当按照国家有关规定缴纳无线电频率占用费。无线电频率占用费的项目、标准，由国务院财政部门、价格主管部门制定。

### （一）缴费义务人

工业和信息化部门无线电频率占用费的缴费义务人为使用无线电频率的单位和个人。

### （二）缴费内容及标准

无线电频率占用费不再按2G、3G单独制定收费标准，统一按实际使用频段进行计费，并降低各频段收费标准，具体为：在全国范围内使用的频段，960兆赫以下频段由1 700万元/兆赫/年降为1 600万元/兆赫/年，960～2 300兆赫频段由1 500万元/兆赫/2年降为1 400万元/兆赫/年，2 300兆赫以上频段由1 200万元/兆赫/年降为800万元/兆赫/年。在省级范围内使用的频段，960兆赫以下频段由170万元/兆赫/年降为160万元/兆赫/年，960～2 300兆赫频段由150万元/兆赫/年降为140万元/兆赫/年，2 300兆赫以上频段由120万元/兆赫/年降为80万元/兆赫/年。在市（地、州）范围内使用的频段，960兆赫以下频段由17万元/兆赫/年降为16万元/兆赫/年，960～2 300兆赫频段由15万元/兆赫/年降为14万元/兆赫/年，2 300兆赫以上频段由12万元/兆赫/年降为8万元/兆赫/年。

### （三）缴费政策依据

《无线电管理条例》；发改价格〔2013〕2396号文件；发改价格〔2011〕749号文件；发改价格〔2005〕2812号文件；发改价格〔2003〕2300号文件；计价费〔1998〕218号文件；发改价格〔2017〕1186号文件；发改价格〔2018〕601号；《国家发展改革委 财政部关于降低部分行政事业性收费标准的通知》（发改价格〔2019〕914号）。

### （四）减免优惠

根据发改价格〔2019〕914号文件精神，为进一步加大降费力度，切实减轻社会负担，促进实体经济发展，自2019年7月1日起，降低无线电频率占用费。具体如下：

1. 223～235MHz频段无线数据传输系统收费标准

降低223～235MHz频段电力等行业采用载波聚合的基站频率占用费标准，由按每频点（25kHz）每基站征收改为按每MHz每基站征收，即由现行800元/频点/基站调整为1 000元/MHz/基站。

原窄带无线数据传输系统（每频点信道带宽25kHz）的收费标准仍按现行规定执行，即800元/频点/基站。

2. 5 905～5 925MHz频段车联网直连通信系统收费标准

（1）在省（自治区、直辖市）范围使用的，按照15万元/MHz/年收取；在市（地、州）范围使用的，按照1.5万元/MHz/年。使用范围在10个省（自治区、直辖市）及以上的，按照150万元/MHz/年收取；使用范围在10个市（地、州）及以上的，按照15万元/MHz/年收取。

（2）为鼓励新技术新业务的发展，对5 905～5 925MHz频段车联网直连通信系统频率占用费标准实行“头三年免收”的优惠政策，即自频率使用许可证发放之日起，第一至第三年（按财务年度计算，下同）免收无线电频率占用费；第四年及以后按照国家规定的收费标准收取频率占用费。

3. 卫星通信系统频率占用费收费标准

（1）调整网络化运营的对地静止轨道Ku频段（12.2～12.75GHz/14～14.5GHz）高通量卫星系统业务频率的频率占用费收费方式。根据其技术和运营特点，由原按照空间电台500元/MHz/年（发射）、地球站250元/MHz/年（发射）分别向卫星运营商和网内终端用户收取，改为根据卫星系统业务频率实际占用带宽，只向卫星运营商按照500元/MHz/年标准收取，此频段内不再对网内终端用户收取频率占用费。

（2）免收卫星业余业务频率占用费。

## 六、水利部门水资源费及水土保持补偿费

水利部门行政性事业收费主要包括水资源费和水土保持补偿费。

### （一）缴费义务人

1. 水资源费的缴费义务人

水资源费的缴费义务人为取水单位或者应当缴纳水资源费的个人，取水单位或者个人应当按照经批准的年度取水计划取水。超计划或者超定额取水的，对超计划或者超定额部分累进收取水资源费；为了公共利益需要，按照国家批准的跨行政区域水量分配方案实施的临时应急调水，由调入区域的取用水的单位或者个人，根据所在地水资源费征收标准和实际取水量缴纳水资源费。

2. 水土保持补偿费的缴费义务人

水土保持补偿费的缴费义务人为直接从江河、湖泊或者地下取用水资源的单位和个人；对从事农业生产取水征收水资源费，按照《取水许可和水资源费征收管理条例》有关规定执行。

### （二）缴费内容及标准

1. 水资源费缴费标准

水资源费征收标准由省、自治区、直辖市人民政府价格主管部门会同同级财政部门、水行政主管部门制定，报本级人民政府批准，并报国务院价格主管部门、财政部门和水行政主管部门备案。其中，由流域管理机构审批取水的中央直属和跨省、自治区、直辖市水利工程的水资源费征收标准，由国务院价格主管部门会同国务院财政部门、水行政主管部门制定。

为了指导各地进一步加强水资源费征收标准管理，规范征收标准制定行为，促进水资源节约和保护，《国家发展改革委　财政部　水利部关于水资源费征收标准有关问题的通知》（发改价格〔2013〕29号，以下简称发改价格〔2013〕29号文件）进一步明确水资源费征收标准制定原则；规范水资源费标准分类；合理确定水资源费征收标准调整目标。在2015年底（“十二五”

末）以前，地表水、地下水水资源费平均征收标准原则上应调整到发改价格〔2013〕29 号文件附件建议的水平以上，具体水平见表 2－11。各地可参照上述目标制定本地区水资源费征收标准调整计划和实施时间表，分步推进。全省（区、市）范围内不同市县水资源状况、地下水开采和利用等情况差异较大的地区，可分区域制定不同的水资源费征收标准。

**表 2－11　　“十二五”末各地区水资源费最低征收标准**　　单位：元/立方米

| 省（区、市） | 地表水水资源费平均征收标准 | 地下水水资源费平均征收标准 |
| --- | --- | --- |
| 北京、天津 | 1.6 | 4 |
| 山西、内蒙古 | 0.5 | 2 |
| 河北、山东、河南 | 0.4 | 1.5 |
| 辽宁、吉林、黑龙江、宁夏、陕西 | 0.3 | 0.7 |
| 江苏、浙江、广东、云南、甘肃、新疆 | 0.2 | 0.5 |
| 上海、安徽、福建、江西、湖北、湖南、广西、海南、重庆、四川、贵州、西藏、青海 | 0.1 | 0.2 |

注：区域划分根据各地水资源状况、现行征收标准、经济发展水平、社会承受能力以及南水北调受水区等因素综合确定。

2. 水土保持补偿费缴费标准

自 2017 年 7 月 1 日起，为进一步加大降费力度，切实减轻社会负担，促进实体经济发展，国家发展改革委、财政部决定降低水利部门行政事业性收费标准。水土保持补偿费收费标准自 2017 年 7 月 1 日起按下列规定执行。

对一般性生产建设项目，按照征占用土地面积一次性计征，东部地区由每平方米不超过 2 元（不足 1 平方米的按 1 平方米计，下同）降为每平方米不超过 1.4 元，中部地区由每平方米不超过 2.2 元降为每平方米不超过 1.5 元，西部地区由每平方米不超过 2.5 元降为每平方米不超过 1.7 元。对水利水电工程建设项目，水库淹没区不在水土保持补偿费计征范围之内。

开采矿产资源的，建设期间，按照征占用土地面积一次性计征，具体收费标准按照上述规定执行。开采期间，石油、天然气以外的矿产资源按照开采量（采掘、采剥总量）计征。石油、天然气根据油、气生产井（不包括水井、勘探井）占地面积按年征收，每口油、气生产井占地面积按不超过 2 000 平方米计算；对丛式井每增加一口井，增加计征面积按不超过 400 平方米计算，每平方米每年收费由不超过 2 元降为不超过 1.4 元。各地在核定具体收费标准时，应充分评估损害程度，对生产技术先进、管理水平较高、生态环境治理投入较大的资源开采企业，在核定收费标准时应按照从低原则制定。

取土、挖砂（河道采砂除外）、采石以及烧制砖、瓦、瓷、石灰的，根据取土、挖砂、采石量，由按照每立方米0.5～2元计征（不足1立方米的按1立方米计，下同）降为按照每立方米0.3～1.4元计征。对缴纳义务人已按前两种方式计征水土保持补偿费的，不再重复计征。

排放废弃土、石、渣的，根据土、石、渣量，由按照每立方米0.5～2元计征降为按照每立方米0.3～1.4元计征。对缴纳义务人已按前三种方式计征水土保持补偿费的，不再重复计征。上述各类收费具体标准，由各省、自治区、直辖市价格主管部门、财政部门会同水行政主管部门根据本地实际情况制定。

### （三）缴费政策依据

1. 水资源费缴费依据

《水法》；《取水许可和水资源费征收管理条例》（国务院令第460号）；财税〔2016〕2号文件；发改价格〔2014〕1959号文件；发改价格〔2013〕29号文件；财综〔2011〕19号文件；发改价格〔2009〕1779号文件；财综〔2008〕79号文件；财综〔2003〕89号文件；价费字〔1992〕181号文件。

2. 水土保持补偿费缴费依据

《中华人民共和国水土保持法》；财综〔2014〕8号文件；发改价格〔2014〕886号文件；发改价格〔2017〕1186号文件。

### （四）征收管理

1. 水资源费的征收

水资源费由取水审批机关负责征收；其中，流域管理机构审批的，水资源费由取水口所在地省、自治区、直辖市人民政府水行政主管部门代为征收。

取水审批机关确定水资源费缴纳数额后，应当向取水单位或者个人送达水资源费缴纳通知单，取水单位或者个人应当自收到缴纳通知单之日起7日内办理缴纳手续。直接从江河、湖泊或者地下取用水资源从事农业生产的，对超过省、自治区、直辖市规定的农业生产用水限额部分的水资源，由取水单位或者个人根据取水口所在地水资源费征收标准和实际取水量缴纳水资源费；符合规定的农业生产用水限额的取水，不缴纳水资源费。取用供水工程的水从事农业生产的，由用水单位或者个人按照实际用水量向供水工程单位缴纳水费，由供水工程单位统一缴纳水资源费；水资源费计入供水成本。

2. 水土保持补偿费的征收

县级以上地方水行政主管部门征收水土保持补偿费，应到同级价格主管部门办理收费许可证，并使用省级财政部门统一印制的票据。相关收费单位要在收费场所显著位置和门户网站对水土保持补偿费的收费依据、收费标准、收费主体、收费范围等内容进行公示。收费单位应严格执行批准的收费项目和收费标准，不得自行增设收费项目和提高收费标准，并自觉接受价格、财政、审计和上级水行政主管部门的监督检查。各级价格主管部门应加强对收费单位收费许可证的年度审验。

## 七、农业农村部门农药实验费及渔业资源增殖保护费

农业部门行政性事业收费主要包括农药实验费和渔业资源增殖保护费。

2014 年，为进一步减轻企业特别是小微企业负担，经国务院批准，取消、停征和免征一批行政事业性收费，对小微企业免征渔业资源增殖保护费。

### （一）缴费义务人

1. 农药实验费缴费义务人

农药实验费缴费义务人为向农药登记机关申请获准开展田间试验、残留试验、药效试验的单位。

2. 渔业资源增殖保护费缴费义务人

渔业资源增殖保护费缴费义务人为渔业资源受益的单位和个人。

### （二）缴费内容及标准

1. 农药实验费缴费标准

自 2017 年 7 月 1 日起，为进一步加大降费力度，切实减轻社会负担，促进实体经济发展，国家发展改革委、财政部决定降低农业部门行政事业性收费标准。农药实（试）验费收费标准自 2017 年 7 月 1 日起按下列规定执行：农药实（试）验费收费标准，田间试验由每小区 120 ~ 400 元降为每小区 60 ~ 200 元；残留试验（一种剂型，一种作物，一处试验点，2 年试验期）由 30 000 ~ 35 000 元降为 15 000 ~ 17 500 元；药效示范试验由每个试验点 1 500 ~ 1 800 元降为每个试验点 750 ~ 900 元。

2. 渔业资源增殖保护费缴费标准

渔业资源费分为海洋渔业资源费和内际水域渔业资源费。海洋渔业资源费年征收金额，由沿海省级人民政府渔业行政主管部门或者海区渔政监督管理机构，在其批准发放捕捞许可证的渔船前3年采捕水产品的平均年总产值（不含专项采捕经济价值较高的渔业资源品种产值）1%～3%的幅度内确定；内陆水域渔业资源费年征收金额由省级人民政府确定。

### （三）免征优惠

对小微企业免征渔业资源增殖保护费，黄渤海、东海、南海区渔业资源增殖保护费取消。

### （四）缴费政策依据

1. 农药实验费缴费依据

价费字〔1992〕452号文件；发改价格〔2015〕2136号文件；发改价格〔2017〕1186号文件。

2. 渔业资源增殖保护费缴费依据

《中华人民共和国渔业法》；财税〔2014〕101号文件；发改价格〔2015〕2136号文件；财综〔2012〕97号文件；计价格〔1994〕400号文件；价费字〔1992〕452号文件。

## 八、卫生健康部门医疗事故鉴定费

2002年2月20日国务院第55次常务会议通过的《医疗事故处理条例》（国务院令第351号，2002年9月1日起公布施行）明确，医疗事故技术鉴定，可以收取鉴定费用。

### （一）缴费义务人

国家卫生健康委、各省级和设区的市级卫生健康部门所属医学会依法对医疗事故争议（病员及其家属与医疗单位对医疗事故或文件的确认和处理存在争议）进行技术鉴定时，向有关单位或个人收取医疗事故鉴定费。经鉴定属于医疗事故的，医疗事故鉴定费由医疗单位支付；不属于医疗事故的，医疗事故鉴定费由提出鉴定的申请方承担。

### （二）缴费内容及标准

从2016年开始，为进一步规范行政事业性收费标准管理，提高政策透明度，根据国家发展改革委、财政部有关规定，重新审核后中央管理的卫生健康部门行政事业性收费标准：其中，在医疗事故鉴定费标准中，国家卫生健康委所属中华医学会依法对医疗事故争议（病员及其家属与医疗单位对医疗事故或文件的确认和处理存在争议）进行技术鉴定时，向有关单位或个人收取医疗事故鉴定费标准为每例8 500元。各省级和设区的市级卫生健康部门所属医学会依法对医疗事故争议（病员及其家属与医疗单位对医疗事故或文件的确认和处理存在争议）进行技术鉴定时，向有关单位或个人收取的医疗事故鉴定费标准，由省、自治区、直辖市价格主管部门会同同级财政部门制定。

### （三）缴费政策依据

《医疗事故处理条例》；财税〔2016〕14号文件；财综〔2003〕27号文件；发改价格〔2016〕488号文件。

## 九、人防部门防空地下室易地建设费

人民防空是国防的重要组成部分，是国民经济和社会发展的重要方面，是现代城市建设的重要内容，是利国、利民的社会公益事业。

### （一）缴费义务人

防空地下室易地建设费的缴费义务人为易地建设人防工程的建设单位。

### （二）缴费内容及标准

建设单位依规定提出易地建设申请，经有批准权限的人防主管部门批准后，应按应建防空地下室的建筑面积和规定的易地建设费标准缴纳建设费用，由人防主管部门统一就地就近安排易地建设人防工程；防空地下室易地建设费的收费标准，由省、自治区、直辖市价格主管部门会同同级财政、人防主管部门按照当地防空地下室的造价制定，报国家发展改革委、财政部、国家人防办备案。

### （三）缴费减免规定

对按规定需要配套建设防空地下室的，防空地下室建设要随民用建筑项目计划一同下达，坚持同步配套建设，不得收费。

对以下新建民用建筑项目应适当减免防空地下室易地建设费：享受政府优惠政策建设的廉租房、经济适用房等居民住房，减半收取；新建幼儿园、学校教学楼、养老院及为残疾人修建的生活服务设施等民用建筑，减半收取；临时民用建筑和不增加面积的危房翻新改造商品住宅项目，予以免收；因遭受水灾、火灾或其他不可抗拒的灾害造成损坏后按原面积修复的民用建筑，予以免收。

根据《财政部　国家税务总局关于免征易地扶贫搬迁有关政府性基金和行政事业性收费政策的通知》（财税〔2019〕53 号），为贯彻落实《中共中央　国务院关于打赢脱贫攻坚战三年行动的指导意见》，为支持易地扶贫搬迁工作，自 2019 年 7 月 1 日起，对确因地质条件等原因无法修建防空地下室的易地扶贫搬迁项目，免征防空地下室易地建设费；在商品住房等开发项目中配套建设易地扶贫搬迁安置住房的，按安置住房建筑面积占总建筑面积的比例，计算应予免征的政府性基金和行政事业性收费。2016 年 1 月 1 日至 2019 年 6 月 30 日期间已实施的易地扶贫搬迁项目，可由各省、自治区、直辖市人民政府参照本通知规定执行。

### （四）监督管理

防空地下室易地建设费由各级人防主管部门严格按照国家规定组织收取。收取的收入属于预算外资金，应全额缴入预算外资金财政专户，实行“收支两条线”管理；防空地下室易地建设费应纳入人防经费预算，统筹安排并专项用于安排易地建设人防工程，各级人民政府和有关部门不得统筹调剂，不得用于平衡本级预算，不得挪作他用。

各级政府价格、财政主管部门要加强对防空地下室易地建设费的监督检查，对擅自扩大收费范围、提高费用标准、改变收费资金用途等违反国家有关收费管理规定的，要依法查处。

### （五）缴费政策依据

《中共中央　国务院关于加强人民防空工作的决定》；计价格〔2000〕474 号文件；财税〔2014〕77 号文件；财税〔2019〕53 号文件。

## 十、法院诉讼费

根据《诉讼费用交纳办法》（国务院令第481号）规定，当事人进行民事诉讼、行政诉讼，应当依照本办法交纳诉讼费用，本办法规定可以不交纳或者免予交纳诉讼费用的除外。

### （一）缴费义务人

进行民事诉讼、行政诉讼的当事人；证人、鉴定人、翻译人员、理算人员在人民法院指定日期出庭发生的费用，由人民法院按照国家规定标准代为收取；当事人复制案件卷宗材料和法律文书应当按实际成本向人民法院交纳工本费；诉讼过程中因鉴定、公告、勘验、翻译、评估、拍卖、变卖、仓储、保管、运输、船舶监管等发生的依法应当由当事人负担的费用，人民法院根据"谁主张、谁负担"的原则，决定由当事人直接支付给有关机构或者单位。

### （二）缴费内容及标准

1. 财产案件缴费标准

不超过1万元的，每件交纳50元；超过1万～10万元的部分，按照2.5%交纳；超过10万～20万元的部分，按照2%交纳；超过20万～50万元的部分，按照1.5%交纳；超过50万～100万元的部分，按照1%交纳；超过100万～200万元的部分，按照0.9%交纳；超过200万～500万元的部分，按照0.8%交纳；超过500万～1 000万元的部分，按照0.7%交纳；超过1 000万～2 000万元的部分，按照0.6%交纳；超过2 000万元的部分，按照0.5%交纳。

2. 非财产案件缴费标准

离婚案件每件交纳50～300元。涉及财产分割，财产总额不超过20万元的，不另行交纳；超过20万元的部分，按照0.5%交纳；侵害姓名权、名称权、肖像权、名誉权、荣誉权以及其他人格权的案件，每件交纳100～500元。涉及损害赔偿，赔偿金额不超过5万元的，不另行交纳；超过5万～10万元的部分，按照1%交纳；超过10万元的部分，按照0.5%交纳；其他非财产案件每件交纳50～100元。

3. 知识产权民事案件

没有争议金额或者价额的，每件交纳500～1 000元；有争议金额或者价额的，按照财产案件的标准交纳。

4. 劳动争议案件

劳动争议案件每件交纳 10 元。

5. 行政案件按照下列标准交纳

商标、专利、海事行政案件每件交纳 100 元；其他行政案件每件交纳 50 元。

6. 当事人提出案件管辖权异议

异议不成立的，每件交纳 50～100 元。

省、自治区、直辖市人民政府可以结合本地实际情况在第 1 项、第 3 项、第 6 项规定的幅度内制定具体交纳标准。

### （三）诉讼费的减免缓缴规定

下列案件不交纳案件受理费：依照《中华人民共和国民事诉讼法》（以下简称《民事诉讼法》）规定的特别程序审理的案件；裁定不予受理、驳回起诉、驳回上诉的案件；对不予受理、驳回起诉和管辖权异议裁定不服，提起上诉的案件；行政赔偿案件。

当事人交纳诉讼费用确有困难的，可以依照《诉讼费用交纳办法》向人民法院申请缓交、减交或者免交诉讼费用的司法救助。诉讼费用的免交只适用于自然人。

当事人申请司法救助，符合下列情形之一的，人民法院应当准予免交诉讼费用：残疾人无固定生活来源的；追索赡养费、扶养费、抚育费、抚恤金的；最低生活保障对象、农村特困定期救济对象、农村五保供养对象或者领取失业保险金人员，无其他收入的；因见义勇为或者为保护社会公共利益致使自身合法权益受到损害，本人或者其近亲属请求赔偿或者补偿的；确实需要免交的其他情形。

当事人申请司法救助，符合下列情形之一的，人民法院应当准予减交诉讼费用：因自然灾害等不可抗力造成生活困难，正在接受社会救济，或者家庭生产经营难以为继的；属于国家规定的优抚、安置对象的；社会福利机构和救助管理站；确实需要减交的其他情形。

人民法院准予减交诉讼费用的，减交比例不得低于 30%。

当事人申请司法救助，符合下列情形之一的，人民法院应当准予缓交诉讼费用：追索社会保险金、经济补偿金的；海上事故、交通事故、医疗事故、工伤事故、产品质量事故或者其他人身伤害事故的受害人请求赔偿的；正在接受有关部门法律援助的；确实需要缓交的其他情形。

当事人申请司法救助，应当在起诉或者上诉时提交书面申请、足以证明其确有经济困难的证明材料以及其他相关证明材料。

因生活困难或者追索基本生活费用申请免交、减交诉讼费用的，还应当提供本人及其家庭经济状况符合当地民政、劳动保障等部门规定的公民经济困难标准的证明。人民法院对当事人的司法救助申请不予批准的，应当向当事人书面说明理由。当事人申请缓交诉讼费用经审查符合规定的，人民法院应当在决定立案之前作出准予缓交的决定。

人民法院对一方当事人提供司法救助，对方当事人败诉的，诉讼费用由对方当事人负担；对方当事人胜诉的，可以视申请司法救助的当事人的经济状况决定其减交、免交诉讼费用；人民法院准予当事人减交、免交诉讼费用的，应当在法律文书中载明。

人民法院依照《民事诉讼法》第十一条第三款规定提供当地民族通用语言、文字翻译的，不收取费用。

### （四）缴费政策依据

《诉讼费用交纳办法》（国务院令第 481 号）；财行〔2003〕275 号文件。

## 十一、体育部门外国团体来华登山注册费

为了加强对外国人在中国境内登山的管理，有组织地进行国际登山交流，促进我国登山事业发展，我国于 1991 年 7 月 31 日经国务院批准了《外国人来华登山管理办法》，并于 1991 年 8 月 29 日实施。

### （一）缴费义务人

外国团体来华登山注册费的缴费义务人为外国团队接到国家体委批准的登山通知后，应当按照通知要求缴纳注册费。

### （二）缴费内容及标准

（1）外国登山团队按《外国人来华登山管理办法》应交纳的各项费用，一律用美元支付和结算。

（2）外国登山团队须交纳注册费、定金及预算款、城市服务费、中方联络官及其他服务人员的费用、进山交通运输费、大本营垃圾处理费；在进山沿途和登山活动中拍摄影片、录像，安放广告性质的纪念物，须交纳摄影费和广告费；管理费，按在华活动支出总额的5%计算。各项收费标准，由中国登山协会每年公布一次；外国登山团队需进入中国境内的物资装备，按规定交纳关税；外国登山团队需代办的服务项目（如机票、火车票、邮电、通信、油料、食品、装备等），按中国有关规定收费。

①注册费、定金及预算款包括：外国登山团队与中方受理单位签订议定书的同时向新疆登山协会交纳注册费；外国登山团队与中方受理单位签订议定书的同时向新疆登山协会交纳注册费；外国登山团队须按规定时间预交定金。所交定金作为应交预算金额的一部分；外国登山团队因自身原因而取消来华，其所交注册费、定金将视情况扣50%～100%；外国登山团队须在入境前1个月内付清全部预算。

②城市服务费包括：对外国登山团队（包括中方陪同人员）在进山沿途的城市服务按承包形式收费；以承包形式收取的城市服务费中不包括：外国登山团队成员不能随团队一起出入境者的接送；超出人均25千克的行李和货物接送；小件物品的寄存；自行车辆、洗衣、医疗、邮电、饮料等；外国登山团队临时改变日程、人数，致使承包项目造成经济损失者，由外国登山团队负责。

③中方联络官及其他服务人员的费用包括：津贴费，自报到之日起至结束止，按每人天数计算；山区伙食费，中方人员在山区的伙食费用，按每人用餐天数计算；装配费（不含帐篷和技术装配），按一次活动计算；人身意外保险和医疗保险费。

④进山交通运输费包括：雇佣车辆，按所用车型、行驶公里和停车天数计算。车辆空返另收空返费；大本营值班车除收计程费外，停车期间加收停车费；通过主要用于登山的公路路段，交通养路费；雇佣牦牛、马匹、骆驼，按实际使用天数和停留天数计算；在雇佣期间牲畜发生死亡，按当地规定赔偿。

### （三）缴费政策依据

财综〔2004〕7号文件；价费字〔1992〕207号文件。

## 十二、药品监管部门药品注册费及医疗器械产品注册费

药品监管部门行政性事业收费主要包括药品注册费和医疗器械产品注册费两种。

药品注册费主要包括：新药注册费、仿制药注册费、补充申请注册费、再注册费、药品注册加急费五种；医疗器械产品注册费包括首次注册费、变更注册费、延续注册费、临床试验申请费、医疗器械产品注册加急费。

### （一）缴费义务人

1. 药品注册费的缴费义务人

（1）新药注册费的缴费义务人：国家药品监督管理局在受理新药（含参照新药申报的进口药品）注册（包括临床试验注册、生产注册）申请时，向申请人收取。

（2）仿制药注册费的缴费义务人：国家药品监督管理局在受理仿制药（含参照仿制药申报的进口药品）注册（包括生产注册、需要临床试验的生产注册）申请时，向申请人收取。

（3）补充申请注册费的缴费义务人：国家药品监督管理局在受理进口药品和改变药品内在质量的国产药品补充注册申请（变更已获准证明文件及附件中载明事项的注册申请，下同），以及省级药品监督管理部门在受理不改变药品内在质量的国产药品补充注册申请时，向申请人收取。省级药品监督管理部门在受理属于备案的药品补充申请事项时，不得收费。

（4）再注册费的缴费义务人：国家药品监督管理局在受理进口药品再注册申请（药品批准证明文件有效期满，继续生产或者进口该药品的注册申请，下同），以及省级药品监督管理部门在受理国产药品再注册申请时，向申请人收取。

（5）药品注册加急费的缴费义务人：国家药品监督管理局和省级药品监督管理部门在受理药品注册（包括新药注册、仿制药注册、补充申请注册和再注册）加急申请时，向申请人收取。加急申请受理的条件，按照国家药品监督管理局的规定执行。国家药品监督管理局和省级药品监督管理部门收取药品注册费后，不得在审评、现场检查过程中再向药品注册申请人收取规定之外的其他任何费用。

2. 医疗器械产品注册费的缴费义务人

（1）首次注册费的缴费义务人：国家药品监督管理局在受理境内第三类医疗器械产品和进口第二类、第三类医疗器械产品注册申请，以及省级药品监督管理部门在受理境内第二类医疗器械产品注册申请时，向申请人收取。

（2）变更注册费的缴费义务人：国家药品监督管理局在受理境内第三类医疗器械产品和进口第二类、第三类医疗器械产品变更注册申请（变更已获准证明文件及附件中载明事项和内容的注册申请，下同），以及省级药品监督管理部门在受理境内第二类医疗器械产品变更注册申请时，向申请人收取。

（3）延续注册费的缴费义务人：国家药品监督管理局在受理境内第三类医疗器械产品和进口第二类、第三类医疗器械产品延续注册申请（医疗器械注册证有效期满，办理延期的注册申请，下同），以及省级药品监督管理部门在受理境内第二类医疗器械产品延续注册申请时，向申请人收取。

（4）临床试验申请费缴费义务人：国家药品监督管理局在受理境内和进口第三类高风险医疗器械临床试验申请时，向申请人收取。第二类、第三类医疗器械产品分类办法依据《医疗器械监督管理条例》有关规定执行。

（5）医疗器械产品注册加急费的缴费义务人：国家药品监督管理局和省级药品监督管理部门在受理医疗器械产品注册（包括首次注册、变更注册、延续注册和临床试验申请）加急申请时，向申请人收取。加急申请受理的条件，按照国家药品监督管理局的规定执行。

### （二）缴费内容及标准

药品注册费、医疗器械产品注册费缴费标准：国务院药品监管部门收取药品、医疗器械产品注册费标准为：

$$\text{药品、医疗器械产品注册费} = \text{人日费用标准} \times \text{注册所需人数} \times \text{注册所需天数}$$

人日费用标准，按不高于 2 400 元/人·天执行；药品、医疗器械产品注册的具体人日费用标准及所需人数、天数，由国务院药品监管部门根据工作实际分类确定。其中，人数是指药品、医疗器械产品注册受理、审评、现场检查等所需的平均工作人员数；天数是指完成药品、医疗器械产品注册所需的平均工作日数（每个工作日按8小时计）；省级药品监管部门收取的药品、医疗器械产品注册费的收费标准，由省级价格、财政部门参照相关规定制定。

药品、医疗器械产品注册申请人申请加急办理注册，加急办理的条件及加急费标准，由国务院药品监管部门规定；药品、医疗器械产品注册费标准不包含药品、医疗器械产品注册检验费用，药品、医疗器械产品注册检验费按国家有关规定执行；药品监管部门对进口药品、医疗器械产品注册，加收现场检查境外部分的交通费、食宿费和公杂费等费用；药品、医疗器械产品注册费标准原则上每5年评估一次，根据评估情况进行适当调整；药品监管部门应根据药品、医疗器械产品注册所需人数、天数及收费项目，分类核定收费标准，并将收费项目、收费标准通过门户网站等媒体向社会公示；各级价格、财政部门按照职责分工加强监督检查，对违反《药品、医疗器械产品注册收费标准管理办法》规定的行为，依据国家有关法律法规进行查处。

### （三）缴费政策依据

1. 药品注册费缴费政策依据

《药品管理法实施条例》；《财政部 国家发展改革委关于重新发布中央管理的食品药品监督管理部门行政事业性收费项目的通知》（财税〔2015〕2号）；《国家发展改革委 财政部关于印发〈药品、医疗器械产品注册收费标准管理办法〉的通知》（发改价格〔2015〕1006号）。

2. 医疗器械产品注册费缴费政策依据

《医疗器械监督管理条例》；《财政部 国家发展改革委关于重新发布中央管理的食品药品监督管理部门行政事业性收费项目的通知》（财税〔2015〕2号）；《国家发展改革委 财政部关于印发〈药品、医疗器械产品注册收费标准管理办法〉的通知》（发改价格〔2015〕1006号）。

## 十三、全国性考试考务费

全国性考试考务费目录清单见表2－12。

表 2-12　　全国性考试考务费目录清单

| 类别 | 部门 | 项目序号 | 项目名称 | 政策依据文件 |
|---|---|---|---|---|
| 一、专业技术人员职业资格、职称等考试考务费 | (一)人社部门 | 1 | 专业技术人员计算机应用能力考试 | 财税〔2015〕69号，发改价格〔2015〕1217号，发改价格〔2015〕2673号 |
| | | 2 | 注册城乡规划师职业资格考试 | 财税〔2015〕69号，财税〔2018〕87号，发改价格〔2015〕1217号，发改价格〔2015〕2673号 |
| | | 3 | 专业技术人员职称外语等级考试 | 财税〔2015〕69号，发改价格〔2015〕1217号，发改价格〔2015〕2673号 |
| | | 4 | 经济专业技术资格考试 | 财税〔2015〕69号，发改价格〔2015〕1217号，发改价格〔2015〕2673号 |
| | | 5 | 执业药师（中药师）资格考试 | 财税〔2015〕69号，发改价格〔2015〕1217号，发改价格〔2015〕2673号 |
| | | 6 | 监理工程师执业资格考试 | 财税〔2015〕69号，发改价格〔2015〕1217号，发改价格〔2015〕2673号 |
| | | 7 | 一级、二级造价工程师职业资格考试 | 财税〔2015〕69号，发改价格〔2015〕1217号，发改价格〔2015〕2673号，财税〔2019〕58号 |
| | | 8 | 出版专业技术人员职业资格考试 | 财税〔2015〕69号，发改价格〔2015〕1217号，发改价格〔2015〕2673号 |
| | | 9 | 初级、中级注册安全工程师职业资格考试 | 财税〔2015〕69号，发改价格〔2015〕1217号，发改价格〔2015〕2673号，财税〔2019〕58号 |
| | | 10 | 注册设备监理师执业资格考试 | 财税〔2015〕69号，发改价格〔2015〕1217号，发改价格〔2015〕2673号 |
| | | 11 | 助理社会工作师、社会工作师、高级社会工作师职业水平考试 | 财税〔2015〕69号，发改价格〔2015〕1217号，发改价格〔2015〕2673号，财税〔2019〕58号 |
| | | 12 | 注册测绘师资格考试 | 财税〔2015〕69号，发改价格〔2015〕1217号，发改价格〔2015〕2673号 |
| | | 13 | 一级、二级注册计量师资格考试 | 财税〔2015〕69号，发改价格〔2015〕1217号，发改价格〔2015〕2673号 |
| | | 14 | 一级注册消防工程师资格考试 | 财税〔2015〕69号，发改价格〔2015〕1217号，发改价格〔2015〕2673号 |

续表

| 类别 | 部门 | 项目序号 | 项目名称 | 政策依据文件 |
|---|---|---|---|---|
| 一、专业技术人员职业资格、职称等考试考务费 | （二）住房城乡建设部门 | 15 | 注册化工工程师执业资格基础考试 | 财税〔2015〕68号，发改价格〔2015〕1217号 |
| | | 16 | 注册化工工程师执业资格专业考试 | 财税〔2018〕90号，发改价格〔2015〕1217号 |
| | | 17 | 注册公用设备工程师执业资格基础考试 | 财税〔2015〕68号，发改价格〔2015〕1217号 |
| | | 18 | 注册公用设备工程师执业资格专业考试 | 财税〔2018〕90号，发改价格〔2015〕1217号 |
| | | 19 | 注册土木工程师（港口与航道工程）执业资格基础考试 | 财税〔2015〕68号，发改价格〔2015〕1217号 |
| | | 20 | 注册电气工程师执业资格基础考试 | 财税〔2015〕68号，发改价格〔2015〕1217号 |
| | | 21 | 注册电气工程师执业资格专业考试 | 财税〔2018〕90号，发改价格〔2015〕1217号 |
| | | 22 | 注册土木工程师（岩土）执业资格（基础、专业）考试 | 财税〔2015〕68号，发改价格〔2015〕1217号 |
| | | 23 | 一级注册建造师执业资格考试 | 财税〔2015〕68号，发改价格〔2015〕1217号 |
| | | 24 | 注册环保工程师执业资格基础考试 | 财税〔2015〕68号，发改价格〔2015〕1217号 |
| | | 25 | 注册土木工程师（水利水电工程）执业资格基础考试 | 财税〔2015〕68号，发改价格〔2015〕1217号 |
| | | 26 | 房地产估价师执业资格考试 | 财税〔2015〕68号，发改价格〔2015〕1217号 |
| | | 27 | 一级注册结构工程师执业资格（基础、专业）考试 | 财税〔2015〕68号，发改价格〔2015〕1217号 |
| | | 28 | 二级注册结构工程师执业资格（基础、专业）考试 | 财税〔2015〕68号，发改价格〔2015〕1217号 |

续表

| 类别 | 部门 | 项目序号 | 项目名称 | 政策依据文件 |
|---|---|---|---|---|
| 一、专业技术人员职业资格、职称等考试考务费 | （二）住房城乡建设部门 | 29 | 注册机械工程师执业资格基础考试 | 财税〔2015〕68号，发改价格〔2015〕1217号 |
| | | 30 | 注册冶金工程师执业资格基础考试 | 财税〔2015〕68号，发改价格〔2015〕1217号 |
| | | 31 | 注册采矿/矿物工程师执业资格基础考试 | 财税〔2015〕68号，发改价格〔2015〕1217号 |
| | | 32 | 注册石油天然气工程师执业资格基础考试 | 财税〔2015〕68号，发改价格〔2015〕1217号 |
| | | 33 | 一级、二级注册建筑师执业资格考试 | 财税〔2015〕68号，发改价格〔2015〕1217号 |
| | | 34 | 注册土木工程师（道路工程）执业资格基础考试 | 财税〔2015〕68号，发改价格〔2015〕1217号 |
| | （三）卫生健康部门 | 35 | 卫生专业技术资格考试 | 财税〔2016〕14号，发改价格〔2015〕1217号，发改价格〔2016〕488号 |
| | | 36 | 医学博士外语考试 | 财税〔2016〕14号，发改价格〔2016〕488号 |
| | | 37 | 护士执业资格考试 | 财税〔2016〕14号，发改价格〔2015〕1217号，发改价格〔2016〕488号 |
| | | 38 | 医师资格考试（会同中医局） | 财税〔2016〕105号，财税〔2016〕14号，发改价格〔2015〕1217号，财综〔2011〕94号，发改价格〔2016〕488号 |
| | （四）生态环境部门 | 39 | 环境影响评价工程师职业资格考试 | 财综〔2007〕41号，发改价格〔2015〕1217号 |
| | | 40 | 注册核安全工程师执业资格考试 | 财综〔2007〕41号，发改价格〔2015〕1217号 |
| | | 41 | 注册环保工程师执业资格专业考试 | 财税〔2018〕100号，发改价格〔2015〕1217号 |
| | （五）财政部门 | 42 | 会计专业技术资格考试 | 价费字〔1992〕333号，发改价格〔2015〕1217号 |
| | | 43 | 注册会计师考试 | 发改价格〔2015〕1217号 |

续表

| 类别 | 部门 | 项目序号 | 项目名称 | 政策依据文件 |
|---|---|---|---|---|
| 一、专业技术人员职业资格、职称等考试考务费 | （六）交通运输部门 | 44 | 引航员考试 | 价费字〔1992〕191 号，发改价格〔2015〕1217 号 |
| | | 45 | 注册验船师考试 | 财综〔2010〕13 号，发改价格〔2015〕1217 号 |
| | | 46 | 船员（含海船及内河船员）考试 | 价费字〔1992〕191 号，发改价格〔2015〕1217 号 |
| | | 47 | 机动车检测维修专业技术人员职业水平考试 | 财综〔2011〕10 号，发改价格〔2015〕1217 号 |
| | | 48 | 注册土木工程师（港口与航道工程）执业资格专业考试 | 财综〔2007〕23 号，发改价格〔2015〕1217 号 |
| | | 49 | 公路水运工程试验检测专业技术人员（含助理试验检测师和试验检测师）考试 | 财税〔2018〕66 号，发改价格〔2015〕1217 号 |
| | | 50 | 勘察设计注册土木工程师（道路工程）专业考试 | 财税〔2018〕66 号，发改价格〔2015〕1217 号 |
| | （七）工业和信息化部门 | 51 | 计算机软件专业技术资格和水平考试 | 发改价格〔2015〕1217 号 |
| | | 52 | 全国通信专业技术人员职业水平考试 | 财综〔2011〕90 号，发改价格〔2015〕1217 号 |
| | （八）水利部门 | 53 | 注册土木工程师（水利水电工程）执业资格专业考试 | 财综〔2006〕37 号，发改价格〔2015〕1217 号 |
| | （九）农业农村部门 | 54 | 海洋渔业船舶船员考试 | 价费字〔1992〕452 号 |
| | | 55 | 执业兽医资格考试 | 财综〔2009〕71 号，发改价格〔2015〕1217 号 |
| | （十）中直管理部门 | 56 | 中直机关工人考试 | 财综〔2001〕92 号 |

续表

| 类别 | 部门 | 项目序号 | 项目名称 | 政策依据文件 |
|---|---|---|---|---|
| 一、专业技术人员职业资格、职称等考试考务费 | （十一）审计部门 | 57 | 审计专业技术资格考试 | 价费字〔1992〕444 号，发改价格〔2015〕1217 号 |
| | （十二）教育部门 | 58 | 教师资格考试 | 财综〔2012〕41 号，发改价格〔2015〕1217 号 |
| | （十三）公安部门、农业农村部门 | 59 | 驾驶许可考试 | 发改价格〔2004〕2831 号，财税〔2014〕101 号 |
| | （十四）司法部门 | 60 | 法律职业资格考试 | 财税〔2018〕65 号，发改价格〔2015〕1217 号 |
| | （十五）市场监管部门 | 61 | 计量专业项目考试（考核） | 财综〔2010〕77 号，发改价格〔2015〕1217 号 |
| | （十六）广电部门 | 62 | 全国广播电视编辑记者、播音员、主持人资格考试 | 财综〔2008〕37 号，发改价格〔2015〕1217 号，财综〔2005〕33 号 |
| | （十七）民航部门 | 63 | 民航从业人员考试 | 财综〔2002〕54 号，发改价格〔2015〕1217 号 |
| | （十八）统计部门 | 64 | 统计专业技术资格考试 | 计价格〔2002〕964 号，发改价格〔2015〕1217 号 |
| | （十九）文化和旅游部门 | 65 | 导游人员（含中、高、特级导游人员）资格考试 | 财综〔2006〕31 号，发改价格〔2015〕1217 号 |

续表

| 类别 | 部门 | 项目序号 | 项目名称 | 政策依据文件 |
|---|---|---|---|---|
| 一、专业技术人员职业资格、职称等考试考务费 | （二十）证监会 | 66 | 证券、期货、基金从业人员资格考试 | 财税〔2015〕20号，发改价格〔2015〕1217号，发改价格〔2018〕917号 |
| | （二十一）外文部门 | 67 | 翻译专业资格（水平）考试 | 发改价格〔2015〕1217号 |
| | （二十二）科学技术部门 | 68 | 中国国际化人才外语考试 | 财综〔2002〕83号，发改价格〔2004〕672号 |
| | （二十三）知识产权部门 | 69 | 专利代理人资格考试 | 财税〔2017〕8号，价费字〔1992〕332号，发改价格〔2015〕1217号 |
| 二、职业技能鉴定等考试考务费 | （一）人社部门 | 1 | 职业技能鉴定考试 | 财税〔2015〕69号，发改价格〔2015〕1217号，发改价格〔2015〕2673号 |
| | （二）交通运输部门 | 2 | 交通行业特有职业技能资格鉴定考试（考核） | 财综〔2006〕36号，发改价格〔2015〕1217号 |
| | | 3 | 经营性道路客货运输驾驶员从业资格考试 | 财综〔2010〕39号，发改价格〔2015〕1217号 |
| | （三）工业和信息化部门 | 4 | 电子行业特有工种职业技能鉴定考试 | 发改价格〔2015〕1217号 |
| | | 5 | 通信行业特有职业（工种）技术鉴定考试 | 财综〔2012〕51号，发改价格〔2015〕1217号 |
| | （四）农业农村部门 | 6 | 农业行业职业技能鉴定考试 | 财综字〔1999〕127号，发改价格〔2015〕1217号 |
| | （五）公安部门 | 7 | 消防行业特有工种职业技能鉴定考试 | 财综〔2011〕59号，发改价格〔2015〕1217号 |
| | | 8 | 保安员资格考试 | 财综〔2011〕60号，发改价格〔2015〕1217号 |

续表

| 类别 | 部门 | 项目序号 | 项目名称 | 政策依据文件 |
|---|---|---|---|---|
| 二、职业技能鉴定等考试考务费 | （六）卫生健康部门 | 9 | 卫生行业国家职业技能鉴定考试 | 财税〔2016〕14号，发改价格〔2015〕1217号，发改价格〔2016〕488号 |
| | | 10 | 生殖健康咨询师考试 | 财税〔2016〕14号，发改价格〔2015〕1217号，发改价格〔2016〕488号 |
| | （七）民航部门 | 11 | 民航行业特有工种职业技能鉴定考试 | 财综〔2011〕108号，发改价格〔2015〕1217号 |
| | （八）铁路部门 | 12 | 铁路机车车辆驾驶资格考试 | 财税〔2015〕75号，发改价格〔2015〕1217号，发改价格〔2015〕2672号 |
| | （九）铁路总公司 | 13 | 铁道行业职业技能鉴定考试 | 计价格〔2002〕435号 |
| 三、教育考试考务费 | 教育部门 | 1 | 高等教育自学考试 | 发改价格〔2003〕2161号，价费字〔1992〕367号 |
| | | 2 | 商务管理和金融管理专业自学考试 | 财综字〔1999〕110号，发改价格〔2003〕2161号 |
| | | 3 | 全国公共英语等级考试 | 财综字〔1999〕110号，发改价格〔2003〕2161号 |
| | | 4 | 全国计算机应用技术证书考试 | 财综字〔1999〕110号，发改价格〔2008〕3699号，发改价格〔2003〕2161号 |
| | | 5 | 高考（含成人高考）考试 | 价费字〔1992〕367号，发改价格〔2003〕2161号 |
| | | 6 | 研究生招生考试 | 教财〔2006〕2号，发改价格〔2003〕2161号，教财〔1992〕42号 |
| | | 7 | 大学英语四、六级考试 | 发改价格〔2008〕3699号，价费字〔1992〕367号 |
| | | 8 | 全国外语水平考试 | 发改价格〔2003〕2161号 |
| | | 9 | 专科起点本科入学考试 | 发改价格〔2003〕2161号 |
| | | 10 | 计算机等级考试 | 发改价格〔2003〕2161号 |

续表

| 类别 | 部门 | 项目序号 | 项目名称 | 政策依据文件 |
|---|---|---|---|---|
| 三、教育考试考务费 | 教育部门 | 11 | 同等学历申请硕士、博士学位水平全国统一考试 | 教财〔2006〕2号，计价格〔2000〕545号 |
| | | 12 | 全国网络统考考试 | 财综〔2008〕69号，财综〔2006〕4号，发改价格〔2010〕955号 |
| | | 13 | 普通话水平测试 | 财综〔2003〕53号，发改价格〔2003〕2160号 |
| | | 14 | 网络教育学生入学考试 | 教财〔2006〕2号 |
| | | 15 | 专升本考试 | 教财〔2006〕2号 |
| | | 16 | 保送生测试 | 教财〔2006〕2号 |
| | | 17 | 艺术类、体育类学生入学专业测试 | 教财〔2006〕2号 |
| | | 18 | 高水平运动员以及其他特殊类型学生入学测试 | 教财〔2006〕2号 |
| | | 19 | 自费来华学生报名考试 | 教外来〔1998〕7号，教财〔2006〕2号 |
| | | 20 | 体育特殊专业招生考试 | 计价格〔2000〕1553号，教财〔2006〕2号 |

## 第三节　地方行政事业性收费

地方行政事业性收费缴入地方国库。根据财政部2019年《全国性及中央部门和单位行政事业性收费目录清单》及《全国性及中央部门和单位涉企行政事业性收费目录清单》，缴入地方国库的行政性事业收费共17项，涉及9个部门，具体见表2－13。

表2－13　　地方行政性事业收费一览表

（截止日期：2019年12月31日）

| 序号 | 部门 | 项目名称 |
| --- | --- | --- |
| 1 | 公安部门 | 证照费中的出入境证、旅行证<br>户籍管理证件工本费（限于丢失、补办和过期失效重办）<br>居民身份证工本费<br>机动车号牌工本费<br>机动车行驶证、登记证、驾驶证工本费<br>临时入境机动车号牌和行驶证、临时机动车驾驶许可工本费<br>中国国籍申请手续费（含证书费） |
| 2 | 民政部门 | 殡葬收费 |
| 3 | 自然资源部门 | 土地复垦费<br>土地闲置费<br>耕地开垦费 |
| 4 | 住房城乡建设部门 | 污水处理费<br>城镇垃圾处理费<br>城市道路占用、挖掘修复费 |
| 5 | 交通运输部门 | 车辆通行费（限于政府还贷） |
| 6 | 林业和草原部门 | 草原植被恢复费 |
| 7 | 卫生健康部门 | 预防接种服务费<br>鉴定费中的职业病诊断鉴定费、预防接种异常反应鉴定费<br>社会抚养费 |
| 8 | 市场监管部门 | 特种设备检验检测费 |
| 9 | 仲裁部门 | 仲裁收费 |

## 一、公安部门地方行政事业性收费

缴入地方国库类公安部门行政性事业收费主要包括以下四种类型：户籍管理证件工本费（限于丢失、补办和过期失效重办）；居民身份证工本费；机动车号牌工本费；出入境证照费、旅行证证照费。

### （一）缴费义务人

1. 户籍管理证件工本费缴费义务人

因丢失、损坏而补办户口簿的公民；因丢失、损坏补办和过期失效重办户口迁移证、准迁证的公民。

2. 居民身份证工本费缴费义务人

申领、换领、换发或丢失补领或损坏换领身份证的公民；公民因急需使用居民身份证，申请临时居民身份证的公民。

3. 机动车号牌工本费缴费义务人

需办理汽车、三轮汽车（原三轮农用运输车）、低速货车（原四轮农用运输车）、摩托车，拖拉机号牌或临时号牌的车主。

4. 出入境证照费、旅行证证照费缴费义务人

办理出入境签证的中国公民或外国人；申请居留证或临时居留证的外国人；加入、退出或恢复中国国籍的中国公民或外国人。

### （二）缴费内容及标准

1. 户籍管理证件工本费收费标准（限于丢失、补办和过期失效重办）

户口簿、户口迁移证；暂住证；寄住证由省级物价部门会同财政部门按工本费核算办法制定具体收费标准。根据《财政部　国家发展改革委关于公布取消和免征部分行政事业性收费的通知》（财综〔2012〕97 号）规定，自 2013 年 1 月 1 日起，免征户口簿工本费（不含丢失、损坏补办户口簿收取的工本费）；户口迁移证和准迁证工本费（不含丢失、损坏补办和过期失效重办户口迁移证、准迁证收取的工本费）。

2. 居民身份证工本费收费标准

根据《国家发展改革委　财政部关于居民身份证收费标准及有关问题的通知》（发改价格〔2003〕2322 号）规定，第二代居民身份证的工本费标准

为：申领、换领、换发20元/证，丢失补领或损坏换领40元/证。公民因急需使用居民身份证，可以申请临时居民身份证，工本费为10元/证。国务院常务会议确定从2018年4月1日起停征首次申领居民身份证工本费。

3. 机动车号牌工本费收费标准

根据《国家发展改革委　财政部关于加强和规范机动车牌证工本费等收费标准管理有关问题的通知》（发改价格〔2004〕2831号）规定，自2005年1月1日起，机动车牌证工本费依法实行全国统一的收费标准。

公安机关交通管理部门对汽车、三轮汽车（原三轮农用运输车）、低速货车（原四轮农用运输车）、摩托车，农业（农业机械）主管部门对拖拉机［以下简称公安机关交通管理部门、农业（农业机械）主管部门对机动车］发放号牌时收取号牌工本费、临时号牌工本费的收费标准为：汽车反光号牌每副100元、不反光号牌每副80元；挂车反光号牌每面50元、不反光号牌每面30元；三轮汽车、低速货车、拖拉机反光号牌每副40元、不反光号牌每副25元；摩托车反光号牌每副70元、不反光号牌每副50元；机动车临时号牌每张5元。上述号牌工本费标准均包括号牌专用固封装置（压有发牌机关代号）及号牌安装费用。

公安机关交通管理部门、农业（农业机械）主管部门在对机动车发放行驶证、临时行驶证时，收取行驶证、临时行驶证工本费的收费标准为行驶证每本15元、临时行驶证每本10元。行驶证、临时行驶证工本费标准包括机动车行驶证、临时行驶证所附照片的拍摄费用和照片塑封费用；公安机关交通管理部门、农业（农业机械）主管部门在向机动车登记申请人发放机动车登记证书时，收取机动车登记证书工本费的收费标准为每证10元；公安机关交通管理部门、农业（农业机械）主管部门在对考试合格的机动车驾驶证申请人发放驾驶证时，收取驾驶证工本费的收费标准为每证10元。补发机动车牌证和驾驶证均按上述标准收费，不得加收任何费用。单独补发号牌专用固封装置（压有发牌机关代号），每个1元；车主自愿安装号牌架的，铁质号牌架及同类产品每个5元（含号牌安装费），铝合金号牌架及同类产品每个10元（含号牌安装费）。

根据《关于降低电信网码号资源占用费等部分行政事业性收费标准的通知》（发改价格〔2017〕1186号）规定，自2017年7月1日起，机动车行驶证工本费标准，由每本15元降为每本10元；临时入境机动车号牌和行驶证工本费标准，由每本15元降为每本10元。

4. 出入境证照费、旅行证证照费签证、证件人民币收费标准

出入境证照费、旅行证证照费签证、证件人民币收费标准，如表2－14

所示。

**表 2－14　出入境证照费、旅行证证照费签证、证件人民币收费标准**　单位：元

| 项目 | 收费标准 |
|---|---|
| 一次签证 | 100 |
| 二次签证 | 200 |
| 半年以内多次签证 | 300 |
| 一年以内多次签证 | 600 |
| 团体签证 | 80 |
| 团体签证分离 | 100 |
| 准予停留章 | 100 |
| 改变签证字头 | 100 |
| 居留证 | 200 |
| 临时居留证 | 100 |
| 外国人出入境证 | 100 |
| 外国人旅行证 | 50 |
| 定居确认表 | 200 |
| 苏蒙朝探亲邀请书 | 50 |
| 准迁证 | 20 |
| 国籍申请手续费 | 50 |
| 加入中国国籍证书 | 200 |
| 退出中国国籍证书 | 200 |
| 恢复中国国籍证书 | 200 |

注：外国人签证、证件均按人头收费。各种签证、证件延期、加签均收费 100 元；团体签证分离每人收 100 元，在护照上盖停留章再收 100 元。

### （三）缴费政策依据

1. 户籍管理证件工本费缴费政策依据

财综〔2012〕97 号文件；价费字〔1992〕240 号文件。

2. 身份证缴费政策依据

《居民身份证法》；财综〔2007〕34 号文件；发改价格〔2005〕436 号文件；财综〔2004〕8 号文件；发改价格〔2003〕2322 号文件。

3. 机动车号牌工本费缴费政策依据

《道路交通安全法》；发改价格〔2004〕2831 号文件；计价格〔1994〕783 号文件；价费字〔1992〕240 号文件；行业标准 GA 36－2014。

4. 出入境证照费、旅行证证照费缴费政策依据

公通字〔1996〕89 号文件；财税函〔2018〕1 号文件。

## 二、民政部门殡葬收费

缴入地方国库类民政部门行政性事业收费主要为殡葬收费。

### （一）缴费义务人

缴费义务人为需要提供殡葬服务、公墓的死者家属或相关单位。

### （二）缴费内容及标准

《国家物价局　财政部关于发布民政系统行政事业性收费项目及标准的通知》（价费字〔1992〕249号）明确规定，殡葬收费由省级物价、财政部门本着保本的原则制定。

《国家发展改革委　民政部关于进一步加强殡葬服务收费管理有关问题的指导意见》（发改价格〔2012〕673号）明确，要强化殡葬服务收费管理。基本服务收费标准由各地价格主管部门会同有关部门在成本监审或成本调查的基础上，按照非营利原则，根据财政补贴情况从严核定，并适时调整。与基本服务密切相关的延伸服务收费，可由各地根据本地市场情况依法纳入地方定价目录，实行政府指导价管理。要加强殡葬用品价格指导，各地价格主管部门对殡仪馆销售的骨灰盒、寿衣、花圈等殡葬用品价格要进行必要的指导规范，可根据本地区情况依法纳入地方定价目录，实行政府指导价或其他必要的价格管理方式。

### （三）缴费政策依据

价费字〔1992〕249号文件；发改价格〔2012〕673号文件。

## 三、自然资源部门地方行政事业性收费

缴入地方国库类自然资源部门行政性事业收费主要包括以下三种类型：土地复垦费、土地闲置费和耕地开垦费。

### （一）缴费义务人

1. 土地复垦费缴费义务人

生产建设活动损毁的土地，按照“谁损毁，谁复垦”的原则，由生产建

设单位或者个人（以下称土地复垦义务人）负责复垦。但是，由于历史原因无法确定土地复垦义务人的生产建设活动损毁的土地（以下称历史遗留损毁土地），由县级以上人民政府负责组织复垦。自然灾害损毁的土地，由县级以上人民政府负责组织复垦。土地复垦义务人不复垦，或者复垦验收中经整改仍不合格的，应当缴纳土地复垦费。

2. 土地闲置费缴费义务人

根据《中华人民共和国城市房地产管理法》（以下简称《城市房地产管理法》）第二十五条的规定，缴费义务人为超出出让合同约定的动工开发日期满1年未动工开发的单位。

3. 耕地开垦费缴费义务人

在土地利用总体规划确定的城市（含村庄、集镇）建设用地范围内，为实施规划占用耕地的；在城市建设用地范围外的建设项目经批准占用耕地的，建设单位又没有条件开垦或开垦的耕地不符合要求的，应缴纳耕地开垦费。

### （二）缴费内容及标准

1. 土地复垦费缴费标准

土地复垦义务人不复垦，或者复垦验收中经整改仍不合格的，应当缴纳土地复垦费，由有关国土资源主管部门代为组织复垦；确定土地复垦费的数额，应当综合考虑损毁前的土地类型、实际损毁面积、损毁程度、复垦标准、复垦用途和完成复垦任务所需的工程量等因素。土地复垦费的具体征收使用管理办法，由国务院财政、价格主管部门商国务院有关部门制定。土地复垦义务人缴纳的土地复垦费专项用于土地复垦，任何单位和个人不得截留、挤占、挪用。

2. 土地闲置费缴费标准

已经签订国有土地使用权出让合同的闲置土地，每月的土地闲置费标准为：经营性房地产用地为合同出让金总额的1.2%；一般建设用地为合同出让金总额的0.8%；工业和基础设施用地为合同出让金总额的0.4%，各类用地累计征收土地闲置费总额不超过该宗用地土地使用权出让金合同总额的20%。未签订国有土地使用权出让合同或未办理划拨用地手续的闲置土地，土地闲置按各地规定的标准征收，计征时间累计不超过24个月。

3. 耕地开垦费的缴费标准

占用耕地的建设单位在缴纳耕地开垦费时，应填写《委托开垦耕地协议》，并委托土地行政主管部门组织开垦数量和质量相当的耕地。耕地开垦费的缴纳标准统一按省政府确定的标准执行。

### （三）缴费政策依据

1. 土地复垦费缴费政策依据

《土地管理法》；《土地复垦条例》。

2. 缴费政策依据

《土地管理法》；《城市房地产管理法》；国发〔2008〕3号文件。

3. 耕地开垦费缴费政策依据

《土地管理法》及其实施条例。

## 四、住房城乡建设部门地方行政事业性收费

住房城乡建设部门地方行政性事业收费主要包括污水处理费、城镇垃圾处理费、城市道路占用、挖掘修复费。

### （一）缴费义务人

1. 污水处理费缴费义务人

污水处理费缴费义务人为市、县和重点建制镇制造水污染的居民和非居民。

2. 城镇垃圾处理费缴费义务人

城镇垃圾处理费缴费义务人为产生生活垃圾的城市居民；纳入城市暂住人口管理的居民以及国家机关、事业单位；生产经营单位，商业网点；船舶、列车及飞机等交通工具；其他产生生活垃圾的生产经营单位。

3. 城市道路占用费、缴费义务人

城市道路占用费、缴费义务人为因特殊需要必须临时占用道路兴建各种建筑物、构筑物、基建施工、堆物堆料、停放车辆、搭建棚亭、摆设摊点、设置广告标志或其他临时占道的单位和个人。

4. 挖掘修复费缴费义务人

挖掘修复费缴费义务人为因施工、抢修地下管线或其他情况需要挖掘道路的单位和个人。

### （二）缴费内容及标准

1. 污水处理费缴费标准

污水处理收费标准应按照“污染付费、公平负担、补偿成本、合理盈利”的原则，综合考虑本地区水污染防治形势和经济社会承受能力等因素制定和调整。收费标准要补偿污水处理和污泥处置设施的运营成本并合理盈利。

2016 年底前，设市城市污水处理收费标准原则上每吨应调整至居民不低于0.95 元，非居民不低于1.4 元；县城、重点建制镇原则上每吨应调整至居民不低于0.85 元，非居民不低于1.2 元。已经达到最低收费标准但尚未补偿成本并合理盈利的，应当结合污染防治形势等进一步提高污水处理收费标准。未征收污水处理费的市、县和重点建制镇，最迟应于2015 年底前开征，并在3 年内建成污水处理厂投入运行。

各地制定和调整污水处理收费标准，应依法履行污水处理企业成本监审、专家论证、集体审议等定价程序，确保政府制定污水处理收费标准的科学性、公正性和透明度，广泛接受社会监督，保护消费者和经营者的合法权益。

2. 城镇垃圾处理费缴费标准

按照垃圾处理产业化的要求，环卫企业收取的生活垃圾处理费为经营服务性收费，其收费标准应按照补偿垃圾收集、运输和处理成本，合理盈利的原则核定，并区别不同情况，逐步到位。垃圾收集、运输和处理成本主要包括运输工具费、材料费、动力费、维修费、设施设备折旧费、人工工资及福利费和税金等。

垃圾处理费收费标准，由城市人民政府价格主管部门会同建设（环境卫生）行政主管部门制定，报城市人民政府批准执行，并报省级价格、建设行政主管部门备案。

生活垃圾处理费应本着简便、有效、易操作的原则，按不同的收费对象采取不同的计费方法，并按月计收。对城市居民，可以以户或居民人数为单位收取；对纳入城市暂住人口管理的居民以及国家机关、事业单位，可以以人为单位收取；对生产经营单位，商业网点可以按营业面积收取；船舶、列车及飞机等交通工具可以按核定的载重吨位或座位收取；其他生产经营单位产生的生活垃圾，原则上以人为单位计收，生产垃圾处理费与工业废物垃圾处理费不得相互重复计收。具备条件的城市可以按照生活垃圾量计收垃圾处理费。垃圾处理费的具体计收办法和收费减免办法由城市人民政府根据实际情况制定。

3. 城市道路占用费、缴费标准

根据《建设部 财政部 国家物价局关于印发城市道路占用挖掘收费管理办法》的通知（建城〔1993〕410号，以下简称建城〔1993〕410号文件）规定，占道费的收费标准按所占道路的等级、占道类型（经营性、非经营性或其他占道）及使用性质等因素确定。挖掘修复费的收费标准按道路的结构、使用年限及当年材料费等因素确定。占道费具体收费标准由省级市政部门根据建城〔1993〕410号文件提出意见报同级财政物价部门核定。

4. 挖掘修复费缴费标准

由各省、自治区、直辖市市政部门制定，并报同级财政物价部门备案。

### （三）缴费政策依据

1. 污水处理费缴费政策依据

《城市排水和污水处理条例》（国务院令第641号）；财税〔2014〕151号文件；发改价格〔2015〕119号文件。

2. 城镇垃圾处理费缴费政策依据

国发〔2011〕9号文件；计价格〔2002〕872号文件。

3. 城市道路占用费缴费政策依据

《城市道路管理条例》（国务院令第198号）；建城〔1993〕410号文件；财税〔2015〕68号文件。

4. 挖掘修复费缴费政策依据

《城市道路管理条例》（国务院令第198号）；建城〔1993〕410号文件；财税〔2015〕68号文件。

### （四）免征规定

对下岗职工自谋职业者和城市下岗职工、失业人员及低保对象，应实行收费减免政策。

市政工程施工和养护维修作业、企业厂区内自用道路不属于本办法收费范围，本办法自发布之日起施行。根据《财政部 国家发展改革委关于重新发布中央管理的住房城乡建设部门行政事业性收费项目的通知》（财税〔2015〕68号）规定，城市道路占用费。由县级以上地方住房城乡建设部门向因兴建各种建筑物、构筑物、基建施工、堆物堆料、设置停车位、搭建棚亭、摆设摊点、设置广告标志等占用城市规划区内道路的单位和个人收取；

城市道路挖掘修复费。由县级以上地方住房城乡建设部门向因施工、抢修地下管线等挖掘城市规划区内道路的单位和个人收取。

## 五、交通运输部门车辆通行费（限于政府还贷）

根据《中华人民共和国收费公路管理条例》（以下简称《收费公路管理条例》）规定，县级以上地方人民政府交通主管部门利用贷款或者向企业、个人有偿集资建设的公路（以下简称政府还贷公路），国内外经济组织投资建设或者依照《中华人民共和国公路法》（以下简称《公路法》）的规定受让政府还贷公路收费权的公路（以下简称经营性公路），经依法批准后，方可收取车辆通行费。

### （一）缴费义务人

车辆通行费（限于政府还贷）的缴费义务人为经批准在依法收取车辆通行费的公路（含桥梁和隧道）通行的车辆。

### （二）缴费内容及标准

车辆通行费的收费标准，应当依照价格法律、行政法规的规定进行听证，并按照规定程序审查批准。

政府还贷公路的收费标准，由省、自治区、直辖市人民政府交通主管部门会同同级价格主管部门、财政部门审核后，报本级人民政府审查批准。

### （三）缴费政策依据

《公路法》；《收费公路管理条例》；交公路发〔1994〕686 号文件。

## 六、林业和草原部门草原植被恢复费

草原植被恢复费专款专用，由草原行政主管部门按照规定用于恢复草原植被，任何单位和个人不得截留、挪用。草原植被恢复费的征收、使用和管理办法，由国务院价格主管部门和国务院财政部门会同国务院草原行政主管部门制定。

### （一）缴费义务人

草原植被恢复费的缴费义务人为因建设征用或者使用草原的单位和个人。

### （二）缴费内容及标准

进行矿藏勘查开采和工程建设征用或使用草原的单位和个人，向省、自治区、直辖市草原行政主管部门或其委托的草原监理站（所）缴纳草原植被恢复费的收费标准，以及因工程建设、勘查、旅游等活动需要临时占用草原且未履行恢复义务的单位和个人，向县级以上地方草原行政主管部门或其委托的草原监理站（所）缴纳草原植被恢复费的收费标准，由所在地省、自治区、直辖市价格主管部门会同财政部门核定，并报国家发展改革委、财政部备案。

### （三）缴费政策依据

《中华人民共和国草原法》；财综〔2010〕29号文件；发改价格〔2010〕1235号文件。

### （四）草原植被恢复费的免缴规定

在草原上修建直接为草原保护和畜牧业生产服务的工程设施，以及农牧民按规定标准建设住宅使用草原的，不缴纳草原植被恢复费。

## 七、卫生健康部门地方行政性事业收费

卫生健康部门地方行政性事业收费主要包括预防接种服务费、鉴定费、社会抚养费。

### （一）缴费义务人

1. 职业病诊断鉴定费缴费义务人

疑似职业病病人在诊断、医学观察期间的费用，由用人单位承担；职业病诊断鉴定费。各省级和设区的市级卫生计生部门依法组织对职业病诊断争议（当事人对职业病诊断过程、结论等存在争议）进行技术鉴定时，向当事人所在单位收取。

2. 预防接种异常反应鉴定费缴费义务人

预防接种异常反应鉴定费，由各省级和设区的市级卫生计生部门所属医学会依法对预防接种异常反应调查诊断争议（疫苗受种者及其监护人与接种单位或疫苗生产企业对预防接种异常反应调查诊断结论存在争议）进行技术

鉴定时，向有关单位或个人收取。经鉴定属于第一类疫苗引起的预防接种异常反应的，鉴定费用由地方同级财政预算统筹安排；属于第二类疫苗引起的预防接种异常反应的，鉴定费用由相关疫苗生产企业承担；不属于异常反应的，鉴定费用由提出鉴定的申请方承担。

3. 社会抚养费缴费义务人

社会抚养费缴费义务人为不符合法律法规规定生育子女的公民。

### （二）缴费内容及标准

1. 职业病诊断鉴定费缴费标准

县级以上地方卫生计生部门所属疾病预防控制机构依法对应当符合国家相关卫生标准和要求的工作场所或产品进行卫生监测、测试、评估时，向委托单位和个人收取的卫生检测费标准；县级以上地方卫生计生部门所属疾病预防控制机构按规定的体检项目和频次，依法对应当符合国家相关职业健康标准的特定从业人员进行预防性体检时，向委托单位和个人收取的预防性体检费标准；各省级和设区的市级卫生计生部门依法对职业病诊断争议（当事人对职业病诊断过程、结论等存在争议）进行技术鉴定时，向申请鉴定的当事人所在单位收取的职业病诊断鉴定费标准，由省、自治区、直辖市价格主管部门会同财政部门制定。

2. 预防接种异常反应鉴定费缴费标准

根据《国家发展改革委　财政部关于重新核发中央管理的卫生计生部门行政事业性收费标准等有关问题的通知》（发改价格〔2016〕488 号）的规定，国家卫生计生委所属中华医学会依法对医疗事故争议（病员及其家属与医疗单位对医疗事故或文件的确认和处理存在争议）进行技术鉴定时，向有关单位或个人收取医疗事故鉴定费标准为每例 8 500 元。各省级和设区的市级卫生计生部门所属医学会依法对医疗事故争议（病员及其家属与医疗单位对医疗事故或文件的确认和处理存在争议）进行技术鉴定时，向有关单位或个人收取的医疗事故鉴定费标准，由省、自治区、直辖市价格主管部门会同同级财政部门制定。

3. 社会抚养费缴费标准

具体收费对象、范围和方式按照《中华人民共和国人口与计划生育法》（以下简称《人口与计划生育法》）和《社会抚养费征收管理办法》（国务院令第 357 号）的规定执行。目前实施的《社会抚养费征收管理办法》于 2002

年9月1日起施行，《社会抚养费征收管理办法》将具体征收标准等授权各省制定。《社会抚养费征收管理办法》出台后，全国30个省（区、市）先后对本省社会抚养费征收管理规定进行了修改完善，明确社会抚养费具体征收对象、征收标准、征缴方式等内容。但是，在实践中存在着全国征收标准不统一、征收情形不一致等问题。

### （三）缴费政策依据

1. 职业病诊断鉴定费缴费依据

《中华人民共和国职业病防治法》；财税〔2016〕14号文件；发改价格〔2016〕488号文件。

2. 预防接种异常反应鉴定费缴费依据

《疫苗流通和预防接种管理条例》；《医疗事故处理条例》（国务院令第351号）；财税〔2016〕14号文件；财综〔2008〕70号文件；发改价格〔2016〕488号文件。

3. 社会抚养费缴费依据

《人口与计划生育法》；《社会抚养费征收管理办法》（国务院令第357号）；财税〔2016〕14号文件；财规〔2000〕29号文件。

## 八、市场监管部门特种设备检验检测费

特种设备，是指对人身和财产安全有较大危险性的锅炉、压力容器（含气瓶）、压力管道、电梯、起重机械、客运索道、大型游乐设施、场（厂）内专用机动车辆，以及法律、行政法规规定适用本法的其他特种设备。国家对特种设备实行目录管理。特种设备目录由国务院负责特种设备安全监督管理的部门制定，报国务院批准后执行。

### （一）缴费义务人

根据国务院《特种设备安全监察条例》（国务院令第373号）规定，特种设备检验检测费的缴费义务人为需委托特种设备检验检测机构对工程所安装的特种设备（包括锅炉、压力容器、电梯、消防设备等）进行检验、检测的单位。

### （二）缴费内容及标准

国家级特种设备检验检测费。中国特种设备检测研究院、国家起重运输机械质量监督检验中心、国家客运架空索道安全监督检验中心、国家电梯质量监督检验中心、国家工程机械质量监督检验中心等国家级特种设备检验检测机构，承担与特种设备相关的检验检测、鉴定评审、商业性自愿委托技术服务等收取的费用。

各专业服务机构应当严格按照有关规定，公示服务项目、服务内容等信息，不得在标价之外或者合同约定价格之外加收其他费用。相关机构应健全内部价格管理制度，规范自身定价行为；应当建立科学有效的管理体系，减少中间环节，降低服务成本，提高服务质量。

### （三）缴费政策依据

《中华人民共和国特种设备安全法》；《特种设备安全监察条例》（国务院令第 373 号）；发改价格〔2015〕1299 号文件；财综〔2011〕16 号文件；财综〔2001〕10 号文件；价费字〔1992〕268 号文件。

## 九、仲裁部门仲裁收费

为保证公正、及时地仲裁经济纠纷，保护当事人的合法权益，保障社会主义市场经济健康发展，1994 年 8 月 31 日第八届全国人民代表大会常务委员会第九次会议通过了《中华人民共和国仲裁法》（以下简称《仲裁法》）。该法明确规定，平等主体的公民、法人和其他组织之间发生的合同纠纷和其他财产权益纠纷，可以仲裁。当事人应当按照规定交纳仲裁费用，收取仲裁费用的办法，应当报物价管理部门核准。

### （一）缴费义务人

仲裁费用原则上由败诉的当事人承担；当事人部分胜诉、部分败诉的，由仲裁庭根据当事人各方责任大小确定其各自应当承担的仲裁费用的比例。当事人自行和解或者经仲裁庭调解结案的，当事人可以协商确定各自承担的仲裁费用的比例。仲裁庭应当在调解书或者裁决书中写明双方当事人最终应当支付的仲裁费用金额。

## （二）缴费内容及标准

当事人申请仲裁，应当按照《仲裁法》的规定向仲裁委员会交纳仲裁费用，仲裁费用包括案件受理费和案件处理费。案件受理费用于给付仲裁员报酬、维持仲裁委员会正常运转的必要开支。

仲裁案件受理费的具体标准由仲裁委员会在仲裁案件受理费表（见表2－15）规定的幅度内确定，并报仲裁委员会所在地的省、自治区、直辖市人民政府物价管理部门核准。仲裁案件受理费表中的争议金额，以申请人请求的数额为准；请求的数额与实际争议金额不一致的，以实际争议金额为准。申请仲裁时争议金额未确定的，由仲裁委员会根据争议所涉及权益的具体情况确定预先收取的案件受理数额。

**表2－15　　仲裁委员会仲裁案件受理费**

| 争议金额 | 仲裁案件受理费 |
|---|---|
| 1 000元以下的部分 | 40～100元 |
| 1 001元至50 000元的部分 | 按4%～5%交纳 |
| 50 001元至100 000元的部分 | 按3%～4%交纳 |
| 100 001元至200 000元的部分 | 按2%～3%交纳 |
| 200 001元至500 000元的部分 | 按1%～2%交纳 |
| 500 001元至1 000 000元的部分 | 按0.5%～1%交纳 |
| 1 000 001元以上的部分 | 按0.25%～0.5%交纳 |

案件处理费主要包括：仲裁员因办理仲裁案件出差、开庭而支出的食宿费、交通费及其他合理费用；证人、鉴定人、翻译人员等因出庭而支出的食宿费、交通费、误工补贴；咨询、鉴定、勘验、翻译等费用；复制、送达案件材料、文书的费用；其他应当由当事人承担的合理费用。《仲裁法》规定的案件处理费，由提出申请的一方当事人预付。案件处理费的收费标准按照国家有关规定执行；国家没有规定的，按照合理的实际支出收取。

自2010年1月1日起，将中国国际贸易促进委员会所属中国国际经济贸易仲裁委员会收取的仲裁收费（包括案件受理费和案件处理费，下同）转为经营服务性收费，并依法纳税。中国国际经济贸易仲裁委员会实行企业化管理，2010年下达的财政拨款预算指标相应收回。各地仲裁委员会收取的仲裁收费，由各省、自治区、直辖市财政、物价主管部门按照收费管理权限，自行决定是否转为经营服务性收费。

### （三）缴费政策依据

《仲裁法》；财综〔2010〕19号文件；国办发〔1995〕44号文件。

### 知识链接

**全国性及中央部门和单位行政事业性收费目录清单（2019年）**

2018年，财政部公布的全国性及中央部门和单位行政事业性收费目录清单显示，2018年全国行政事业性收费涉及24个部门，49项具体行政事业性收费。按资金管理方式，分为缴入中央国库类、缴入中央和地方国库类、缴入地方国库类三种类别，见表2-16。

**表2-16　全国性及中央部门和单位行政事业性收费目录清单（2019年）**

| 序号 | 部门 | 项目序号 | 项目名称 | 资金管理方式 | 政策依据 |
|---|---|---|---|---|---|
| 一 | 外交部门 | | | | |
| | | 1 | 认证费（含加急） | 缴入中央和地方国库 | 计价格〔1999〕466号，价费字〔1992〕198号 |
| | | 2 | 签证费 | | |
| | | | （1）代办外国签证（含加急，限于各国家机关收取的） | 缴入中央和地方国库 | 财综〔2003〕45号，计价格〔1999〕466号，价费字〔1992〕198号 |
| | | | （2）代填外国签证申请表（限于国家机关） | 缴入中央和地方国库 | 财综〔2003〕45号，计价格〔1999〕466号，价费字〔1992〕198号 |
| | | 3 | 驻外使领馆收费 | 缴入中央国库 | 计价格〔1999〕466号，价费字〔1992〕198号，公境外〔1992〕898号，公通字〔1996〕89号 |

续表

| 序号 | 部门 | 项目序号 | 项目名称 | 资金管理方式 | 政策依据 |
|---|---|---|---|---|---|
| 二 | 教育部门 | | | | |
| | | 4 | 公办幼儿园保教费、住宿费 | 缴入中央和地方国库 | 《幼儿园管理条例》，发改价格〔2011〕3207号 |
| | | 5 | 普通高中学费、住宿费 | 缴入中央和地方财政专户 | 《教育法》，教财〔2003〕4号，教财〔1996〕101号 |
| | | 6 | 中等职业学校学费、住宿费 | 缴入中央和地方财政专户 | 《教育法》，财综〔2004〕4号，教财〔2003〕4号，教财〔1996〕101号 |
| | | 7 | 高等学校（含科研院所、各级党校等）学费、住宿费、委托培养费、函大电大夜大及短期培训费 | 缴入中央和地方财政专户 | 《教育法》，《高等教育法》，财教〔2013〕19号，发改价格〔2013〕887号，教财〔2006〕2号，发改价格〔2005〕2528号，教财〔2003〕4号，计价格〔2002〕665号，计办价格〔2000〕906号，教财〔1996〕101号，价费字〔1992〕367号，教财〔1992〕42号，发改价格〔2006〕702号，教财〔2006〕7号，教电〔2005〕333号，教财〔2005〕22号，教高〔2015〕6号 |
| | | 8 | 国家开放大学收费 | 缴入中央和地方财政专户 | 财综〔2014〕21号，发改价格〔2009〕2555号，计价格〔2002〕838号，教财厅〔2000〕110号，财办综〔2003〕203号 |
| 三 | 公安部门 | | | | |
| | | 9 | 证照费 | | |
| | | | （1）外国人证件费 | | 价费字〔1992〕240号，公通字〔2000〕99号 |
| | | | ①居留许可 | 缴入中央和地方国库 | 财综〔2004〕60号，发改价格〔2004〕2230号 |

续表

| 序号 | 部门 | 项目序号 | 项目名称 | 资金管理方式 | 政策依据 |
| --- | --- | --- | --- | --- | --- |
| | | | ②永久居留申请 | 缴入中央和地方国库 | 财综〔2004〕32号，发改价格〔2004〕1267号 |
| | | | ③永久居留身份证工本费 | 缴入中央国库 | 财综〔2004〕32号，发改价格〔2004〕1267号，财税〔2018〕10号 |
| | | | ④出入境证 | 缴入地方国库 | 公通字〔1996〕89号 |
| | | | ⑤旅行证 | 缴入地方国库 | 公通字〔1996〕89号 |
| | | | （2）公民出入境证件费 | | 《护照法》，价费字〔1993〕164号，价费字〔1992〕240号，公通字〔2000〕99号，发改价格〔2017〕1186号，财税函〔2018〕1号，发改价格〔2019〕914号 |
| | | | ①因私护照（含护照贴纸加注） | 缴入中央和地方国库 | 发改价格〔2013〕1494号，计价格〔2000〕293号，价费字〔1993〕164号，发改价格〔2019〕914号 |
| | | | ②出入境通行证 | 缴入中央和地方国库 | 价费字〔1993〕164号，公通字〔2000〕99号 |
| | | | ③往来（含前往）港澳通行证（含签注） | 缴入中央和地方国库 | 发改价格〔2005〕77号，计价格〔2002〕1097号，发改价格〔2019〕914号 |
| | | | ④台湾居民来往大陆通行证 | 缴入中央和地方国库 | 计价格〔2001〕1835号，发改价格〔2004〕334号，价费字〔1993〕164号 |
| | | | ⑤台湾同胞定居证 | 缴入地方国库 | 发改价格〔2004〕2839号，价费字〔1993〕164号 |
| | | | ⑥大陆居民往来台湾通行证（含签注） | 缴入中央和地方国库 | 发改价格〔2016〕352号，计价格〔2001〕1835号，价费字〔1993〕164号 |

续表

| 序号 | 部门 | 项目序号 | 项目名称 | 资金管理方式 | 政策依据 |
|---|---|---|---|---|---|
| | | | (3) 户籍管理证件工本费（限于丢失、补办和过期失效重办） | 缴入地方国库 | 财综〔2012〕97号，价费字〔1992〕240号 |
| | | | ①居民户口簿 | | 《户口登记条例》 |
| | | | ②户口迁移证件 | | 《户口登记条例》 |
| | | | (4) 居民身份证工本费 | 缴入地方国库 | 《居民身份证法》，财综〔2007〕34号，发改价格〔2005〕436号，财综〔2004〕8号，发改价格〔2003〕2322号，财税〔2018〕37号 |
| | | | (5) 机动车号牌工本费 | 缴入地方国库 | 《道路交通安全法》，发改价格〔2004〕2831号，计价格〔1994〕783号，价费字〔1992〕240号，行业标准GA36－2014 |
| | | | ①号牌（含临时） | | |
| | | | ②号牌专用固封装置 | | |
| | | | ③号牌架 | | |
| | | | (6) 机动车行驶证、登记证、驾驶证工本费 | 缴入地方国库 | 《道路交通安全法》，发改价格〔2004〕2831号，财综〔2001〕67号，计价格〔2001〕1979号，计价格〔1994〕783号，价费字〔1992〕240号，发改价格〔2017〕1186号 |
| | | | (7) 临时入境机动车号牌和行驶证、临时机动车驾驶许可工本费 | 缴入地方国库 | 《道路交通安全法》，财综〔2008〕36号，发改价格〔2008〕1575号，发改价格〔2017〕1186号 |
| | | 10 | 外国人签证费 | 缴入中央和地方国库 | 计价格〔2003〕392号，价费字〔1992〕240号，公通字〔2000〕99号 |
| | | 11 | 中国国籍申请手续费（含证书费） | 缴入地方国库 | 价费字〔1992〕240号，公通字〔2000〕99号，公通字〔1996〕89号 |

续表

| 序号 | 部门 | 项目序号 | 项目名称 | 资金管理方式 | 政策依据 |
|---|---|---|---|---|---|
| 四 | 民政部门 | | | | |
| | | 12 | 殡葬收费 | 缴入地方国库 | 价费字〔1992〕249号，发改价格〔2012〕673号 |
| 五 | 自然资源部门 | | | | |
| | | 13 | 土地复垦费 | 缴入地方国库 | 《土地管理法》，《土地复垦条例》，财税〔2014〕77号 |
| | | 14 | 土地闲置费 | 缴入地方国库 | 《土地管理法》，《城市房地产管理法》，国发〔2008〕3号，财税〔2014〕77号 |
| | | 15 | 不动产登记费 | 缴入中央和地方国库 | 《物权法》，财税〔2016〕79号，发改价格规〔2016〕2559号，财税〔2019〕45号，财税〔2019〕53号 |
| | | 16 | 耕地开垦费 | 缴入地方国库 | 《土地管理法》，《土地管理法实施条例》，财税〔2014〕77号 |
| 六 | 生态环境部门 | | | | |
| | | 17 | 海洋废弃物倾倒费 | 缴入中央国库 | 《海洋环境保护法》，发改价格〔2008〕1927号 |
| 七 | 住房城乡建设部门 | | | | |
| | | 18 | 污水处理费 | 缴入地方国库 | 《水污染防治法》，《城镇排水和污水处理条例》，财税〔2014〕151号，发改价格〔2015〕119号 |
| | | 19 | 城镇垃圾处理费 | 缴入地方国库 | 《城市市容和环境卫生管理条例》，国发〔2011〕9号，计价格〔2002〕872号 |
| | | 20 | 城市道路占用、挖掘修复费 | 缴入地方国库 | 《城市道路管理条例》，建城〔1993〕410号，财税〔2015〕68号 |

续表

| 序号 | 部门 | 项目序号 | 项目名称 | 资金管理方式 | 政策依据 |
| --- | --- | --- | --- | --- | --- |
| 八 | 交通运输部门 | | | | |
| | | 21 | 车辆通行费（限于政府还贷） | 缴入地方国库 | 《公路法》，《收费公路条例》，交公路发〔1994〕686号 |
| | | 22 | 长江干线船舶引航收费 | 缴入中央国库 | 发改价格〔2013〕1494号，发改价格〔2011〕1536号，财综〔2007〕60号，财税〔2014〕101号，财办税〔2015〕14号 |
| 九 | 工业和信息化部门 | | | | |
| | | 23 | 无线电频率占用费 | 缴入中央和地方国库 | 《无线电管理条例》，计价格〔2000〕1015号，发改价格〔2013〕2396号，发改价格〔2011〕749号，发改价格〔2005〕2812号，发改价格〔2003〕2300号，计价费〔1998〕218号，发改价格〔2017〕1186号，发改价格〔2018〕601号，发改价格〔2019〕914号 |
| | | 24 | 电信网码号资源占用费 | 缴入中央国库 | 《电信条例》，信部联清〔2004〕517号，信部联清〔2005〕401号，发改价格〔2017〕1186号 |
| 十 | 水利部门 | | | | |
| | | 25 | 水资源费 | 缴入中央和地方国库 | 《水法》，《取水许可和水资源费征收管理条例》，财税〔2016〕2号，发改价格〔2014〕1959号，发改价格〔2013〕29号，财综〔2011〕19号，发改价格〔2009〕1779号，财综〔2008〕79号，财综〔2003〕89号，价费字〔1992〕181号 |

续表

| 序号 | 部门 | 项目序号 | 项目名称 | 资金管理方式 | 政策依据 |
| --- | --- | --- | --- | --- | --- |
| | | 26 | 水土保持补偿费 | 缴入中央和地方国库 | 《水土保持法》，财综〔2014〕8号，发改价格〔2014〕886号，发改价格〔2017〕1186号 |
| 十一 | 农业农村部门 | | | | |
| | | 27 | 农药实验费 | 缴入中央和地方国库 | 《农药管理条例》，价费字〔1992〕452号，发改价格〔2015〕2136号，发改价格〔2017〕1186号 |
| | | | （1）田间试验费 | | |
| | | | （2）残留试验费 | | |
| | | | （3）药效试验费 | | |
| | | 28 | 渔业资源增殖保护费 | 缴入中央和地方国库 | 《渔业法》，财税〔2014〕101号，财综〔2012〕97号，计价格〔1994〕400号，价费字〔1992〕452号 |
| 十二 | 林业和草原部门 | | | | |
| | | 29 | 草原植被恢复费 | 缴入地方国库 | 《草原法》，财综〔2010〕29号，发改价格〔2010〕1235号 |
| 十三 | 卫生健康部门 | | | | |
| | | 30 | 预防接种服务费 | 缴入地方国库 | 《疫苗流通和预防接种管理条例》，财税〔2016〕14号，国办发〔2002〕57号，财综〔2002〕72号，财综〔2008〕47号，发改价格〔2016〕488号 |
| | | 31 | 鉴定费 | | |
| | | | （1）医疗事故鉴定费 | 缴入中央和地方国库 | 《医疗事故处理条例》，财税〔2016〕14号，财综〔2003〕27号，发改价格〔2016〕488号 |

续表

| 序号 | 部门 | 项目序号 | 项目名称 | 资金管理方式 | 政策依据 |
| --- | --- | --- | --- | --- | --- |
| | | | (2) 职业病诊断鉴定费 | 缴入地方国库 | 《职业病防治法》，财税〔2016〕14号，发改价格〔2016〕488号 |
| | | | (3) 预防接种异常反应鉴定费 | 缴入地方国库 | 《疫苗流通和预防接种管理条例》，《医疗事故处理条例》，财税〔2016〕14号，财综〔2008〕70号，发改价格〔2016〕488号 |
| | | 32 | 社会抚养费 | 缴入地方国库 | 《人口与计划生育法》，《社会抚养费征收管理办法》（国务院令第357号），财税〔2016〕14号，财规〔2000〕29号 |
| 十四 | 人防部门 | | | | |
| | | 33 | 防空地下室易地建设费 | 缴入中央和地方国库 | 中发〔2001〕9号，计价格〔2000〕474号，财税〔2014〕77号，财税〔2019〕53号 |
| 十五 | 法院 | | | | |
| | | 34 | 诉讼费 | 缴入中央和地方国库 | 《民事诉讼法》，《行政诉讼法》，《诉讼费用交纳办法》（国务院令481号），财行〔2003〕275号 |
| 十六 | 市场监管部门 | | | | |
| | | 35 | 特种设备检验检测费 | 缴入地方国库 | 《特种设备安全法》，《特种设备安全监察条例》，发改价格〔2015〕1299号，财综〔2011〕16号，财综〔2001〕10号 |
| 十七 | 民航部门 | | | | |
| | | 36 | 航空业务权补偿费 | 缴入中央国库 | 发改价格〔2011〕3214号，财综〔2002〕54号 |

续表

| 序号 | 部门 | 项目序号 | 项目名称 | 资金管理方式 | 政策依据 |
|---|---|---|---|---|---|
| | | 37 | 适航审查费 | 缴入中央国库 | 发改价格〔2011〕3214 号，财综〔2002〕54 号 |
| 十八 | 体育部门 | | | | |
| | | 38 | 外国团体来华登山注册费 | 缴入中央和地方国库 | 财综〔2004〕7 号，价费字〔1992〕207 号 |
| 十九 | 药品监管部门 | | | | |
| | | 39 | 药品注册费 | 缴入中央和地方国库 | 《药品管理法实施条例》，财税〔2015〕2 号，发改价格〔2015〕1006 号，食药监公告 2015 年第 53 号 |
| | | | （1）新药注册费 | | |
| | | | （2）仿制药注册费 | | |
| | | | （3）补充申请注册费 | | |
| | | | （4）再注册费 | | |
| | | | （5）加急费 | | |
| | | 40 | 医疗器械产品注册费 | 缴入中央和地方国库 | 《医疗器械监督管理条例》，财税〔2015〕2 号，发改价格〔2015〕1006 号，食药监公告 2015 年第 53 号 |
| | | | （1）首次注册费 | | |
| | | | （2）变更注册费 | | |
| | | | （3）延续注册费 | | |
| | | | （4）临床试验申请费 | | |
| | | | （5）加急费 | | |

续表

| 序号 | 部门 | 项目序号 | 项目名称 | 资金管理方式 | 政策依据 |
|---|---|---|---|---|---|
| 二十 | 知识产权部门 | | | | |
| | | 41 | 商标注册收费 | 缴入中央国库 | 《商标法》，《商标法实施条例》，发改价格〔2015〕2136号，财税〔2017〕20号，发改价格〔2013〕1494号，发改价格〔2008〕2579号，财综〔2004〕11号，计价费〔1998〕1077号，财综字〔1995〕88号，计价格〔1995〕2404号，价费字〔1992〕414号，发改价格〔2015〕2136号，财税〔2017〕20号，发改价格〔2019〕914号 |
| | | | (1)受理商标注册费 | | |
| | | | (2)补发商标注册证费（含刊登遗失声明费用） | | |
| | | | (3)受理转让注册商标费 | | |
| | | | (4)受理商标续展注册费 | | |
| | | | (5)受理商标注册延迟费 | | |
| | | | (6)受理商标评审费 | | |
| | | | (7)变更费 | | |
| | | | (8)出具商标证明费 | | |
| | | | (9)受理集体商标注册费 | | |

续表

| 序号 | 部门 | 项目序号 | 项目名称 | 资金管理方式 | 政策依据 |
|---|---|---|---|---|---|
| | | | （10）受理证明商标注册费 | | |
| | | | （11）商标异议费 | | |
| | | | （12）撤销商标费 | | |
| | | | （13）商标使用许可合同备案费 | | |
| | | 42 | 专利收费 | 缴入中央国库 | |
| | | | （1）专利收费（国内部分） | | 《专利法》，《专利法实施细则》，财税〔2017〕8号，发改价格〔2017〕270号，财税〔2016〕78号，财税〔2018〕37号，财税〔2019〕45号 |
| | | | ①申请费、申请附加费、公布印刷费、优先权要求费 | | |
| | | | ②发明专利申请实质审查费、复审费 | | |
| | | | ③专利登记费、公告印刷费、年费、年费滞纳金 | | |
| | | | ④恢复权利请求费、延长期限请求费 | | |
| | | | ⑤著录事项变更费、专利权评价报告请求费、无效宣告请求费 | | |
| | | | ⑥专利文件副本证明费 | | |
| | | | （2）PCT专利申请收费 | | 《专利法》，《专利法实施细则》，财税〔2017〕8号，发改价格〔2017〕270号，财税〔2018〕37号 |

续表

| 序号 | 部门 | 项目序号 | 项目名称 | 资金管理方式 | 政策依据 |
| --- | --- | --- | --- | --- | --- |
| | | | ①申请国际阶段收取的国际申请费和手续费，传送费、检索费、优先权文件费、初步审查费、单一性异议费、副本复制费、后提交费、恢复权利请求费、滞纳金 | | |
| | | | ②申请进入中国国家阶段收取的宽限费、译文改正费、单一性恢复费、优先权恢复费 | | |
| | | | (3) 为其他国家和地区提供检索和审查服务收费 | | 《专利法》，《专利法实施细则》，财税〔2017〕8号，发改价格〔2017〕270号 |
| | | 43 | 集成电路布图设计保护收费 | 缴入中央国库 | 《集成电路布图设计保护条例》，财税〔2017〕8号，发改价格〔2017〕270号，发改价格〔2017〕1186号 |
| | | | (1) 布图设计登记费 | | |
| | | | (2) 布图设计登记复审请求费 | | |
| | | | (3) 著录事项变更手续费 | | |
| | | | (4) 延长期限请求费 | | |
| | | | (5) 恢复布图设计登记权利请求费 | | |
| | | | (6) 非自愿许可使用布图设计请求费 | | |

续表

| 序号 | 部门 | 项目序号 | 项目名称 | 资金管理方式 | 政策依据 |
|---|---|---|---|---|---|
| | | | （7）报酬裁决费 | | |
| 二十一 | 银保监会 | | | | |
| | | 44 | 银行业监管费 | 缴入中央国库 | 财税〔2015〕21 号，财税〔2017〕52 号 |
| | | 45 | 保险业监管费 | 缴入中央国库 | 财税〔2015〕22 号，财税〔2017〕52 号 |
| 二十二 | 证监会 | | | | |
| | | 46 | 证券、期货业监管费 | 缴入中央国库 | 财税〔2015〕20 号，财税〔2018〕37 号，发改价格规〔2018〕917 号 |
| 二十三 | 仲裁部门 | | | | |
| | | 47 | 仲裁收费 | 缴入地方国库 | 《仲裁法》，财综〔2010〕19 号，国办发〔1995〕44 号 |
| 二十四 | 红十字会 | | | | |
| | | 48 | 造血干细胞配型费 | 缴入中央国库 | 财税〔2016〕115 号，发改价格〔2016〕2492 号 |
| 二十五 | 相关部门 | | | | |
| | | 49 | 考试考务费 | 缴入中央和地方国库或财政专户 | 见《全国性考试考务费目录清单》 |

注：根据《关于停征、免征和调整部分行政事业性收费有关政策的通知》（财税〔2018〕37 号）自 2018 年 4 月 1 日起，停征首次申领居民身份证工本费。

# 第三章　政府性基金基础知识

政府性基金是政府非税收入的重要组成部分，对我国公共基础设施的建设和公用事业的发展发挥了非常重要的作用。

## 第一节　中央政府性基金

中央政府性基金缴入中央国库，包括铁路建设基金、民航发展基金、旅游发展基金、中央水库移民扶持基金、可再生能源发展基金、船舶油污损害赔偿基金、核电站乏燃料处理处置基金、废弃电器电子产品处理基金。

### 一、铁路建设基金

铁路建设基金是指经国务院批准征收的专门用于铁路建设的政府性基金。

#### （一）铁路建设基金历史沿革

我国设立铁路建设基金是在 20 世纪 90 年代初期国家财税体制尚不完备的背景下为扶持铁路发展实行的特殊财政政策。1988 年，高达两位数的通货膨胀率使铁路建设成本加大、经营利润下降，铁路建设资金存在巨大缺口。在这种情况下，专家提出通过调高铁路运价提取铁路建设基金的建议。经过反复讨论，这一建议被国务院采纳。1991 年 2 月 25 日，铁道部发出第 484 号电称："经国务院批准，自 1991 年 3 月 1 日起调整铁路货物运价。对属调价范围的整车货物按每货物计费吨公里 2.5 厘，对按轴计费的自轮运转工具按每计费轴公里 7 厘的调价幅度单独计算调价部分的运费，在货票上单独填写，在收入报表上单独列报，作为铁路建设基金上缴铁道部。"后经多次调整，到 1998 年 4 月 1 日，每吨公里建设基金增加到 3.3 分（见表 3－1）。

表 3－1　　铁路建设基金征收标准调整

| 时间 | 征收项目 | 开征或调整标准 | 合计征收标准 |
| --- | --- | --- | --- |
| 1991 年 3 月 1 日起 | 基金 1 | 0.25 分/吨公里 | 0.25 分/吨公里 |
| 1992 年 7 月 1 日起 | 基金 2 | 1 分/吨公里 | 1.25 分/吨公里 |
| 1993 年 7 月 1 日起 | 基金 2 | 调增 1.5 分/吨公里 | 2.75 分/吨公里 |
| 1996 年 4 月 1 日起 | 简化合并统称基金 | 调增 0.05 分/吨公里 | 2.8 分/吨公里 |
| 1998 年 4 月 1 日起 | 基金 | 调增 0.5 分/吨公里 | 3.3 分/吨公里 |

此外，针对不同地区铁路建设任务紧迫资金缺乏的状况，国家从 1991 年起陆续批准了福建、山东、浙江、安徽和贵州等省在本省铁路货运价格上加成一定数额，各省费率不同，作为铁路建设附加费，主要用于本省合资或地方铁路建设基金及各省铁路建设附加费采取统一管理，“收支两条线”专款专用。

### （二）铁路建设基金基本规定

1. 铁路建设基金征收管理

铁路建设基金由铁路运输企业在核收铁路货物运费时一并核收，在运费收款凭证中注明铁路建设基金的征收标准和征收金额，并纳入铁路运输企业运输收入中单独核算，目前征收标准为每吨公里 3.3 分。

铁路建设基金必须严格按照国家规定的范围和标准收取，未经国务院批准，不准任意调整。

货物托运单位缴纳的铁路建设基金随同铁路运费一并在成本或费用中列支。

2. 铁路建设基金使用管理

铁路建设基金纳入政府性基金预算管理，专款专用，年终结余结转下年度继续使用。

铁路建设基金主要用于国家计划内的大中型铁路建设项目以及与建设有关的支出，包括：铁路基本建设项目投资；购置铁路机车车辆；与建设有关的还本付息；建设项目的铺底资金；铁路勘测设计前期工作费用；合资铁路的注册资本金；建设项目的周转资金以及经财政部批准的其他支出。

建设项目周转资金是指下拨的铁路大中型基建项目所需备料资金，属于短期无偿性质，不允许有偿使用。其他支出是指报经国务院同意的用于解决铁路科研、文教、卫生、职工住宅等非生产性建设支出，每年支出总额不超过年度收入总额的5%。随着铁路运输企业经济效益的提高，今后这部分支出逐步从税后利润中提取的公益金等资金渠道解决，不能挤占铁路建设基金。

铁路建设基金（扣除按规定允许作为费用列支的部分）作为铁路建设基金使用单位的国家资本金投入。

铁路建设基金实行财政预、决算审批制度。国家铁路局应于每年 12 月 10 日前按照国家规定编制下年度铁路建设基金收支计划，报经财政部批准后实施。属于基本建设用途的，由财政部按计划部门批准的项目计划安排支出。年度终了后 3 个月之内，编制上年度铁路建设基金收支决算，并报财政部审批。

铁路建设基金建设项目的投资安排应严格按照国家有关基本建设管理的规定和程序办理。

3. 铁路建设基金监督管理

铁路建设基金的征收、管理和使用应接受财政、审计和税务等部门的监督；财政部各地监管局就地负责日常监督。凡未经国务院、财政部批准，将铁路建设基金挪作他用的，一律按违反财经纪律论处。

## 二、民航发展基金

民航发展基金是由原民航机场管理建设费和原民航基础设施建设基金合并而成的政府性基金。

### （一）民航发展基金历史沿革

民航发展基金的前身是机场建设费。机场建设费从 1992 年开始征收，最早是在温州永强机场收取，原因是温州机场并非国家投资。随后，国内机场为了各自收益，都跟随开征了机场建设费，该费用开征之初的标准为每名乘客每次 15 元。1995 年，国务院办公厅转发了财政部、国家计委、中国民航总局《关于整顿民航机场代收各种机场建设基金的意见》（国办发〔1995〕57 号），规定国内航班旅客每人次 50 元、国际和地区（港澳台）航班旅客每人次70元。2012年3月，财政部发布《民航发展基金征收使用管理暂行办法》（财综〔2012〕17号），对旅客和航空公司征收民航发展基金，同时，废止原来对旅客征收的机场建设费以及对航空公司征收的民航基础设施建设基金，国内航线每名乘客50元，国际和地区航线每名乘客90元（包括20元的旅游发展基金），主要用于民航基础设施建设，对货运航空、支线航空以及中小机场的补贴，发展通用航空，等等。

2015年12月，财政部发布的《关于民航发展基金和旅游发展基金有关问题的通知》（财税〔2015〕135号）指出，2016年1月1日至2020年12月31日，继续征收民航发展基金。

### （二）民航发展基金基本规定

1. 缴纳义务人

在中国境内乘坐国内、国际和地区（中国香港、澳门和台湾）航班的旅客，以及在中国境内注册设立并使用中国航线资源从事客货运输业务的航空运输企业和从事公务飞行的通用航空企业，应当按照规定缴纳民航发展基金。

2. 缴纳标准

（1）航空旅客按照以下标准缴纳民航发展基金：乘坐国内航班的旅客每人次50元；乘坐国际和地区航班出境的旅客每人次90元（含旅游发展基金20元）。

（2）航空公司按照飞行航线分类、飞机最大起飞全重、飞行里程以及适用的征收标准缴纳民航发展基金。财政部2019年4月22日发布《关于调整部分政府性基金有关政策的通知》（财税〔2019〕46号）：自2019年7月1日起，将《财政部关于印发〈民航发展基金征收使用管理暂行办法〉的通知》（财综〔2012〕17号）第八条规定的航空公司应缴纳民航发展基金的征收标准降低50%。具体征收标准见表3-2。

**表3-2　　民航发展基金征收标准**　　单位：元/公里

| 飞机最大起飞全重 | 第一类航线 | 第二类航线 | 第三类航线 |
|---|---|---|---|
| ≤50吨 | 0.575 | 0.450 | 0.375 |
| 50~100吨（含） | 1.150 | 0.925 | 0.725 |
| 100~200吨（含） | 1.725 | 1.375 | 1.100 |
| >200吨 | 2.300 | 1.825 | 1.450 |

由于航空运输发展等原因航线分类依据发生实质性变化的，由财政部商民航局及时调整航线分类及征收标准，并予以公布。

国内联程、经停航班以两点间航段作为航线归类和结算依据。备降航班按实际飞行的航线、航班计算征收民航发展基金。

3. 减免规定

（1）符合下列条件之一的航空旅客免征民航发展基金：持外交护照乘坐国际及地区航班出境的旅客；年龄在12周岁以下（含12周岁）的乘机儿童；乘坐国内支线航班的旅客。

（2）为鼓励和支持支线航空运输发展，飞机最大起飞全重在50吨以下的机型在省（自治区、直辖市）内飞行或跨省（自治区、直辖市）飞行且里程在600公里以内（含600公里）的，按照相应航线类型的征收标准减半计征民航发展基金。

专机、航空公司调机、训练飞行、中止的商业运输（航班返航）以及除公务飞行以外的其他通用航空业务免缴民航发展基金。

4. 征收管理

民航发展基金由财政部委托民航局统一组织征收，民航局清算中心具体负责民航发展基金的征收工作。

航空旅客应缴纳的民航发展基金，由航空公司或者销售代理机构在旅客购买机票时一并代征。航空公司或者销售代理机构开具的民航客票行程单中应当单独列明代征的民航发展基金，并套印财政部财政票据监制章。旅客在办理退票时，航空公司或者销售代理机构应全额退还代征的民航发展基金。航空公司或者销售代理机构代征的民航发展基金，由清算中心负责征收并全额上缴中央国库。

航空公司应缴纳的民航发展基金由清算中心直接征收，并全额上缴中央国库。

民航各地区空管局、各机场（集团）于每月5日前，将上月民航发展基金相关统计信息报送清算中心。清算中心应认真核对相关信息，确定民航发展基金的征收数额，并于每月15日前向航空公司下达缴款通知书。清算中心应以航空公司本部或其独立核算的子公司作为缴款通知书的开具对象。国内航线实行代码共享的航班，以执行航班的航空公司作为缴款通知书的开具对象。民航发展基金在实行代码共享的航空公司之间的分摊和结算办法由航空公司自行决定。

航空公司收到缴款通知书后，于每月20日前将民航发展基金缴入财政部为清算中心开设的中央财政汇缴专户。清算中心收到民航发展基金后，按规定向航空公司开具《非税收入一般缴款书》。航空公司未按照规定及时缴纳民航发展基金，民航局应当按照政府性基金管理的有关规定进行追缴。

5. 使用管理

民航发展基金使用范围如下：①民航基础设施建设，包括机场飞行区、航站区、机场围界、民航安全、空中交通管制系统、科教、信息等基础设施建设，以及归还上述建设项目贷款，安排上述建设项目的前期费用和贷款贴息；②对货运航空、支线航空、国际航线、中小型民用运输机场（含军民合用机场）进行补贴；③民航节能减排，包括支持民航部门及机场、航空企业节能减排新技术研发和推广应用，节能设施或设备更新改造，行业节能减排管理体系建设等；④通用航空发展，包括支持通用航空企业开展应急救援、农林飞行等作业项目，通航飞行员教育培训，通航基础设施建设投入和设备更新、改造等；⑤民航科教、信息等重大科技项目研发和新技术应用；⑥加强持续安全能力和适航审定能力建设；⑦征管经费、代征手续费以及国务院批准的其他支出。

财政部在民航发展基金预算中，按不超过基金收入的1%列支征管经费和代征手续费。

民航发展基金使用遵循“以收定支、统筹安排、专款专用、注重效益”的原则。民航发展基金年终结余结转下年度安排使用。

6. 监督管理

财政部、民航局负责对民航发展基金的征收、使用和管理情况进行监督检查。财政部各地监管局以及民航各地区管理局对本辖区民航发展基金征收、使用和管理情况进行监督检查，督促各航空公司及时足额上缴民航发展基金。各省、自治区、直辖市、计划单列市财政部门负责对本辖区内地方单位使用的民航发展基金的使用管理情况进行监督检查。

单位和个人按规定征收、缴纳或者截留、挤占、挪用民航发展基金，以及违反财政票据管理规定的，责令改正，并依照《财政违法行为处罚处分条例》等国家有关规定追究法律责任。

## 三、旅游发展基金

旅游发展基金是指经国务院批准征收的用于促进旅游事业发展的政府性基金。

### （一）旅游发展基金历史沿革

为了促进我国旅游事业的进一步发展，1991 年，国家旅游局联合国家民用航空局、财政部、国家物价局并经国务院批准发布《关于提高机场费的通知》（旅办发〔1991〕124 号），决定征收旅游发展基金，对离境人员增收 20 元外汇人民币，由民航代征交由财政部统一分配，并纳入国家预算管理。制度草创之初多有不完善，部分机场对新政策视若无睹，1992 年，财政部、民用航空局、国家旅游局又发布《关于按时上缴旅游发展基金的通知》，对于逾期未交、欠交的单位按照财政法规进行处罚。1995 年，国家相关部委又出台《关于整顿民航机场代收各种建设基金的意见》（国办发〔1995〕57 号），进一步治理建设基金的乱象，对另立名目、擅自提高收费标准、截留、挪用机场管理建设费及扩大使用范围的按违反物价和财经纪律查处。

经过初期摸索，20 世纪中后期旅游发展基金的制度规范已成必然。1996 年，财政部等部门发布《旅游发展基金征收使用管理暂行规定》（财外字〔1996〕396 号），对旅游发展基金的征收范围、征收流程、征收管理、适用范围以及财务监督等方面作出具体的规定，而后 1997 年财政部的《关于旅游发展基金征收管理若干问题的通知》（财外字〔1997〕12 号）对于基金的具体计算和相关会计处理给予了详细的说明。2001 年，财政部、国家旅游局联合发布《旅游发展基金管理暂行办法》（财行〔2001〕24 号），明确旅游发展基金属中央财政资金，纳入国家旅游局部门预算统一管理，进一步细化了基金支出的适用项目，详尽规定了旅游发展基金的预算管理流程，建立了基金使用的监督检查制度体系。至此，旅游发展基金的制度规范已属完备，之后于 2007 年、2010 年和 2015 年先后发文明确延续征收旅游发展基金，征收期限延长至 2020 年 12 月 31 日。

随着国家旅游基金管理制度的规范健全，为充分发挥旅游发展基金的宏观导向和激励作用，2006 年，财政部开始进行旅游发展基金管理改革，重视直接对地方旅游业的扶持，对河南、重庆等中部六省试点扶持重点旅游项目建设，以旅游项目开发补助、项目贷款财政贴息补助和以奖代补等多种形式引导地方旅游业的发展。2009 年，财政部又制定了《旅游发展基金补助地方项目资金管理办法》（财行〔2009〕47 号），扩展旅游发展基金对地方旅游的扶持范围，着力补助中西部地区 A 级以上旅游景区（点）基础设施、公共服务设施建设及完善的项目，更重要的意义在于引导地方配套资金以及促进社会资金的跟进投入。

旅游业经历 30 年的发展，面临着产业优化、转型升级的需求，国家旅游发展基金的资金规模与经费使用毕竟有限，难以满足国内旅游业蓬勃发展的资金扶持需求。至此，在各省份的旅游专项资金、国家旅游发展基金补助地方项目资金之外，全国过半省、自治区、直辖市设立了各自的旅游发展基金。

### （二）旅游发展基金基本规定

1. 征收管理

旅游发展基金从乘坐国际和地区航班出境的中外旅客缴纳的机场管理建设费中提取，提取数额为每次每位旅客 20 元。

旅游发展基金由财政部各地监管局负责就地按月收缴：各缴款机场于每月终了后 7 日内向财政部各地监管局填报《旅游发展基金缴纳申报表》，由监管局审核后再据以填制“一般缴款书”，于当月 10 日前向开户银行缴纳，入中央金库；逾期不缴的，除限期追缴外，并从滞纳之日起，按日加收 2‰的滞纳金。基金的计算公式为：

应缴基金 = 征收基金 − 税金及附加 − 手续费

税金及附加 = 征收基金 × 适用税率

手续费（用于征收基金的有关费用）= 征收基金 × 3%

各缴款机场应于次月向所在地税务机关缴纳相应的税金及附加。

2. 使用管理

旅游发展基金根据国家旅游业发展规划合理安排使用，主要用于旅游宣传促销、行业规划发展研究、旅游开发项目补助等支出，少量用于弥补事业经费不足，不得挪作他用。具体支出范围如下：

（1）宣传促销费。指为开拓国内外旅游市场而进行的宣传促销活动所发生的费用。包括：国内宣传促销费，指在国内举办重大主题促销活动，如旅游展览会、博览会、交易会、展销会、说明会等发生的费用；国外宣传促销费，指为开拓海外旅游市场而组织、参加的旅游展览会、博览会、交易会、展销会、说明会等大型、系列宣传促销活动所发生的费用；境内外广告宣传费，指为宣传我国旅游业整体形象在境内外媒体制作、刊登广告等所支付的费用；旅游宣传品制作费，指为配合开展国内外宣传促销活动而推出的宣传品的制作费用以及必要设备的购置费用；接待费，指用于接待港、澳、台地区及海外记者、旅行商方面的费用。

（2）行业规划发展研究经费。指用于研究、制定国家旅游行业发展规划、远景目标方面的费用。

（3）旅游事业补助经费。用于弥补文化和旅游部行业管理、教育培训和事业单位经费补贴等不足部分的费用。

（4）项目开发补助费（重点用于中西部地区）。包括：旅游景点景区基础设施及配套设施开发补助费和旅游资源规划开发补助费。

3. 预决算管理

旅游基金属中央财政资金，纳入文化和旅游部部门预算统一管理。旅游基金管理的基本原则是：量入为出，收支平衡；保证重点，兼顾一般；注重资金使用效益。

（1）预算编报。文化和旅游部应根据部门预算管理的有关规定和要求，及时编报旅游发展基金年度预算。用于旅游宣传促销、旅游行业规划发展研究、弥补事业经费不足方面的支出，应按照财政部严格预算管理、完善和细化预算编制的要求，根据年度工作计划和支出增减因素编报；用于旅游项目开发方面的支出，由省级文化和旅游部门会同同级财政部门，根据项目实际需要提出申请报文化和旅游部、财政部，文化和旅游部汇总提出分配方案后，报财政部审批。

地方申请旅游项目补贴经费，应编报可行性研究报告，报告的主要内容应包括：申请旅游发展基金的理由、数额、预期目标、经济和社会效益。没有提交可行性研究报告和不按规定程序报送申请的，不予受理。未按有关规定报送以前年度使用情况的，暂缓受理。

（2）预算审批。财政部根据旅游发展基金年度收入预计数和旅游发展基金支出需要情况，审批文化和旅游部上报的旅游发展基金预算，随文化和旅游部部门预算专项下达。其中，用于旅游项目开发方面的支出，应集中支持具有宏观导向和带动作用的旅游项目，侧重对中西部地区重点景区、景点和旅游资源规划开发的支持；要注意避免资金、项目分散，力争形成规模效益。

对于补助数额较大的重点项目，财政部应会同文化和旅游部组织力量对项目的可行性进行论证，必要时应进行实地考察。

（3）预算执行。文化和旅游部应当严格按照财政部批复的预算执行，并按有关规定向财政部报送预算执行情况。用于旅游项目开发的经费，由文化和旅游部按财政部批准的预算，下达有关省级文化和旅游部门（抄送同级财政部门），由省级文化和旅游部门拨付给项目单位。

（4）预算调整。旅游发展基金采取以收定支的管理办法，年度预算执行过程中，旅游发展基金收入超过预算核定数时，财政部可根据需要追加支出预算；旅游发展基金收入少于预算核定数时，财政部可相应核减支出预算，文化和旅游部应相应调整压缩有关支出。年终旅游发展基金实际收入超出财政部核定预算部分，结转下年继续用于旅游发展基金支出。

（5）决算的编制和审批。旅游发展基金年度决算由文化和旅游部负责编制，并随部门决算一同报财政部审批。用于旅游宣传促销、旅游行业规划发展研究、弥补事业经费不足方面的支出，按实际支出数编列决算；用于项目开发方面的支出，按对项目单位的实际拨款数编列决算。财政部审核同意后随文化和旅游部部门决算一同批复。旅游发展基金年终结余经财政部批准后可结转下一年度使用。地方各使用旅游发展基金的用款单位，应在项目执行完毕后，向省级文化和旅游部门报送资金使用情况，省级文化和旅游部门审核汇总后报文化和旅游部，文化和旅游部审核汇总后报财政部审核。

文化和旅游部应按照部门决算的有关规定和要求，做好旅游发展基金的清理结算工作和决算报告分析工作，提高旅游发展基金管理水平。

4. 监督管理

财政部及其各地监管局负责对旅游发展基金缴纳情况进行审查和实施财政监督，缴款机场应如实提供凭证、单据、账表等资料和有关情况。

财政部、文化和旅游部和有关省级财政、文化和旅游部门根据国家有关法律、法规和财务规章，监督检查旅游发展基金的使用管理情况。主要内容包括：根据旅游发展基金支出预算，对旅游发展基金的支出范围和使用情况进行审核、检查；通过建立科学合理的投入产出指标体系，考核项目资金的使用效益，加强追踪问效；参与重点开发项目的考察、立项和验收工作，加强对项目资金使用的事前、事中和事后各个环节的监督。

监督检查中发现没有按照规定使用管理旅游发展基金的问题，应及时予以纠正或处理；涉及违反财经法规的问题或案件，依照《预算法》和《国务院关于违反财政法规处罚的暂行规定》的有关条款进行处理。

## 四、中央水库移民扶持基金

中央水库移民扶持基金由大中型水库移民后期扶持基金、省际大中型水库库区基金、三峡水库库区基金三项基金合并而成。

### （一）中央水库移民扶持基金历史沿革

大中型水库移民后期扶持基金是国家为扶持大中型水库农村移民解决生产生活问题而设立的政府性基金。水库移民后期扶持，是中国从计划经济向市场经济过渡时期采取的一项特殊政策。它起源于20世纪80年代的库区维护基金，大体经历了以下四个阶段：①库区维护基金阶段。1981年，财政部和原电力部联合下发了《关于从水电站发电成本中提取库区维护基金的通知》[（81）电财字第56号]，决定从1981年1月1日起，试行从发电成本中提取每千瓦时一厘钱的库区维护基金，用于水库维护和解决库区遗留问题。库区维护基金的建立，是国家专项后期扶持政策开始实施的标志。②库区建设基金阶段。1986年7月发布的《国务院办公厅转发〈水利电力部关于抓紧处理水库移民问题的报告〉的通知》（国办发〔1986〕56号），提出了开发性移民方针和解决资金的渠道。财政部决定从1986年1月1日起，增提每千瓦时4厘钱的库区建设基金。因受多种因素的影响，该政策并未落实到位。2002年1月，国务院办公厅转发了水利部等部门《关于加快解决中央直属水库移民遗留问题的若干意见的通知》（国办发〔2002〕3号，以下简称国办发〔2002〕3号文件）进一步明确了移民遗留问题处理工作的原则、范围、目标和措施。决定从2002～2007年，用6年时间，解决水库移民的温饱问题，并明确解决中央直属水库移民遗留问题的归口管理工作由水利部负责。同时，提高了库区建设基金的标准，中央按移民人均6年累计1 250元核定，地方按1∶1配套。国办发〔2002〕3号文件的出台，使中央直属水库移民遗留问题处理工作进入了一个新阶段。③库区后期扶持基金阶段。1996年3月，国家计委、财政部、电力工业部、水利部联合下发了《关于设立水电站和水库库区后期扶持基金的通知》（计建设〔1996〕526号），决定从1996年1月1日起，对1986～1995年投产和1996年以前国家批准开工建设的大中型水电站、水库库区，设立后期扶持基金，按每个移民每年250～400元控制，提取标准不超过每千瓦时5厘钱，提取年限为10年。可以说，这是水库移民后期扶持政策发展中的又一个突破。但是，该通知对1996年后批准建设投产水电站水库后期扶持基金未作出明确规定。④大中型水库移民后期扶持阶段。为了帮助水库移民脱贫致富，促进库区和移民安置区经济社会发展，2006年5月17日，国务院发布《关于完善大中型水库移民后期扶持政策的意见》（国发〔2006〕17号，以下简称国发〔2006〕17号文件），对水库移民后期扶持政策作出重大调整。决定自2006年7月1日起，每年筹集130多亿元的资金，补贴给每个移民，期限长达20年，以帮助2 200多万大中型水库农村移民改善生产条件，提高生活水平。

根据国发〔2006〕17号文件和《财政部关于印发〈大中型水库库区基金征收使用管理暂行办法〉的通知》（财综〔2007〕26号，以下简称财综〔2007〕26号文件）的相关规定，财政部于2009年发布《关于征收跨省际大中型水库库区基金有关问题的通知》（财综〔2009〕59号），规定征收装机容量在2.5万千瓦及以上有发电收入的跨省、自治区、直辖市（以下简称跨省际）大中型水库库区基金，自2009年10月1日起实施。

三峡水库库区基金是中央财政安排重庆市用于三峡水库库区和移民安置区基础设施建设和经济发展，支持库区防护工程和移民生产、生活设施维护，解决库区移民的其他遗留问题的政府性基金。根据《长江三峡工程建设移民条例》（国务院令第299号）于2001年3月1日起开始征收三峡库区移民后期扶持基金。根据财综〔2007〕26号通知以及《财政部关于三峡水库库区基金有关问题的通知》（财综〔2007〕69号，以下简称财综〔2007〕69号文件）的有关规定，取消三峡库区移民后期扶持基金，设立三峡水库库区基金。

根据《财政部关于取消、停征和整合部分政府性基金项目等有关问题的通知》（财税〔2016〕11号）规定，自2016年2月1日起，将大中型水库移民后期扶持基金、省际大中型水库库区基金、三峡水库库区基金3项基金合并为中央水库移民扶持基金。具体征收政策、收入划分、使用范围等仍按现行规定执行，今后根据水库移民扶持工作需要适时完善分配使用政策。

根据《国家税务总局关于国家重大水利工程建设基金等政府非税收入项目征管职责划转有关事项的公告》（国家税务总局公告2018年第63号）规定，自2019年1月1日起，中央水库移民扶持基金划转至税务部门征收。

### （二）中央水库移民扶持基金基本规定

1. 大中型水库移民后期扶持基金（以下简称后期扶持基金）

（1）征收管理。

后期扶持基金按以下原则进行筹集：全国统筹，分省（区、市）计征；企业、社会、中央与地方合理负担；工业反哺农业，城市支持农村；东部地区支持中西部地区。

后期扶持基金的筹集渠道：对省级电网企业在本省（区、市）区域内扣除农业生产用电后的全部销售电量加价征收；财政预算安排的大中型水库移民后期扶持专项资金，包括用对销售电量加价部分征收的增值税安排的资金和用于解决中央直属水库移民遗留问题的定额补助资金；经营性大中型水库应承担的移民后期扶持资金。后期扶持基金从2006年6月30日起开始征收，以6月30日抄见电量计征。

后期扶持基金由各省级电网企业在向电力用户收取电费时一并代征，按月上缴中央国库。中央财政按电网企业代征额的2‰付给其代征手续费。代征手续费在该项基金的预算支出中安排，由中央财政分别支付给国家电网公司、中国南方电网有限责任公司和内蒙古自治区电力有限责任公司，具体支付方式按照财政部有关规定执行。代征电网企业不得在代征收入中直接提留代征手续费。各省（自治区、直辖市）后期扶持基金的具体征收标准见表3－3。

表3－3　后期扶持基金征收标准　单位：厘/千瓦时

| 省（自治区、直辖市） | 基金征收标准 | 省（自治区、直辖市） | 基金征收标准 |
|---|---|---|---|
| 北京 | 8.3 | 河南 | 8.3 |
| 天津 | 8.3 | 湖北 | 8.3 |
| 河北 | 8.3 | 湖南 | 8.3 |
| 山西 | 3.5 | 广东 | 8.3 |
| 内蒙古 | 3.2 | 广西 | 8.3 |
| 辽宁 | 3.1 | 重庆 | 8.3 |

续表

| 省（自治区、直辖市） | 基金征收标准 | 省（自治区、直辖市） | 基金征收标准 |
|---|---|---|---|
| 吉林 | 8.3 | 四川 | 8.3 |
| 黑龙江 | 5.5 | 贵州 | 6.3 |
| 江苏 | 3.9 | 云南 | 5.0 |
| 浙江 | 8.3 | 陕西 | 8.3 |
| 安徽 | 8.3 | 甘肃 | 3.5 |
| 福建 | 8.3 | 青海 | 1.9 |
| 江西 | 8.3 | 宁夏 | 2.1 |
| 山东 | 8.3 | 新疆 | 2.8 |

自2017年7月1日起，大中型水库移民后期扶持基金的征收标准统一降低25%。

（2）使用管理。

财政部会同国务院移民管理机构，按照国家发展改革委、财政部、水利部等部门核定的各省、自治区、直辖市后期扶持移民人数和规定的扶持标准，核定应分配给各省、自治区、直辖市的移民后期扶持基金。分配给各省、自治区、直辖市的后期扶持基金由地方政府包干使用。地方政府必须按照经国务院批准的水库移民后期扶持政策实施方案及经批准的水库移民后期扶持规划使用基金，能够直接发放给移民个人的应尽量发放到移民个人，用于移民生产生活补助，也可以实行项目扶持，还可以采取两者结合的扶持方式，保证将基金专项用于改善移民生产和生活。

对省级电网企业在本省（区、市）区域内扣除农业生产用电后的全部销售电量加价征收的后期扶持基金，纳入中央财政基金预算管理，收入列政府预算收支科目的基金预算收入科目第84类第8411款大中型水库移民后期扶持基金收入，作为中央固定收入科目，反映大中型水库移民后期扶持基金收入；支出列政府预算收支科目的基金预算支出科目第84类第8411款大中型水库移民后期扶持基金支出，作为中央与地方共用支出科目，反映中央和地方用大中型水库移民后期扶持基金收入安排的支出，以及向电网企业支付的代征手续费。

中央财政根据后期扶持基金征收入库情况，按季度向各省、自治区、直辖市财政部门拨付资金。各省、自治区、直辖市财政部门要会同同级移民管理机构，依照分配给本地区的后期扶持基金和移民后期扶持规划编制年度后期扶持基金收支预算，年终编制决算，并将预决算报财政部和国务院移民管理机构备案。

后期扶持基金应严格按照预算安排使用，年终结余结转下年度继续使用。

各级移民管理机构应切实加强对移民后期扶持资金使用的财务管理，设立专门财务管理机构，配备专门财务会计人员。地方移民管理机构应建立移民个人或家庭档案，以及对移民发放资金的账册和账户，确保后期扶持基金按规定用途使用，严禁挤占、截留和挪用。

（3）监督检查。

使用移民后期扶持基金的省、自治区、直辖市人民政府，应在每年一季度截止前，将上年度基金使用情况书面报送财政部和国务院移民管理机构。

各级财政、审计和移民管理机构应按职责分工，加强对后期扶持基金征收、拨付、使用的监督和管理，根据需要对移民后期扶持基金使用情况进行检查、审计，以确保基金及时足额征缴和合理使用。

对于违反规定，擅自改变后期扶持基金征收范围、标准、对象和期限，以及截留、挤占、挪用后期扶持基金的单位及责任人，按照《财政违法行为处罚处分条例》的有关规定进行处罚。触犯刑法的，移送司法机关处理。

2. 跨省际大中型水库库区基金

（1）征收管理。

跨省际大中型水库库区基金，自2019年1月1日起由税务部门负责征收，征收标准按照水库发电企业所在省份的大中型水库库区基金征收标准执行。

缴纳大中型水库库区基金的跨省际大中型水库名单、征收机关名单，以及征收标准见表3－4。

**表3－4　跨省际大中型水库名单、库区基金征收标准、征收机关和分配比例**

| 序号 | 工程名称 | 征收标准（厘/千瓦时） | 征收机关 | 涉及省份 | 分配比例（%） |
|---|---|---|---|---|---|
| 1 | 桓仁水库 | 8 | 国家税务总局辽宁省税务局 | 辽宁 | 75.00 |
| | | | | 吉林 | 25.00 |

续表

| 序号 | 工程名称 | 征收标准（厘/千瓦时） | 征收机关 | 涉及省份 | 分配比例（%） |
|---|---|---|---|---|---|
| 2 | 水丰水库 | 8 | 国家税务总局辽宁省税务局 | 辽宁 | 66.00 |
| | | | | 吉林 | 34.00 |
| 3 | 万家寨水利枢纽 | 8 | 国家税务总局山西省税务局 | 山西 | 2.80 |
| | | | | 内蒙古 | 97.20 |
| 4 | 丹江口水库 | 8 | 国家税务总局湖北省税务局 | 湖北 | 61.00 |
| | | | | 河南 | 39.00 |
| 5 | 江垭水库 | 8 | 国家税务总局湖南省税务局 | 湖南 | 85.00 |
| | | | | 湖北 | 15.00 |
| 6 | 纳吉滩水电站 | 8 | 国家税务总局湖北省税务局 | 湖北 | 38.40 |
| | | | | 湖南 | 61.60 |
| 7 | 塘口 | 8 | 国家税务总局湖北省税务局 | 湖北 | 40.00 |
| | | | | 湖南 | 60.00 |
| 8 | 碗米坡电站 | 8 | 国家税务总局湖南省税务局 | 湖南 | 93.80 |
| | | | | 重庆 | 6.20 |
| 9 | 宝珠寺电站 | 8 | 国家税务总局四川省税务局 | 四川 | 81.40 |
| | | | | 陕西 | 9.40 |
| | | | | 甘肃 | 9.20 |
| 10 | 炳灵水电站 | 8 | 国家税务总局甘肃省税务局 | 甘肃 | 31.30 |
| | | | | 青海 | 68.70 |
| 11 | 张窝电站 | 8 | 国家税务总局四川省税务局 | 四川 | 5.40 |
| | | | | 云南 | 94.60 |
| 12 | 大洪河水库 | 8 | 国家税务总局重庆市税务局 | 重庆 | 37.00 |
| | | | | 四川 | 63.00 |
| 13 | 向家坝电站 | 8 | 国家税务总局四川省税务局 | 四川 | 45.40 |
| | | | | 云南 | 54.60 |
| 14 | 溪洛渡电站 | 8 | 国家税务总局四川省税务局 | 四川 | 33.00 |
| | | | | 云南 | 67.00 |
| 15 | 彭水电站 | 8 | 国家税务总局重庆市税务局 | 重庆 | 34.60 |
| | | | | 贵州 | 65.40 |
| 16 | 龙滩电站 | 8 | 国家税务总局广西壮族自治区税务局 | 广西 | 42.20 |
| | | | | 贵州 | 57.80 |

续表

| 序号 | 工程名称 | 征收标准（厘/千瓦时） | 征收机关 | 涉及省份 | 分配比例（%） |
|---|---|---|---|---|---|
| 17 | 鲁布革电站 | 8 | 国家税务总局云南省税务局 | 云南 | 48.50 |
| | | | | 贵州 | 51.50 |
| 18 | 天生桥一级水电站 | 8 | 国家税务总局贵州省税务局 | 广西 | 43.60 |
| | | | | 云南 | 5.70 |
| | | | | 贵州 | 50.70 |
| 19 | 天生桥二级水电站 | 8 | 国家税务总局广西壮族自治区税务局 | 广西 | 74.50 |
| | | | | 贵州 | 25.50 |
| 20 | 洞巴水电站 | 8 | 国家税务总局广西壮族自治区税务局 | 广西 | 54.80 |
| | | | | 云南 | 45.20 |
| 21 | 百色水利枢纽 | 8 | 国家税务总局广西壮族自治区税务局 | 广西 | 67.50 |
| | | | | 云南 | 32.50 |
| 22 | 平班水电站 | 8 | 国家税务总局广西壮族自治区税务局 | 广西 | 58.60 |
| | | | | 贵州 | 41.40 |

跨省际大中型水库为独立法人的，由水库（水电站）缴纳大中型水库库区基金；跨省际大中型水库为非独立法人的，由其归属企业缴纳大中型水库库区基金。

跨省际大中型水库库区基金收入在政府收支分类科目中填列第1030150项“大中型水库库区基金收入”。

跨省际大中型水库库区基金收入全额缴入中央国库，由中央财政按相关省份应分配的比例，并根据资金入库情况按季拨付给相关省级财政。跨省际大中型水库库区基金在相关省份的分配比例，按照有关部门和相关省份共同确认的跨省际大中型水库移民人数比例核定，具体分配比例见表3－4。

（2）使用管理。

中央财政向省级财政拨付大中型水库库区基金时，填列政府收支分类科目“政府性基金补助支出”。相关省份收到时，填列政府收支分类科目“政府性基金补助收入”，在安排最终支出时，填列政府收支分类科目“大中型水库库区基金支出（基础设施建设和经济发展）”“大中型水库库区基金支出（解决移民遗留问题）”“大中型水库库区基金支出（库区防护工程维护）”“其他大中型水库库区基金支出”。

3. 三峡水库库区基金

根据财综〔2007〕69 号文件的有关规定执行。

## 五、可再生能源发展基金

可再生能源发展基金是指国家为了促进可再生能源发展而设立的政府性基金。

### (一)可再生能源发展基金历史沿革

可再生能源发展基金的前身是可再生能源发展专项资金。为了促进可再生能源的开发利用，增加能源供应，改善能源结构，保障能源安全，保护环境，实现经济社会的可持续发展，2005 年 2 月 28 日，第十届全国人民代表大会常务委员会第十四次会议通过《中华人民共和国可再生能源法》(中华人民共和国主席令第 33 号，以下简称《可再生能源法》)，自 2006 年 1 月 1 日起施行。《可再生能源法》第二十四条规定，国家财政设立可再生能源发展专项资金，用于支持以下活动：可再生能源开发利用的科学技术研究、标准制定和示范工程；农村、牧区的可再生能源利用项目；偏远地区和海岛可再生能源独立电力系统建设；可再生能源的资源勘查、评价和相关信息系统建设；促进可再生能源开发利用设备的本地化生产。2009 年 12 月 26 日，中华人民共和国第十一届全国人民代表大会常务委员会第十二次会议通过的《关于修改〈中华人民共和国可再生能源法〉的决定》(中华人民共和国主席令第 23 号)规定，国家财政设立可再生能源发展基金，资金来源包括国家财政年度安排的专项资金和依法征收的可再生能源电价附加收入等。

根据可再生能源开发利用中长期总量目标和开发利用规划，以及可再生能源电价附加收支情况，征收标准历经多次调整(见表 3－5)。

**表 3－5　可再生能源电价附加征收标准调整**

| 实施时间 | 征收标准 |
|---|---|
| 2006 年 1 月 1 日 | 2 厘/千瓦时 |
| 2009 年 11 月 1 日 | 4 厘/千瓦时 |

续表

| 实施时间 | 征收标准 |
| --- | --- |
| 2012 年 1 月 1 日 | 8 厘/千瓦时 |
| 2013 年 9 月 1 日 | 1.5 分/千瓦时 |
| 2016 年 1 月 1 日 | 1.9 分/千瓦时 |

### （二）可再生能源发展基金基本规定

1. 征收管理

可再生能源发展基金包括国家财政公共预算安排的专项资金（以下简称可再生能源发展专项资金）和依法向电力用户征收的可再生能源电价附加收入等。可再生能源发展专项资金由中央财政从年度公共预算中予以安排（不含国务院投资主管部门安排的中央预算内基本建设专项资金）。可再生能源电价附加在除西藏自治区以外的全国范围内，对各省、自治区、直辖市扣除农业生产用电（含农业排灌用电）后的销售电量征收。

各省、自治区、直辖市纳入可再生能源电价附加征收范围的销售电量包括：省级电网企业（含各级子公司）销售给电力用户的电量；省级电网企业扣除合理线损后的趸售电量（即实际销售给转供单位的电量，不含趸售给各级子公司的电量）；省级电网企业对境外销售电量；企业自备电厂自发自用电量；地方独立电网（含地方供电企业）销售电量（不含省级电网企业销售给地方独立电网的电量）；大用户与发电企业直接交易的电量。省（自治区、直辖市）际间交易电量，计入受电省份的销售电量征收可再生能源电价附加。

目前可再生能源电价附加征收标准为 1.9 分/千瓦时。根据可再生能源开发利用中长期总量目标和开发利用规划，以及可再生能源电价附加收支情况，征收标准可以适时调整。

根据《国家税务总局关于国家重大水利工程建设基金等政府非税收入项目征管职责划转有关事项的公告》（国家税务总局公告 2018 年第 63 号）规定，自 2019 年 1 月 1 日起，可再生能源发展基金划转至税务部门征收。

电力用户应缴纳的可再生能源电价附加，按照下列方式由电网企业代征：大用户与发电企业直接交易电量的可再生能源电价附加，由代为输送电量的电网企业代征；地方独立电网销售电量的可再生能源电价附加，由地方电网企业在向电力用户收取电费时一并代征；企业自备电厂自发自用电量应缴纳的可再生能源电价附加，由所在地电网企业代征；其他社会销售电量的可再生能源电价附加，由省级电网企业在向电力用户收取电费时一并代征。

可再生能源电价附加收入填列政府收支分类科目第 1030168 项“可再生能源电价附加收入”。

中央财政按照可再生能源附加实际代征额的 2‰付给相关电网企业代征手续费，代征手续费从可再生能源发展基金支出预算中安排，具体支付方式按照财政部的有关规定执行。代征电网企业不得从代征收入中直接提留代征手续费。

对可再生能源电价附加征收增值税而减少的收入，由财政预算安排相应资金予以弥补，并记入“可再生能源电价附加收入”科目核算。

2. 使用管理

可再生能源发展基金用于支持可再生能源发电和开发利用活动。其中可再生能源发展专项资金主要用于支持以下可再生能源开发利用活动：可再生能源开发利用的科学技术研究、标准制定和示范工程；农村、牧区生活用能的可再生能源利用项目；偏远地区和海岛可再生能源独立电力系统建设；可再生能源的资源勘查、评价和相关信息系统建设；促进可再生能源开发利用设备的本地化生产；《可再生能源法》规定的其他相关事项。可再生能源电价附加收入用于以下补助：①电网企业按照国务院价格主管部门确定的上网电价，或者根据《可再生能源法》有关规定通过招标等竞争性方式确定的上网电价，收购可再生能源电量所发生的费用，高于按照常规能源发电平均上网电价计算所发生费用之间的差额；②执行当地分类销售电价，且由国家投资或者补贴建设的公共可再生能源独立电力系统，其合理的运行和管理费用超出销售电价的部分；③电网企业为收购可再生能源电量而支付的合理的接网费用以及其他合理的相关费用，不能通过销售电价回收的部分。

相关企业申请可再生能源发展专项资金补助的具体办法，按照《可再生能源电价附加补助资金管理暂行办法》（财建〔2012〕102 号）等有关文件的规定执行。

可再生能源发展专项资金用于固定资产投资的，还应按照中央政府投资管理的有关规定执行。

可再生能源发展专项资金支出填列政府收支分类科目中第 2111201 项“可再生能源”；可再生能源电价附加支出填列政府收支分类科目中第 2111501 项“可再生能源电价附加收入安排的支出”。

3. 监督管理

税务、财政、价格、能源、审计部门按照职责分工，对可再生能源电价附加的征收、拨付、使用和管理情况进行监督检查。

未经批准，多征、减征、缓征、停征或截留、挤占、挪用可再生能源电价附加收入的单位及责任人，由税务、财政、价格、能源、审计等相关部门依照《中华人民共和国价格法》（以下简称《价格法》）、《财政违法行为处罚处分条例》、《价格违法行为行政处罚规定》等法律法规追究法律责任。

## 六、船舶油污损害赔偿基金

船舶油污损害赔偿基金是一种油污损害风险分摊的机制，主要目的是保障油污受害人的损失得到充分或者适当的赔偿或者补偿，对于应对特大、大型船舶污染事故，有着积极作用。

### （一）船舶油污损害赔偿基金历史沿革

自20世纪90年代起，我国借鉴国际通行规则，结合国情，不断完善立法，建立具有本国特色的船舶油污损害赔偿基金制度。2012年5月18日，财政部、交通运输部联合颁布了《船舶油污损害赔偿基金征收使用管理办法》（财综〔2012〕33号），随着该办法于2012年7月1日起实施，具有中国特色的船舶油污损害赔偿基金正式建立。2015年6月18日，中国船舶油污损害赔偿基金使用管理的最高权力机构——中国船舶油污损害赔偿基金管理委员会在北京正式成立，标志中国船舶油污损害赔偿基金的赔偿、补偿工作进入可运行阶段。

一旦船舶发生油污事故，对油污受害人而言，首先由肇事船东及其油污保险人在责任限制内对他们进行赔偿；超过船东责任限制的损害，可依据《船舶油污损害赔偿基金征收使用管理办法》（财综〔2012〕33号），申请油污基金进行赔偿或者补偿。

### （二）基本规定

1. 征收管理

凡在中华人民共和国管辖水域内接收从海上运输持久性油类物质（包括原油、燃料油、重柴油、润滑油等持久性烃类矿物油）的货物所有人或其代理人，应当按照规定缴纳船舶油污损害赔偿基金。对于在中华人民共和国管辖水域内接收从海上运输的非持久性油类物质，以及在中华人民共和国管辖水域内过境运输持久性油类物质，不征收船舶油污损害赔偿基金。对于在中国境内的同一货物所有人接收中转运输的持久性油类物质，只征收一次船舶油污损害赔偿基金。

船舶油污损害赔偿基金征收标准为每吨持久性油类物质 0.3 元。财政部可依据船舶油污损害赔偿需求、持久性油类物质的货物到港量以及积累的船舶油污损害赔偿基金规模等因素，并充分考虑货物所有人的承受能力，会同交通运输部确定、调整征收标准或者暂停征收。

除国务院外，任何地方、部门和单位不得改变船舶油污损害赔偿基金的征收对象和征收范围。货物所有人或其代理人按照规定缴纳船舶油污损害赔偿基金从成本费用中列支。

船舶油污损害赔偿基金由交通运输部所属海事管理机构（以下简称海事管理机构）向货物所有人或其代理人征收。货物所有人或其代理人应当在向海事管理机构办理污染危害性货物申报时，按照船舶卸载持久性油类物质的数量及相关征收标准，将船舶油污损害赔偿基金及时足额缴入所在地海事管理机构经批准的相关银行账户。海事管理机构征收船舶油污损害赔偿基金，应当向货物所有人或其代理人出具财政部统一监制的财政票据。

海事管理机构应当在收到船舶油污损害赔偿基金的当日，将船舶油污损害赔偿基金收入全额就地上缴中央国库。缴库时使用“一般缴款书”，在“财政机关”栏目填写“财政部”，在“预算级次”栏目填写“中央级”，在“收款国库”栏目填写实际收纳款项的国库名称，预算科目列《政府收支分类科目》第 103 类“非税收入”，第 01 款“政府性基金收入”，第 71 项“船舶油污损害赔偿基金收入”。交通运输部实施非税收入收缴管理制度改革后，船舶油污损害赔偿基金的收入收缴方式按照改革后的有关规定执行。

2. 使用管理

船舶油污损害赔偿基金应当遵循专款专用的原则，年末结余可结转下年度安排使用。

船舶油污损害赔偿基金用于以下油污损害及相关费用的赔偿、补偿：同一事故造成的船舶油污损害赔偿总额超过法定船舶所有人油污损害赔偿责任限额的；船舶所有人依法免除赔偿责任的；船舶所有人及其油污责任保险人或者财务保证人在财力上不能履行其部分或全部义务，或船舶所有人及其油污责任保险人或者财务保证人被视为不具备履行其部分或全部义务的偿付能力；无法找到造成污染船舶的。

下列情况，不得从船舶油污损害赔偿基金中提供赔偿或者补偿：油污损害由战争、敌对行为造成或者由政府用于非商业目的的船舶、军事船舶、渔船排放油类物质造成的；索赔人不能证明油污损害由船舶造成的；因油污受害人过错造成的全部或部分油污损害的。

船舶油污损害赔偿基金按照申请时间顺序依次受理。其中，对同一事故的索赔按照下列范围和顺序赔偿或补偿：为减少油污损害而采取的应急处置费用；控制或清除污染所产生的费用；对渔业、旅游业等造成的直接经济损失；已采取的恢复海洋生态和天然渔业资源等措施所产生的费用；船舶油污损害赔偿基金管理委员会实施监视监测发生的费用；经国务院批准的其他费用。船舶油污损害赔偿基金不足以赔偿或者补偿前款规定的同一顺序的损失或费用的，按比例受偿。

船舶油污损害赔偿基金对任一船舶油污事故的赔偿或补偿金额不超过3 000万元人民币。财政部可以依据船舶油污事故赔偿需求、累积的船舶油污损害赔偿基金规模等因素，会同交通运输部调整基金赔偿限额。

国家设立由交通运输部、财政部、农业农村部、生态环境部、自然资源部、文化和旅游部以及缴纳船舶油污损害赔偿基金的主要石油货主代表等组成的船舶油污损害赔偿基金管理委员会，负责处理船舶油污损害赔偿基金的具体赔偿或者补偿事务。船舶油污损害赔偿基金管理委员会应当制定具体职责及工作规程。船舶油污损害赔偿基金管理委员会下设秘书处，负责具体赔偿、补偿等日常事务，秘书处设在交通运输部海事局。

在船舶发生油污事故后，凡符合赔偿或者补偿条件的单位和个人，可向船舶油污损害赔偿基金管理委员会秘书处提出书面索赔申请。

单位和个人提出的油污损害索赔申请，必须符合法律、行政法规及船舶油污损害赔偿基金管理委员会相关规定，并遵循以下原则：索赔申请必须真实，不得隐瞒或者捏造；索赔的任何费用和损失已经实际发生；索赔所涉及的费用必须经确认是适当和合理的；索赔的费用、损失以及遭受的损害是由于污染引起的且与污染事故之间有必然的直接因果关系；索赔的损失以及遭受的损害应当是可以量化的经济损失；索赔的费用、损失以及遭受的损害必须提交相应的证明文件或者其他证据。

油污受害人申请从船舶油污损害赔偿基金中获得赔偿或者补偿的，应当在油污损害发生之日起3年内提出；在任何情况下，均应当在船舶油污事故发生之日起6年内提出。逾期申请的，船舶油污损害赔偿基金管理委员会不予受理。

船舶油污损害赔偿基金管理委员会在受理索赔申请后，应当组织有关人员对索赔项目进行调查核实，确定赔偿或者补偿的具体数额。对于符合赔偿或者补偿条件的，应当及时给予赔偿或者补偿。申请赔偿或者补偿的相关单位应当积极配合船舶油污损害赔偿基金管理委员会开展索赔调查核实工作。

交通运输部应当按照政府性基金预算管理的有关规定编制船舶油污损害赔偿基金收支预算，经船舶油污损害赔偿基金管理委员会审议通过后，报财政部审核。船舶油污损害赔偿基金支付按照财政国库管理制度的有关规定执行。

船舶油污损害赔偿基金支出按照规定填列《政府收支分类科目》第214类“交通运输”，第68款“船舶油污损害赔偿基金支出”下相关科目。

船舶油污损害赔偿基金管理委员会在赔偿或者补偿范围内，可以代位行使接受赔偿或补偿的单位、个人向相关污染损害责任人请求赔偿的权利。对于暂时无法认定船舶污染损害责任人的，船舶油污损害赔偿基金管理委员会可以先行给予赔偿或者补偿，一旦确定污染损害责任人时，再由相关责任人给予赔偿，赔偿金按有关规定上缴中央国库。

各有关部门和单位应当严格按照规定使用船舶油污损害赔偿基金，不得坐收坐支、截留、挤占、挪用船舶油污损害赔偿基金。

3. 监督管理

在中华人民共和国管辖水域内接收从海上运输持久性油类物质的货物所有人或其代理人，不按照规定及时足额缴纳船舶油污损害赔偿基金的，由海事管理机构督促货物所有人或其代理人补缴应缴纳的船舶油污损害赔偿基金；拒不缴纳的，海事管理机构有权停止其接收的持久性油类物质货物在中华人民共和国管辖水域进行装卸、过驳作业。对于未及时足额缴纳船舶油污损害赔偿基金的，自应缴纳之日起，按日加收未缴额万分之五的滞纳金，上缴中央国库，纳入船舶油污损害赔偿基金一并核算。

财政部各地监管局应当定期或不定期地开展检查，对海事管理机构不按规定征收、上缴船舶油污损害赔偿基金，不按规定使用财政部统一监制的财政票据，截留、挤占、挪用船舶油污损害赔偿基金的，要责令改正，并按照《财政违法行为处罚处分条例》《违反行政事业性收费和罚没收入收支两条线管理规定行政处分暂行规定》等有关法律法规进行处理处罚。

对于违反规定使用船舶油污损害赔偿基金，坐收坐支、截留、挤占、挪用船舶油污损害赔偿基金的责任人员，依照《财政违法行为处罚处分条例》《违反行政事业性收费和罚没收入收支两条线管理规定行政处分暂行规定》以及国家其他有关法律法规的规定，给予行政处分；涉嫌犯罪的，移交司法机关依法处理。

## 七、核电站乏燃料处理处置基金

核电站乏燃料处理处置基金是我国为了促进核电事业发展而征收的政府性基金。

### （一）核电站乏燃料处理处置基金历史沿革

乏燃料是使用过的核燃料，通常由核电站的核反应堆产生。由于乏核燃料中含有大量放射性元素，如果不加以妥善处理，会严重影响环境与接触它们之人的健康。对于乏燃料，国际上通行的有两种处理方法：一种是不进行乏燃料后处理，燃料棒在核电站反应堆内燃烧完后将其长期暂存、永久贮存、直接处置，被称为“开式核燃料循环”；另一种是对乏燃料进行后处理，回收其中的铀和钚，再加工成燃料组件进行重复利用，称为“闭式核燃料循环”。

我国从 20 世纪 80 年代核电发展之初就确定了“闭式核燃料循环”的战略，并坚定提出核能发展“三步走”，即“压水堆—快堆—聚变堆”的可持续发展道路。随着核电在中国的高效发展，乏燃料后处理也越来越受到重视，并在政府层面、科技界、核工业界和社会公众等方面得到了不断的认可与理解。

为促进核电事业的发展，2010 年 7 月，财政部、国家发展改革委、工业和信息化部下发《核电站乏燃料处理处置基金征收使用管理暂行办法》，为实现核能可持续发展提供经费保障。

## （二）核电站乏燃料处理处置基金基本规定

1. 征收管理

凡拥有已投入商业运行5年以上压水堆核电机组的核电厂，应当按照规定缴纳乏燃料处理处置基金。按照核电厂已投入商业运行5年以上压水堆核电机组的实际上网销售电量征收，征收标准为0.026元/千瓦时。今后，财政部会同国家发展改革委、工业和信息化部、国家能源局、国防科工局等部门根据核电发展规模及乏燃料处理处置资金需求的变化，适时调整征收标准。乏燃料处理处置基金计入核电厂发电成本。

根据《国家税务总局关于国家重大水利工程建设基金等政府非税收入项目征管职责划转有关事项的公告》（国家税务总局公告2018年第63号）规定，自2019年1月1日起，核电站乏燃料处理处置基金划转至税务部门征收。

2. 使用管理

核电厂缴纳的乏燃料处理处置基金，由政府相关部门和机构专项用于乏燃料处理处置。具体使用范围包括：乏燃料运输；乏燃料离堆贮存；乏燃料后处理（含乏燃料后处理中试厂进行的商用核电站乏燃料后处理）；乏燃料后处理所产生的高放废物的处理处置；乏燃料后处理厂的建设、运行、改造和退役；乏燃料处理处置的其他支出。

乏燃料处理处置基金年度预算，应优先安排乏燃料运输、乏燃料离堆贮存、乏燃料后处理、高放废物处理处置等支出，再安排乏燃料后处理厂建设、运行、改造和退役等相关支出。

乏燃料处理处置基金年度使用计划由国家发展改革委、工业和信息化部、国家能源局、国防科工局商财政部确定。乏燃料处理处置基金具体项目的安排使用由国防科工局负责，其中大型商用核电站乏燃料后处理厂建设项目资金的安排使用由国家发展改革委会同国家能源局负责。

财政部根据乏燃料处理处置基金年度使用计划及具体项目的进展情况，按照政府性基金预算编制规程，编制乏燃料处理处置基金年度收支预算。乏燃料处理处置基金年终结余结转下年度继续使用。

财政部根据乏燃料处理处置基金收支预算和乏燃料处理处置基金实际征收入库情况安排资金。资金支付按照财政国库管理制度有关规定执行，支出填列《政府收支分类科目》第206类“科学技术”第10款“核电站乏燃料处理处置基金支出”（新增）第01项“乏燃料运输”、第02项“乏燃料离堆贮存”、第 03 项“乏燃料后处理”、第 04 项“高放废物的处理处置”、第 05 项“乏燃料后处理厂的建设、运行、改造和退役”、第 99 项“其他乏燃料处理处置基金支出”。

3. 监督管理

未经国务院或财政部批准，任何地方、部门和单位不得擅自改变乏燃料处理处置基金的征收对象、范围和标准，不得减征、免征、缓征、停征乏燃料处理处置基金，也不得改变乏燃料处理处置基金的使用范围和原则。

乏燃料处理处置基金的征收、解缴、使用等应当接受财政、审计、投资管理部门的监督，任何单位或者个人不得拒绝、妨碍和阻挠。

对于违反规定不缴、少缴、缓缴乏燃料处理处置基金或者侵占、截留、挪用乏燃料处理处置基金的责任单位及责任人，按照《财政违法行为处罚处分条例》以及国家有关法律法规规定处理；涉嫌犯罪的，移交司法机关依法处理。

## 八、废弃电器电子产品处理基金

废弃电器电子产品处理基金是国家为促进根据废弃电器电子产品回收处理而设立的政府性基金。

### （一）废弃电器电子产品处理基金历史沿革

我国是电器电子产品生产、消费和出口大国，电器电子产品每年的淘汰量达数千万台。由于未建立有效的回收处理机制，淘汰下来的电器电子产品流向分散，绝大部分经小作坊非法拆解，造成严重的资源浪费和环境污染。

为规范废弃电器电子产品回收处理，促进资源综合利用和环境保护，2009 年，国务院颁布了《废弃电器电子产品回收处理管理条例》，明确国家建立废弃电器电子处理基金。2012 年 5 月 30 日，经国务院批准，财政部、环境保护部、国家发展改革委、工业和信息化部、国家税务总局、海关总署联合下发了《废弃电器电子产品处理基金征收使用管理办法》（财综〔2012〕34 号），规定开征废弃电器电子产品处理基金，使得废弃电器电子产品处理有法可依。

### （二）废弃电器电子产品处理基金基本规定

1. 征收管理

在中华人民共和国境内的电器电子产品生产者、进口电器电子产品的收货人或者其代理人为基金缴纳义务人。

基金分别按照电器电子产品生产者销售、进口电器电子产品的收货人或者其代理人进口的电器电子产品数量定额征收。电器电子产品生产者应缴纳的基金，由税务局负责征收。进口电器电子产品的收货人或者其代理人应缴纳的基金，由海关负责征收。

目前纳入基金征收范围的电器电子产品包括电视机、电冰箱、洗衣机、房间空调器和微型计算机共五类产品，实行从量定额计征。征收标准如下：

（1）电视机类：液晶电视机、等离子电视机、背投电视机、阴极射线管（黑白、彩色）电视机以及其他用于接收信号并还原出图像及伴音的终端设备的征收标准为13元/台。

（2）电冰箱类：冷藏冷冻箱（柜）、冷藏箱（柜）、冷冻箱（柜）以及其他具有制冷系统、消耗能量以获取冷量的隔热箱体的征收标准为12元/台。

（3）洗衣机类：波轮式洗衣机、滚筒式洗衣机、搅拌式洗衣机、脱水机以及其他依靠机械作用洗涤衣物（含兼有干衣功能）的器具的征收标准为7元/台。

（4）房间空调器类：整体式空调（窗机、穿墙机等）、分体式空调（分体壁挂、分体柜机等）、一拖多空调器以及其他制冷量在14 000瓦及以下的房间空气调节器具的征收标准为7元/台。

（5）微型计算机类：台式微型计算机的显示器、主机和显示器一体形式的台式微型计算机、便携式微型计算机（含平板电脑、掌上电脑）以及其他信息事务处理实体的征收标准为10元/台。

财政部会同生态环境部、国家发展改革委、工业和信息化部根据废弃电器电子产品回收处理补贴资金的实际需要，在听取有关企业和行业协会意见的基础上，适时调整基金征收标准。

电器电子产品生产者按季申报缴纳基金。税务局对电器电子产品生产者征收基金，适用税收征收管理的规定。进口电器电子产品的收货人或者其代理人在货物申报进口时缴纳基金。海关对基金的征收缴库管理，按照关税征收缴库管理的规定执行。

基金收入在政府收支分类科目中列“废弃电器电子产品处理基金收入”（新增）下的有关目级科目。

未经国务院批准或者授权，任何地方、部门和单位不得擅自减免基金，不得改变基金征收对象、范围和标准。

电器电子产品生产者、进口电器电子产品的收货人或者其代理人缴纳的基金计入生产经营成本，准予在计算应纳税所得额时扣除。

2. 减免管理

对采用有利于资源综合利用和无害化处理的设计方案以及使用环保和便于回收利用材料生产的电器电子产品，可以减征基金。

电器电子产品生产者生产用于出口的电器电子产品免征基金，由电器电子产品生产者依据《中华人民共和国海关出口货物报关单》列明的出口产品名称和数量，向税务局申请从应缴纳基金的产品销售数量中扣除。

电器电子产品生产者进口电器电子产品已缴纳基金的，国内销售时免征基金，由电器电子产品生产者依据《中华人民共和国海关进口货物报关单》和《进口废弃电器电子产品处理基金缴款书》列明的进口产品名称和数量，向税务局申请从应缴纳基金的产品销售数量中扣除。

基金缴纳义务人（以下称受托方）受外贸公司（以下称委托方）委托加工电器电子产品，其海关贸易方式为“进料加工”或“来料加工”且由委托方收回后复出口的，免征基金。海关贸易方式为“进料加工”的，受托方受托加工业务免征基金，应当同时符合以下条件：委托方拥有加工贸易业务批准证（已取消商务主管部门加工贸易业务批准证的省份除外）；受托方提供与委托方签订的加工贸易合同备案委托书、协议书等证明业务真实发生的资料；委托方进料加工手（账）册注明的加工单位是该受托方；受托方向委托方开具增值税专用发票收取加工费（含辅料费等相关费用）；原材料进口报关单上注明收货单位为该受托方；委托方出口电器电子产品，出口报关单备案号栏中载明的加工手（账）册号与受托方加工手（账）册号一致，且注明发货单位为该受托方；海关贸易方式为“来料加工”的，受托方受托加工业务免征基金，应当取得委托方税务机关出具的《来料加工免税证明》。

受托方按照《废弃电器电子产品处理基金征收管理规定》（国家税务总局公告 2012 年第 41 号）第八条的规定确定基金缴纳义务发生时间，申报免征基金，将免征数量填入“废弃电器电子产品处理基金申报表”第四栏“出口免征销售数量”。

受托加工产品未能复出口的，由海关在办理内销征税时一并补征基金。

委托方应及时将有关单证交受托方。委托方、受托方均应妥善保管进出口业务相关资料，以备税务机关、海关核查。

3. 使用管理

基金使用范围包括：废弃电器电子产品回收处理费用补贴；废弃电器电子产品回收处理和电器电子产品生产销售信息管理系统建设，以及相关信息采集发布支出；基金征收管理经费支出；经财政部批准与废弃电器电子产品回收处理相关的其他支出。

根据《废弃电器电子产品回收处理管理条例》（国务院令第551号）和《废弃电器电子产品处理资格许可管理办法》（环境保护部令第13号）的规定取得废弃电器电子产品处理资格的企业（简称处理企业），对列入《废弃电器电子产品处理目录》的废弃电器电子产品进行处理，可以申请基金补贴。给予基金补贴的处理企业名单，由财政部、生态环境部会同国家发展改革委、工业和信息化部向社会公布。

国家鼓励电器电子产品生产者自行回收处理列入《废弃电器电子产品处理目录》的废弃电器电子产品。各省（区、市）生态环境主管部门在编制本地区废弃电器电子产品处理发展规划时，应当优先支持电器电子产品生产者设立处理企业。对处理企业按照实际完成拆解处理的废弃电器电子产品数量给予定额补贴。上述实际完成拆解处理的废弃电器电子产品是指整机，不包括零部件或散件。财政部会同生态环境部、国家发展改革委、工业和信息化部根据废弃电器电子产品回收处理成本变化情况，在听取有关企业和行业协会意见的基础上，适时调整基金补贴标准（见表3－6）。

**表3－6　废弃电器电子产品处理基金补贴标准（2016年1月1日起实施）**

| 序号 | 产品名称 | 品种 | 补贴标准（元/台） | 备注 |
|---|---|---|---|---|
| 1 | 电视机 | 14寸及以上且25寸以下阴极射线管（黑白、彩色）电视机 | 60 | 14寸以下阴极射线管（黑白、彩色）电视机不予补贴 |
| | | 25寸及以上阴极射线管（黑白、彩色）电视机，等离子电视机、液晶电视机、OLED电视机、背投电视机 | 70 | |

续表

| 序号 | 产品名称 | 品种 | 补贴标准（元/台） | 备注 |
| --- | --- | --- | --- | --- |
| 2 | 微型计算机 | 台式微型计算机（含主机和显示器）、主机显示器一体形式的台式微型计算机、便携式微型计算机 | 70 | 平板电脑、掌上电脑补贴标准另行制定 |
| 3 | 洗衣机 | 单桶洗衣机、脱水机（3 千克 < 干衣量 ≤ 10 千克） | 35 | 干衣量 ≤ 3 千克的洗衣机不予补贴 |
| | | 双桶洗衣机、波轮式全自动洗衣机、滚筒式全自动洗衣机（3 千克 < 干衣量 ≤ 10 千克） | 45 | |
| 4 | 电冰箱 | 冷藏冷冻箱（柜）、冷冻箱（柜）、冷藏箱（柜）（50 升 ≤ 容积 ≤ 500 升） | 80 | 容积 < 50 升的电冰箱不予补贴 |
| 5 | 空气调节器 | 整体式空调器、分体式空调器、一拖多空调器（含室外机和室内机）（制冷量 ≤ 14 000 瓦） | 130 | |

处理企业拆解处理废弃电器电子产品应当符合国家有关资源综合利用、环境保护的要求和相关技术规范，并按照生态环境部制定的审核办法核定废弃电器电子产品拆解处理数量后，方可获得基金补贴。

处理企业按季对完成拆解处理的废弃电器电子产品种类、数量进行统计，填写《废弃电器电子产品拆解处理情况表》，并在每个季度结束次月的 5 日前报送各省（区、市）生态环境主管部门。

处理企业报送《废弃电器电子产品拆解处理情况表》时，应当同时提供以下资料：废弃电器电子产品入库和出库记录报表；废弃电器电子产品拆解处理作业记录报表；废弃电器电子产品拆解产物出库和入库记录报表；废弃电器电子产品拆解产物销售凭证或处理证明。相关报表和凭证按照生态环境部统一规定的格式报送。

各省（区、市）生态环境主管部门接到处理企业报送的《废弃电器电子产品拆解处理情况表》及相关资料后组织开展审核工作，并在每个季度结束次月的月底前将审核意见连同处理企业填写的《废弃电器电子产品拆解处理情况表》，以书面形式上报生态环境部。

生态环境部负责对各省（区、市）生态环境主管部门上报情况进行核实，确认每个处理企业完成拆解处理的废弃电器电子产品种类、数量，并汇总提交财政部。

财政部按照生态环境部提交的废弃电器电子产品拆解处理种类、数量和基金补贴标准，核定对每个处理企业补贴金额并支付资金。资金支付按照国库集中支付制度有关规定执行。

生态环境部、国家税务总局、海关总署等有关部门应当按照中央政府性基金预算编制的要求，编制年度基金支出预算，报财政部审核。财政部应当按照预算管理规定审核基金支出预算并批复下达相关部门。

基金支出在政府收支分类科目中列第211类第61款“废弃电器电子产品处理基金支出”（新增）。

4. 监督管理

电器电子产品生产者、进口电器电子产品的收货人或者其代理人应当分别向国家税务局、海关报送电器电子产品销售和进口的基本数据及情况，并按照规定申报缴纳基金，自觉接受税务局、海关的监督检查。

处理企业应当按照规定建立废弃电器电子产品的数据信息管理系统，跟踪记录废弃电器电子产品接收、贮存和处理，拆解产物出入库和销售，最终废弃物出入库和处理等信息，全面反映废弃电器电子产品在处理企业内部运转流程，并如实向环境保护等主管部门报送废弃电器电子产品回收和拆解处理的基本数据及情况。

处理企业申请基金补贴相关资料及记录废弃电器电子产品回收和拆解处理情况的原始凭证应当妥善保存备查，保存期限不得少于5年。

生态环境部和各省（区、市）生态环境主管部门应当建立健全基金补贴审核制度，通过数据系统比对、书面核查、实地检查等方式，加强废弃电器电子产品拆解处理的环保核查和数量审核，防止弄虚作假、虚报冒领补贴资金等行为的发生。

财政部会同生态环境部、国家发展改革委、工业和信息化部建立实时监控废弃电器电子产品回收处理和生产销售的信息管理系统。处理企业和电器电子产品生产者应当配合有关部门建立监控系统。处理企业建立的废弃电器电子产品数据信息管理系统应当与监控系统对接。电器电子产品生产者应当按照建立监控系统的要求，登记企业信息并报送电器电子产品生产销售情况。

财政部、审计署、生态环境部、国家发展改革委、工业和信息化部、国家税务总局、海关总署应当按照职责加强对基金缴纳、使用情况的监督检查，依法对基金违法违规行为进行处理、处罚。

有关行业协会应当协助生态环境主管部门和财政部门做好废弃电器电子

产品拆解处理种类、数量的审核工作。

生态环境部和各省（区、市）生态环境保护主管部门应当分别公开全国和本地区处理企业拆解处理废弃电器电子产品及接受基金补贴情况，接受公众监督。

任何单位和个人有权监督和举报基金缴纳和使用中的违法违规问题。有关部门应当按照职责分工对单位和个人举报投诉的问题进行调查和处理。

单位和个人有下列情形之一的，依照《财政违法行为处罚处分条例》和《违反行政事业性收费和罚没收入收支两条线管理规定行政处分暂行规定》等法律法规进行处理、处罚、处分；构成犯罪的，依法追究刑事责任：未经国务院批准或者授权，擅自减免基金或者改变基金征收范围、对象和标准的；以虚报、冒领等手段骗取基金补贴的；滞留、截留、挪用基金的；其他违反政府性基金管理规定的行为。

处理企业有以虚报、冒领等手段骗取基金补贴的，取消给予基金补贴的资格，并向社会公示。

电器电子产品生产者违反基金征收管理规定的，由税务局比照税收违法行为予以行政处罚。进口电器电子产品的收货人或者其代理人违反基金征收管理规定的，由海关比照关税违法行为予以行政处罚。

基金征收、使用管理有关部门的工作人员违反规定，在基金征收和使用管理工作中滥用职权、玩忽职守、徇私舞弊，构成犯罪的，依法追究刑事责任；尚不构成犯罪的，依法给予处分。

## 第二节　中央地方共享性基金

目前，缴入中央和地方国库的政府性基金包括港口建设费、国家重大水利工程建设基金、水利建设基金、农网还贷资金、教育费附加、文化事业建设费、国家电影事业发展专项基金、森林植被恢复费。

### 一、港口建设费

港口建设费是向进出对外开放口岸港口辖区范围的所有码头、浮筒、锚地及从事水域过驳等装卸作业的货物征收，专项用于港口建设的国家政府性基金。

### （一）港口建设费历史沿革

港口作为交通运输的枢纽和对外交流的窗口，在促进国际贸易和地区发展中起着举足轻重的作用。中国港口行业的发展与国家经济发展、国家经济体制改革密切相关。为了加快港口建设，以适应经济发展的需要，我国于1986年开始征收港口建设费，到目前大致经历了以下四个发展阶段。

第一阶段自1986年1月1日起开始试征收港建费。根据《港口建设费征收办法》第二条规定，如进出下列港口的货物，如大连、营口、秦皇岛、天津、烟台等港口，征收港口建设费。港口建设费主要用于沿海港口码头、防波堤、港池、航道和港区道路等基础设施工程的建设以及水上过驳措施项目。

第二阶段自1993年7月1日起，港口建设费征收范围扩大到全部对外开放口岸的港口，所收费用全部用于水运基础设施建设。港口建设费由交通部批准的开放口岸港口所在地的港务局或相应管理机构为代征单位，交通部将其中20%～50%返还给港口企业。

第三阶段是1995年，国务院推出了新的投融资政策，即“谁投资、谁建设、谁使用”的自主融资、自主建设、自主经营、自负盈亏和滚动发展的多方式、多渠道筹资建设港口码头等方法。

第四阶段自2011年10月1日起，《港口建设费征收使用管理办法》（财综〔2011〕29号）实施，主要是征收主体改变和征收费率下调。把历来由港口装卸公司或码头负责征收改为由港口所在地的海事机构负责收取。同时，港口建设费征收费率标准由国外进出口货物每重量吨7元下调至每重量吨5.6元，国内进出口货物每重量吨5元下调至每重量吨4元，总体费率下调20%。

### （二）港口建设费基本规定

1. 征收管理

（1）征收对象。

港口建设费的征收对象为经对外开放口岸港口辖区范围内所有码头、浮筒、锚地、水域装卸（含过驳）的货物，直属海事局负责审定并公布本单位辖区应征港口建设费的范围。港口建设费的义务缴纳人是货物的托运人（或其代理人）或收货人（或其代理人）。

（2）征收标准。

港口建设费征收按照以下标准执行：国内出口货物每重量吨（或换算吨）4元；国外进出口货物每重量吨（或换算吨）5.6元（货物重量吨和换算吨的计算方法，按照交通运输部现行有关规定执行）。国内出口集装箱和内支线集装箱20英尺每箱32元，40英尺每箱48元；国外进出口集装箱20英尺每箱64元，40英尺每箱96元。30英尺以下的非标准集装箱按照20英尺的收费标准征收；30英尺以上（含30英尺）的非标准集装箱按40英尺的收费标准征收。

（3）减免规定。

水泥、粮食、化肥、农药、盐、砂土、石灰粉减半征收港口建设费，黄沙、磷矿石、碎石等低值货物暂缓征收港口建设费。南京长江大桥以上长江干线对外开放口岸港口和其他内河对外开放口岸港口减半征收。

下列货物免征港口建设费：我国军用物品，使馆物品，联合国机构的物品；国际过境货物、国际中转货物、保税货物（办理完进口清关手续的除外）；邮件（不包括邮政包裹）和按客运手续办理的行李、包裹；船舶自用的燃、物料，装货垫缚材料，随货物同行的包装备品；渔船捕获的鱼鲜以及同行的防腐用冰和盐，随活畜、活禽同行的必要饲料；空集装箱（商品箱除外）；国务院规定的其他货物。另外对客滚运输暂免征收港口建设费。

暂缓征收港口建设费低值货物的名录，由交通运输部海事局在广泛征求海事管理机构、缴费人意见的基础上，报财政部、交通运输部核准后公布。

直属海事局应建立港口建设费减、免、缓征工作机制，实施征收、审核相分离。征收（代收）单位应及时将减、免、缓征货物信息录入港口建设费征管系统。

（4）国内外进出口货物征收规定。

国内出口货物，装船港是南京长江大桥以上长江干线和其他内河的非对外开放口岸港口，且卸船港或转运港是沿海和南京长江大桥以下长江干线对外开放口岸港口的，由卸船港或转运港减半征收港口建设费。

对以保税方式进口的货物，海事管理机构可根据实际情况要求收（发）货人在进境时办理有效担保手续。转关运输、在不同海关特殊监管区域或保税监管场所之间调拨、转让或复运出境的货物，收（发）货人应当申请办理核销及终止担保手续。保税货物办理完进口清关手续的，缴费人应当按照国外进出口货物的征收标准及时缴纳港口建设费。

国内外进出口货物，按以下规定计征港口建设费：

①国内出口的货物，由征收（代收）单位在装船港按照国内出口货物征收标准向缴费人计征一次港口建设费。装船港是非对外开放口岸港口的，由征收（代收）单位在首次办理卸船手续的对外开放口岸港口征收港口建设费。

装船港和卸船港均为对外开放口岸港口，缴费人未按规定在装船港缴纳港口建设费的，由征收（代收）单位在卸船港向缴费人按装船港和卸船港的征收标准择高计征港口建设费。

②出口国外的货物，由征收（代收）单位在第一装船港按出口国外货物征收标准向缴费人计征一次港口建设费。第一装船港是非对外开放口岸港口的，由征收（代收）单位在首次办理中转卸船手续的对外开放口岸港口按出口国外货物征收标准向缴费人计征一次港口建设费。

③国内水路集运转出口国外的货物，由征收（代收）单位在国内出口的第一装船港按照国内出口货物征收标准向缴费人计征一次国内出口货物港口建设费，第一装船港是非对外开放口岸港口，由征收（代收）单位在首次办理中转卸船手续的对外开放口岸港口按国内出口货物征收标准向缴费人计征一次港口建设费。出口国外时，再由征收（代收）单位在出口国外的转运港按国外进出口和国内出口货物征收标准的差额补征港口建设费。

④国外进口的货物，由征收（代收）单位在卸船港按照国外进出口货物征收标准向缴费人计征一次港口建设费。

⑤国外进口到港未卸，换单后原船又运往国内其他港口的货物，征收（代收）单位在换单港口按照国外进出口货物征收标准向缴费人计征一次港口建设费。

⑥国外进口未提离港口库场，又装船转为国内出口的货物（包括船过船作业的货物），由征收（代收）单位在第一次转运港口按国外进口货物征收标准向缴费人计征一次港口建设费。

国外进口货物港口建设费以提单记载的数量为计费基数，出口国外货物港口建设费以装货单记载的数量为计费基数，国内出口货物港口建设费以运单记载的数量为计费基数。没有提单、装货单、运单的，以船长签发的船舶载运货物舱单记载的数量为计费基数。发现提单、装货单、运单、船舶载运货物舱单上货物数量与实际装卸货量有差异的，以实际装卸货物数量为准。

（5）其他规定。

交通运输部负责港口建设费的征收管理工作。港口所在地海事管理机构具体负责本港口辖区内港口建设费的征收工作。海事管理机构应建立健全征收港口建设费工作机制，直接向缴费人征收港口建设费。根据征收工作需要，海事管理机构可以与船舶代理公司、货物承运人（仅限内贸货物）等单位签订委托代收协议代收港口建设费。海事管理机构负责对港口建设费代收单位的代收行为进行日常管理和监督。海事管理机构应将拟委托代收港口建设费单位的名单报交通运输部、财政部核准。

缴费人应以纸质或电子方式如实向征收（代收）单位报送货物的品名、数量、中转情况等缴费信息，并向征收（代收）单位缴纳港口建设费。缴费人未按规定报送缴费信息或缴纳港口建设费的，缴费人应依法承担相应的责任。由缴费人或代收单位申请并提供有效担保且能够按要求报送《港口建设费缴纳确认信息单》的货物，经海事管理机构同意后，可视作已缴讫港口建设费给予办理装船、提货手续。如发现少缴、漏缴港口建设费的，由缴费人或代收单位承担相应责任。其中：国内出港货物信息，缴费人或代收单位不得迟于船舶预计抵达下一港之前报送。货物进出港（口）时，港口经营人应及时向海事管理机构报送货物装卸作业信息；船舶代理公司或船方应及时向海事管理机构报送船舶载运货物的舱单。缴费人、港口经营人、船舶代理公司或船方向海事管理机构报送的电子信息符合管理要求的，可不再提交相应纸质单证。已经缴纳港口建设费的国内外出口货物需更换承运船舶的，缴费人、船舶代理公司或船方应及时向相应的征收（代收）单位报送承运船舶更改信息。

港口建设费统一使用“非税收入征收专用章”及“非税收入审核专用章”作为征管印章，并按照海事管理机构相关印章制度进行管理。因征管工作需要，经直属海事局同意，征收（代收）单位可以使用电子印章。非税收入征收专用章用于港口建设费专用票据；非税收入审核专用章用于提单、提货单、装货单、运单、货物交接清单、港口建设费缴纳确认信息单、舱单等单证材料。港口建设费缴讫凭证包括港口建设费专用票据、盖有非税收入审核专用章的提单、装货单、运单等单证材料、港口建设费缴讫电子凭证、海事管理机构认可的其他港口建设费缴讫证明材料。

缴费人在办理货物装船或提货手续时，应主动出示港口建设费缴讫凭证，港口经营人、船舶代理公司、船方应予以核对，发现缴费人未缴讫港口建设费或无法提供有效缴讫凭证的，港口经营人、船舶代理公司、船方不得办理货物装船或提货手续。

存在下列情况之一的，缴费人可向原港口建设费征收（代收）单位提出申请，海事管理机构核准后，逐级上报交通运输部、财政部申请退费：由于征收人员或缴费人的原因造成多缴港口建设费的；已缴纳港口建设费的货物不再出港或变更目的港而需要退费的；属于政策性因素需要退费的。

2. 使用规定

港口建设费使用遵循“以收定支、专款专用”的原则。

中央分成的港口建设费主要用于：沿海港口公共基础设施建设支出，包括沿海港口航道、防波堤、锚地等基础设施建设，陆岛交通码头建设；内河水运建设支出，包括内河航道、船闸、升船机、航电枢纽、中西部内河港口建设等；支持保障系统建设支出，包括沿海和内河水域的海事、救助打捞、安全及应急通信、航道等；专项性支出，包括交通建设发展前期工作经费、日元还贷支出等；征管经费；支付船舶代理公司或货物承运人的港口建设费代征手续费；国务院批准的其他支出。地方分成的港口建设费主要用于辖区内港口公共基础设施以及航运支持保障系统的建设和维护。

海事管理机构委托船舶代理公司或货物承运人等单位代收港口建设费，可按其代收港口建设费的1%支付代征手续费。代征手续费列入交通运输部预算，由中央财政通过基金预算统筹安排。海事管理机构及其委托的代收单位不得在代收收入中直接提留代征手续费。

交通运输部应当按照规定编制年度中央港口建设费收支预决算，纳入其预决算并报财政部审批。有关城市人民政府交通运输（港口）管理部门应当按照规定编制年度地方港口建设费收支预决算，纳入同级交通运输（港口）管理部门预决算并报同级财政部门审批。

港口建设费的资金支付按照财政国库管理制度有关规定执行，并按规定填列《政府收支分类科目》相关科目。

船舶代理公司、货物承运人收到的港口建设费代征手续费，应当列入“营业外收入——其他收入”科目统一核算。

海事管理机构应当建立港口建设费统计报表制度，按月向上级海事管理机构报送，并于每月结束后的5个工作日内，抄送所在地财政部驻各省、自治区、直辖市及计划单列市财政监察专员办事处和同级财政部门。

3. 监督管理

财政部负责对港口建设费的征收使用情况进行监督检查。

财政部、交通运输部、地方财政部门按照职责分工，依法对港口建设费的征收、监缴以及使用情况实施日常监督检查，中国人民银行分支机构按照《中华人民共和国国家金库条例》及其实施细则等规定，对商业银行办理港口建设费的收纳、解缴入库等业务情况实施日常监督检查。任何单位或者个人不得拒绝、妨碍或者阻挠。有关单位或者个人应当接受依法实施的监督检查，并为其提供方便。

海事管理机构应严格按照中央预算单位银行账户管理等相关规定，加强账户和资金管理，不得坐收坐支、截留、挪用港口建设费。

缴费人违反规定不缴或者少缴港口建设费的，地方财政部门、海事管理机构应对相关责任单位和责任人按照《财政违法行为处罚处分条例》及有关法律法规予以处理。

船舶代理公司、货物承运人违反规定没有足额代收、及时解缴港口建设费的，财政部和地方财政部门、海事管理机构应责令其限期改正；情节严重的，应采取有效措施责令船舶代理公司、货物承运人予以追缴，并按日加收应缴未缴金额万分之五的滞纳金，随同港口建设费按规定的比例分别上缴中央和地方国库。

海事管理机构违反规定不征、少征港口建设费，或未按规定将港口建设费收入及时足额缴入相应级次国库的，财政部、交通运输部应责令其限期改正，情节严重的，应对相关责任单位和责任人按照《财政违法行为处罚处分条例》及有关法规予以处理。

有关单位违反规定不使用财政部统一监制的政府性基金票据，由财政部责令其限期改正，并对相关责任单位和责任人按照《财政违法行为处罚处分条例》及有关法规予以处理。有关单位违反规定截留、挤占、挪用等未按规定使用港口建设费的行为，财政部、地方财政部门按照《财政违法行为处罚处分条例》及有关法规对相关责任单位和责任人予以处理。

## 二、国家重大水利工程建设基金

国家重大水利工程建设基金（简称重大水利基金）是国家为支持南水北调工程建设、解决三峡工程后续问题以及加强中西部地区重大水利工程建设而设立的政府性基金。

### （一）重大水利基金历史沿革

1992 年，全国人民代表大会通过兴建三峡工程议案后，国务院决定全国（西藏、贫困地区的农业排灌用电、县及县以下的孤立电网除外）用电加价 0.3 分钱/千瓦时，与葛洲坝电厂上交的利润一并作为三峡工程建设基金，专项用于三峡工程建设。1994 年，三峡工程建设基金按照每千瓦时 0.4 分钱的标准征收。1996 年 2 月 1 日起，在三峡工程直接受益地区和经济发达地区的 16 个省、直辖市每千瓦时提高到 0.7 分钱。2009 年 8 月，三峡工程竣工。2009 年 12 月 3 日，财政部、国家发展改革委、水利部发布经国务院同意的《国家重大水利工程建设基金征收使用管理暂行办法》（财综〔2009〕30 号）规定："三峡工程建设基金向重大水利基金平稳过渡，保持三峡工程建设基金现行征收政策基本不变"，重大水利基金从 2010 年 1 月 1 日起开始征收，至 2019 年 12 月 31 日止。

2017 年，财政部下发《关于降低国家重大水利工程建设基金和大中型水库移民后期扶持基金征收标准的通知》（财税〔2017〕51 号），决定自 2017 年 7 月 1 日起，将国家重大水利工程建设基金的征收标准降低 25%。2018 年，下发《关于降低部分政府性基金征收标准的通知》（财税〔2018〕39 号），决定自 2018 年 7 月 1 日起，将国家重大水利工程建设基金征收标准，在 2017 年降低 25% 的基础上，再统一降低 25%。财政部 2019 年 4 月 22 日发布《关于调整部分政府性基金有关政策的通知》（财税〔2019〕46 号）：自 2019 年 7 月 1 日起，将国家重大水利工程建设基金征收标准降低 50%。

### （二）重大水利基金基本规定

1. 征收管理

（1）征收标准。

重大水利基金在除西藏自治区以外的全国范围内筹集，按照各省、自治区、直辖市扣除国家扶贫开发工作重点县农业排灌用电后的全部销售电量和规定征收标准计征。各省、自治区、直辖市全部销售电量包括省级电网企业销售给电力用户的电量、省级电网企业扣除合理线损后的趸售电量（即实际销售给转供单位的电量）、省级电网企业销售给子公司的电量和对境外销售电量、企业自备电厂自发自用电量、地方独立电网销售电量（不含省级电网企业销售给地方独立电网企业的电量）。跨省（自治区、直辖市）电力交易，计入受电省份销售电量。各省、自治区、直辖市重大水利基金的具体征收标准见表3－7。

表3－7　　国家重大水利工程建设基金征收标准　　单位：厘/千瓦时

| 省（区、市） | 征收标准 | 省（区、市） | 征收标准 | 省（区、市） | 征收标准 |
|---|---|---|---|---|---|
| 北京 | 1.96875 | 浙江 | 4.03875 | 海南 | 1.125 |
| 天津 | 1.96875 | 安徽 | 3.63375 | 重庆 | 1.96875 |
| 上海 | 3.915 | 福建 | 1.96875 | 四川 | 1.96875 |
| 河北 | 1.96875 | 江西 | 1.5525 | 贵州 | 1.125 |
| 山西 | 1.96875 | 山东 | 1.96875 | 云南 | 1.125 |
| 内蒙古 | 1.125 | 河南 | 3.189375 | 陕西 | 1.125 |
| 辽宁 | 1.125 | 湖北 | 0 | 甘肃 | 1.125 |
| 吉林 | 1.125 | 湖南 | 1.0546875 | 青海 | 1.125 |
| 黑龙江 | 1.125 | 广东 | 1.96875 | 宁夏 | 1.125 |
| 江苏 | 4.1934375 | 广西 | 1.125 | 新疆 | 1.125 |

资料来源：《财政部关于调整部分政府性基金有关政策的通知》（财税〔2019〕46号）。

国家重大水利工程建设基金征收至2025年12月31日。自2020年1月1日起，缴入中央国库的国家重大水利工程建设基金，根据国务院批复的相关规划，统筹用于南水北调工程和三峡后续工作等。具体资金分配根据基金年度实际征收情况，以及国务院批复的南水北调工程和三峡后续工作相关规划的资金落实情况等统筹安排。

（2）征收方式。

除企业自备电厂自发自用电量和地方独立电网销售电量外，重大水利基金由省级电网企业在向电力用户收取电费时一并代征。北京、天津、河北、河南、山东、江苏、上海、浙江、安徽、江西、湖北、湖南、广东、重庆14个南水北调和三峡工程直接受益省份（以下简称14个省份）电网企业代征的重大水利基金，自2019年1月1日起划转至税务部门征收，并全额上缴中央国库。山西、内蒙古、辽宁、吉林、黑龙江、福建、广西、海南、四川、贵州、云南、陕西、甘肃、青海、宁夏、新疆16个南水北调和三峡工程非直接受益省份（以下简称16个省份）电网企业代征的重大水利基金，自2020年起，划转至税务部门征收，并全额上缴省级国库。

对企业自备电厂自发自用电量和地方独立电网销售电量应缴纳的重大水利基金，按照管理办法划分的省份原分别由驻当地专员办和省级财政部门直接征收，并分别缴入中央和省级国库。目前，已划转至税务部门征收。

缴费人采用自行申报方式办理重大水利基金申报缴纳等有关事项，相关电网企业按照现行规定进行代征，并向税务部门申报缴纳。

（3）核算规定。

重大水利基金收入列政府收支分类科目第103类第01款第58项“国家重大水利工程建设基金收入”。其中：对14个省份征收的重大水利基金分别记入“国家重大水利工程建设基金收入”项下第01目“南水北调工程建设资金”和第02目“三峡工程后续工作资金”；16个省份征收的重大水利基金记入“国家重大水利工程建设基金收入”项下第03目“省级重大水利工程建设资金”。

省级电网企业应将代征的重大水利基金与其正常业务收入分账核算。省级电网企业、拥有自备电厂企业和地方独立电网企业应及时足额上缴重大水利基金，不得拖延缴纳，如逾期不缴纳的，应责令其限期缴纳，并从滞纳之日起按日加收滞纳部分2‰的滞纳金。滞纳金纳入本金一并核算。

未经国务院批准，任何地方、部门和单位均不得擅自减免重大水利基金，不得调整基金征收范围和征收标准。

对重大水利基金征收增值税而减少的收入，由财政预算安排相应资金予以弥补，并记入“国家重大水利工程建设基金收入”科目核算。

2. 使用管理

重大水利基金按下列规定进行分配和使用：14个省份缴入中央国库的重大水利基金，纳入中央财政预算管理，由中央财政安排用于南水北调工程建设、三峡工程后续工作和支付三峡工程公益性资产运行维护费用、支付重大水利基金代征手续费。其中：南水北调工程建设与三峡工程后续工作之间的分配比例另行规定。16个省份缴入省级国库的重大水利基金，纳入省级财政预算管理，专项用于本地重大水利工程建设。

用于南水北调工程建设的重大水利基金，由南水北调工程项目法人根据工程建设进度提出年度投资建议，报国务院南水北调办审查，并由国务院南水北调办报国家发展改革委审核后，纳入国家固定资产投资计划。同时，国务院南水北调办要编制重大水利基金年度支出预算，报财政部审核。财政部根据批准的年度投资计划、基金收支预算和基金实际征收入库情况安排资金。

重大水利基金用于南水北调工程建设，暂作为中央资本金管理。

用于三峡工程后续工作的重大水利基金，按照经国务院批准的《三峡工程后续工作规划》要求安排使用。

缴入中央国库的重大水利基金在满足南水北调工程建设和三峡工程后续工作需要后的结余资金，由财政部会同国家发展改革委、水利部提出分配和使用意见，报国务院确定。缴入省级国库的重大水利基金，由省级发展改革部门纳入固定资产投资计划统筹安排，并由省级财政部门编制年度基金收支预算。省级财政部门根据批准的年度投资计划、基金收支预算和基金实际征收入库情况安排资金。16 个省份要将重大水利基金年度收支情况报财政部、国家发展改革委、水利部备案。

14 个省份省级电网企业代征重大水利基金，由中央财政按代征额的 2‰ 付给代征手续费，代征手续费从重大水利基金支出预算中安排，分别支付给国家电网公司和中国南方电网有限责任公司，具体支付方式按照财政部有关规定执行。代征电网企业不得从代征收入中直接提留代征手续费。16 个省份省级电网企业代征重大水利基金，由省级财政从本级重大水利基金支出预算中付给代征手续费，具体办法由省级财政部门规定。

重大水利基金应严格按规定安排使用，实行专款专用，年终结余结转下年度继续使用。重大水利基金的资金支付按照财政国库管理制度有关规定执行。

重大水利基金支出在政府收支分类科目中列第 213 类第 04 款第 70 项“国家重大水利工程建设基金支出（南水北调工程建设）”、第 71 项“国家重大水利工程建设基金支出（三峡工程后续工作）”、第 72 项“国家重大水利工程建设基金支出（地方重大水利工程建设）”。

3. 监督管理

各级财政、税务、发展改革、水利、审计、监察部门应按照职责分工，加强对重大水利基金征收、拨付、使用和管理情况的监督检查，确保基金按规定征缴和使用。

对违反规定，多征、减征、缓征、停征，或者侵占、截留、挪用重大水利基金的单位及责任人，依照《财政违法行为处罚处分条例》和《违反行政事业性收费和罚没收入收支两条线管理规定行政处分暂行规定》进行处罚或行政处分，构成犯罪的，依法追究刑事责任。

## 三、水利建设基金

水利建设基金是用于水利建设的专项资金，由中央水利建设基金和地方水利建设基金组成。中央水利建设基金主要用于关系国民经济和社会发展全局的大江大河重点工程的维护和建设。地方水利建设基金主要用于城市防洪及中小河流、湖泊的治理、维护和建设。跨流域、跨省（自治区、直辖市）的重大水利建设工程和跨国河流、国界河流我方重点防护工程的治理费用由中央和地方共同负担。

### （一）水利建设基金历史沿革

从1980年开始，我国逐步实行中央、地方两级财政体制。对于水利行业而言，过去以中央为主的水利投资体制逐渐改变，过去由中央承担的大部分水利建设项目逐渐划归地方承担。1990～2000年，水利基本建设被进一步确定为国民经济的基础设施和基础产业。国家为了鼓励多方参与水利建设的投资，国务院于1997年颁布了《水利产业政策》（国发〔1997〕35号）。同年，还出台了《水利建设基金筹集和使用管理暂行办法》（国发〔1997〕7号）。

为加快水利建设步伐，提高防洪减灾和水资源配置能力，缓解水资源供需矛盾，促进经济社会可持续发展，根据国务院关于充实完善水利建设基金的要求，财政部、国家发展改革委及水利部联合印发《水利建设基金筹集和使用管理办法》（财综〔2011〕2号），进一步规范了水利建设基金的征收和使用。本办法自2011年1月1日起实行，到2020年12月31日止。

为进一步加大对小微企业的扶持力度，经国务院批准，自2015年1月1日起至2017年12月31日，对按月纳税的月销售额或营业额不超过3万元（含3万元），以及按季纳税的季度销售额或营业额不超过9万元（含9万元）的缴纳义务人，免征水利建设基金。自2016年2月1日起将免征水利建设基金的范围，扩大到按月纳税的月销售额或营业额不超过10万元（按季度纳税的季度销售额或营业额不超过30万元）的缴纳义务人。

自2020年起，向企事业单位和个体经营者征收的水利建设基金，划转至税务部门征收。

### （二）水利建设基金基本规定

1. 征收管理

中央水利建设基金的来源包括：从车辆购置税收入中定额提取；从铁路建设基金、港口建设费收入中提取3%；经国务院批准的其他可用于水利建设基金的资金。地方水利建设基金的来源包括：从地方收取的政府性基金和行政事业性收费收入中提取3%（应提取水利建设基金的地方政府性基金和行政事业性收费项目包括：车辆通行费、城市基础设施配套费、征地管理费，以及省、自治区、直辖市人民政府确定的政府性基金和行政事业性收费项目）；经财政部批准，各省、自治区、直辖市向企事业单位和个体经营者征收的水利建设基金；地方人民政府按规定从中央对地方成品油价格和税费改革转移支付资金中足额安排资金，划入水利建设基金；有重点防洪任务和水资源严重短缺的城市要从征收的城市维护建设税中划出不少于15%的资金，用于城市防洪和水源工程建设，具体比例由省、自治区、直辖市人民政府确定。有重点防洪任务的城市包括：北京、天津、沈阳、盘锦、长春、吉林、哈尔滨、齐齐哈尔、佳木斯、郑州、开封、济南、合肥、芜湖、安庆、淮南、蚌埠、上海、南京、武汉、黄石、荆州、南昌、九江、长沙、岳阳、成都、广州、南宁、梧州、柳州市，以及省、自治区、直辖市人民政府确定的有重点防洪任务的其他城市。水资源严重短缺的城市，由省、自治区、直辖市人民政府确定。

中央水利建设基金的提取办法按照财政部有关规定执行。地方水利建设基金提取和划转办法按照省、自治区、直辖市人民政府的规定执行。

2. 使用管理

水利建设基金按下列规定安排使用：

（1）中央水利建设基金专项用于：关系经济社会发展全局的防洪和水资源配置工程建设及其他经国务院批准的水利工程建设；中央水利工程维修养护；防汛应急度汛。资金使用结构为：55%用于水利工程建设；30%用于水利工程维修养护；15%用于应急度汛，各部分资金结余可统筹安排使用。

（2）地方水利建设基金专项用于：大江大河主要支流、中小河流、湖泊治理；病险水库除险加固；城市防洪设施建设；地方水资源配置工程建设；地方重点水土流失防治工程建设；农村饮水和灌区节水改造工程建设；地方水利工程维修养护和更新改造；防汛应急度汛；其他经省级人民政府批准的水利工程项目。

水利建设基金收支纳入政府性基金预算管理，实行专款专用，年终结余结转下年度安排使用。

各级水行政主管部门根据水利建设规划，编制年度水利建设基金支出预算，经同级财政部门审核后，纳入政府性基金预算。财政部门根据批准的水利建设基金预算和基金实际征收入库情况拨付资金。其中，水利建设基金用于固定资产投资项目，要纳入固定资产投资计划。

各级水行政主管部门根据年度水利建设基金预算执行情况，编制水利建设基金决算，报同级财政部门审核。

3. 监督检查

任何部门和单位不得多征、减征、缓征、停征，或者侵占、截留、挪用水利建设基金。各级财政、税务、发展改革、审计部门要加强对水利建设基金筹集、拨付和使用情况的监督检查，违反规定的要严肃处理。

## 四、农网还贷资金

农网还贷资金是对农网改造贷款“一省多贷”的省、自治区、直辖市（指该省市区的农网改造工程贷款由多个电力企业承贷）电力用户征收的政府性基金，专项用于农村电网建设与改造升级工程贷款的还本付息。

### （一）农网还贷资金历史沿革

农网还贷资金的前身是电力建设基金。为了解决全国严重缺电和电力建设资金不足的问题，《国务院批转国家计委关于征收电力建设资金的暂行规定的通知》（国发〔1987〕111 号）在 1987 年 12 月 21 日由国务院颁布。决定在全国所有省、自治区、直辖市对所有企业（包括外资企业和中外合资企业）用电，征收电力建设资金，作为地方电力基本建设的专项资金。征收标准为每度用电量 2 分钱。对农业排灌用电、民用照明及生活用电，由财政拨给经费的行政、事业单位等非企业用电，不征收电力建设资金。自 1988 年 1 月 1 日起至 1995 年 12 月 31 日止执行。

为了贯彻落实国务院关于在“九五”期间继续征收电力建设基金的决定，做好“九五”期间电力建设基金征收使用监督管理工作，财政部、电力工业部制定了《电力建设基金征收使用监督管理办法》（财工字〔1996〕134 号），自1996年1月1日起至2000年12月31日止执行。

农村电网建设与改造工程是新中国成立以来农电发展史上投入最大、建设与改造范围最广的跨世纪工程。为解决农村水电建设资金不足的问题，经国务院批准，2001年，《国家计委　财政部关于农村电网改造还贷有关问题的通知》（计价格〔2001〕2466号）规定，农村电网改造贷款本息原则上在本省（区、市）全部售电量上均摊加价偿还。从2001年1月1日起，将征收的“两分钱”电力建设基金取消后并入电价收取，用于解决农村电网改造还贷问题，不足部分通过承贷主体的综合收益或今后视情况通过电价逐步解决。取消两分钱电力建设基金腾出的电价空间用于农网改造还贷，这是对农村电网建设与改造工作的重要政策支持。

### （二）农网还贷资金基本规定

1. 征收管理

农网还贷资金是对农网改造贷款“一省多贷”的省、自治区、直辖市（指农网改造工程贷款由多个电力企业承贷的山西、吉林、湖南、湖北、广东、广西、四川、重庆、云南、陕西等省、自治区、直辖市）电力用户征收的政府性基金，专项用于农村电网改造贷款还本付息。

农网还贷资金按社会用电量每度电2分钱标准，并入电价收取。

农网还贷资金减免范围包括：农业排灌、抗灾救灾及氮肥、磷肥、钾肥和原化工部颁发生产许可证的复合肥生产用电免征农网还贷资金；自备电厂自用电量免征农网还贷资金；国有重点煤炭企业生产用电、核工业铀扩散厂和堆化工厂生产用电农网还贷资金暂按每千瓦时用电量三厘钱标准征收。

农网还贷资金由电网经营企业在向用户收取电费时一并收取，并在电费收款凭证中注明农网还贷资金的征收电量、征收标准和征收金额。除规定的减免用量外，电力用户必须及时足额交纳农网还贷资金。

征收农网还贷资金必须按照《中华人民共和国增值税暂行条例》及其他有关规定缴纳增值税和流转环节的其他税费，按规定纳入预算管理后免征企业所得税。

征收农网还贷资金的电网经营企业，可按年征收额的2‰提取手续费，并记入企业的“应付工资”科目。

根据《国家税务总局关于国家重大水利工程建设基金等政府非税收入项目征管职责划转有关事项的公告》（国家税务总局公告2018年第63号）规

定，自 2019 年 1 月 1 日起，农网还贷资金划转至税务部门征收。

2. 使用管理

农网还贷资金使用单位必须按规定编制农网还贷资金使用预算，分别报财政部和省级财政部门。其中，中央单位报财政部审批，地方单位报省级财政部门审批。

对经批准的农网还贷资金使用预算，由财政部和省级财政部门根据农网还贷资金缴库进度办理拨款手续。

中央单位向财政部提出拨款申请，由财政部拨款，原则上每月拨付一次。

缴入地方省级国库的农网还贷资金由有关省、自治区、直辖市财政厅（局）比照缴入中央国库的农网还贷资金拨付原则制定具体办法，报财政部备案。

拨付的农网还贷资金暂时分别列入基金预算支出科目第 800101 项“中央电力建设基金支出”、第 800102 项“地方电力建设基金支出”。

3. 监督管理

农网还贷资金征收使用应接受财政、税务、审计等部门的监督。有关企业必须严格按照国家规定征收农网还贷资金，不得擅自调整征收范围和标准。使用单位应严格按批准的预算和财政部门核拨的资金及规定用途安排使用农网还贷资金。

## 五、教育费附加

教育费附加是国家为扶持教育事业发展，计征用于教育的政府性基金。《中华人民共和国教育法》（以下简称《教育法》）第五十八条指出，税务机关依法足额征收教育费附加，由教育行政部门统筹管理，主要用于实施义务教育。

### （一）教育费附加历史沿革

1984 年，国务院颁布了《关于筹措农村学校办学经费的通知》（国发〔1984〕174 号），开征了农村教育事业经费附加。1985 年，中共中央作出了《关于教育体制改革的决定》，指出国家增拨教育经费的同时，开辟多种渠道筹措经费。为此，1986 年 4 月 28 日，国务院颁布《征收教育费附加的暂行规定》（国发〔1986〕50 号），从 1986 年 7 月起，以各单位和个人实际缴纳的增值税、营业税、消费税总额的2%计征。2005年,《国务院关于修改〈征收教育费附加的暂行规定〉的决定》(国务院令第448号)规定从2005年10起,教育费附加率提高为3%,分别与增值税、营业税、消费税同时缴纳。教育附加费作为专项收入,由教育部门统筹安排使用。根据2011年1月8日发布的《国务院关于废止和修改部分行政法规的决定》(国务院令第588号),国务院对《征收教育费附加的暂行规定》进行了第三次修订。此外,一些地方政府为发展地方教育事业,还根据《教育法》的规定,开征了“地方教育附加费”。

### (二)教育费附加基本规定

1. 征收管理

凡缴纳增值税、消费税、营业税的单位和个人,均为教育费附加的纳费义务人。凡代征增值税、消费税、营业税的单位和个人,亦为代征教育费附加的义务人。农业、乡镇企业,由乡镇人民政府征收农村教育事业附加,不再征收教育费附加。《国务院关于统一内外资企业和个人城市维护建设税和教育费附加制度的通知》(国发〔2010〕35号)和《财政部 国家税务总局关于对外资企业征收城市维护建设税和教育费附加有关问题的通知》(财税〔2010〕103号)明确了外商投资企业、外国企业和外籍人员适用于现行有效的城市维护建设税和教育费附加政策规定,凡是缴纳增值税、消费税和营业税的外商投资企业、外国企业和外籍人员纳税人均需按规定缴纳城市维护建设税和教育费附加。

教育费附加,以各单位和个人实际缴纳的增值税、营业税、消费税的税额为计征依据,教育费附加率为3%,分别与增值税、营业税、消费税同时缴纳。除国务院另有规定者外,任何地区、部门不得擅自提高或者降低教育费附加率。

海关进口产品征收的增值税、消费税、不征收教育费附加。月销售额或营业额不超过10万元(按季度纳税的季度销售额或营业额不超过30万元)的缴纳义务人自2016年2月1日起免征教育费附加。根据《关于实施小微企业普惠性税收减免政策的通知》(财税〔2019〕13号)文件规定:由省、自治区、直辖市人民政府根据本地区实际情况,以及宏观调控需要确定,对增值税小规模纳税人可以在50%的税额幅度内减征教育费附加。

企业缴纳的教育费附加,一律在销售收入(或营业收入)中支付。

教育费附加由税务机关负责征收,教育费附加的征收管理,按照消费税、增值税、营业税的有关规定办理。

依照现行有关规定，除铁道系统、中国人民银行总行、各专业银行总行、保险总公司的教育费附加随同营业税上缴中央财政外，其余单位和个人的教育费附加，均就地上缴地方财政。

2. 使用管理

教育费附加纳入预算管理，作为教育专项资金，根据“先收后支、列收列支、收支平衡”的原则使用和管理。地方各级人民政府应当依照国家有关规定，使预算内教育事业费逐步增长，不得因教育费附加纳入预算专项资金管理而抵顶教育事业费拨款。

铁道系统、中国人民银行总行、各专业银行总行、保险总公司随同营业税上缴的教育费附加，由国家教育委员会按年度提出分配方案，商财政部同意后，用于基础教育的薄弱环节。

地方各级教育部门每年定期向当地人民政府、上级主管部门和财政部门，报告教育费附加的收支情况。

凡办有职工子弟学校的单位，应当先按规定缴纳教育费附加；教育部门可根据它们办学的情况酌情返还给办学单位，作为对所办学校经费的补贴。办学单位不得借口缴纳教育费附加而撤并学校，或者缩小办学规模。

3. 监督管理

征收教育费附加以后，地方各级教育部门和学校，不准以任何名目向学生家长和单位集资，或者变相集资，不准以任何借口不让学生入学。对违反规定者，其上级教育部门要予以制止，直接责任人员要给予行政处分。单位和个人有权拒缴。

## 六、文化事业建设费

文化事业建设费是国家为促进文化事业发展而设立的政府性基金。

### （一）文化事业建设费历史沿革

为切实加强社会主义精神文明建设、促进文化事业健康发展，国务院决定进一步完善文化经济政策，在加大各级财政对文化事业投入力度的同时，拓宽文化事业资金投入渠道，逐步形成适应社会主义市场经济要求的筹资机制和多渠道投入体制。《国务院关于进一步完善文化经济政策的若干规定》

（国发〔1996〕37号）规定，从1997年1月16日起，在全国范围内开征文化事业建设费。各种营业性的歌厅、舞厅、卡拉OK歌舞厅、音乐茶座和高尔夫球、台球、保龄球等娱乐场所，按营业收入的3%缴纳文化事业建设费。广播电台、电视台和报纸、刊物等广告媒介单位以及户外广告经营单位，按经营收入的3%缴纳文化事业建设费。《国务院关于支持文化事业发展若干经济政策的通知》（国发〔2000〕41号）以及《国务院办公厅转发的财政部、中宣部关于进一步支持文化事业发展若干经济政策的通知》（国办发〔2006〕43号），均再次重申上述规定。《国务院关于推进文化创意和设计服务与相关产业融合发展的若干意见》（国发〔2014〕10号）出台，规定“广告领域文化事业建设费征收范围严格限定在广告媒介单位和户外广告经营单位”。广告业文化事业建设费征收范围明显收窄。

财税部门从规范文化事业建设费的征收管理出发，陆续下发了不少文件，至今仍适用的主要有三个。一是《财政部 国家税务总局关于印发〈文化事业建设费征收管理暂行办法〉的通知》（财税字〔1997〕95号）。这是文化事业建设费的基础性文件，规定缴纳广告业营业税的单位和个人，为文化事业建设费的缴纳义务人。文化事业建设费按缴费人应当缴纳广告业营业税的营业额和规定的费率计算。二是《国家税务总局关于广告代理业征收文化事业建设费问题的批复》（国税函〔1999〕353号）。规定将广告代理业务纳入文化事业建设费征收范围。三是《财政部 国家税务总局关于营业税改征增值税试点有关文化事业建设费征收管理问题的通知》（财综〔2013〕88号）。该通知对“营改增”后文化事业建设费上位法缺失作出补充，规定在中华人民共和国境内提供广告服务的单位和个人，应缴纳文化事业建设费。

### （二）文化事业建设费基本规定

1. 征收管理

在中华人民共和国境内提供娱乐服务的单位和个人、提供广告服务的广告媒介单位和户外广告经营单位，应按照规定缴纳文化事业建设费。

缴纳义务人应按照提供娱乐服务和广告服务取得的计费销售额和3%的费率计算应缴费额，计算公式为：应缴费额＝计费销售额×3%。广告服务计费销售额，为缴纳义务人提供广告服务取得的全部含税价款和价外费用，减除支付给其他广告公司或广告发布者的含税广告发布费后的余额。缴纳义务人减除价款的，应当取得增值税专用发票或国家税务总局规定的其他合法有效凭证，否则，不得减除。娱乐服务计费销售额，为缴纳义务人提供娱乐服务取得的全部含税价款和价外费用。

文化事业建设费的缴纳义务发生时间和缴纳地点，与缴纳义务人的增值税纳税义务发生时间和纳税地点相同。文化事业建设费的缴纳期限与缴纳义务人的增值税纳税期限相同。

中华人民共和国境外的广告媒介单位和户外广告经营单位在境内提供广告服务，在境内未设有经营机构的，以广告服务接受方为文化事业建设费的扣缴义务人。应扣缴费额 = 支付的广告服务含税价款 × 费率。文化事业建设费的扣缴义务发生时间，为缴纳义务人的增值税纳税义务发生时间。文化事业建设费的扣缴义务人应当向其机构所在地或者居住地主管税务机关申报缴纳其扣缴的文化事业建设费。文化事业建设费扣缴义务人解缴税款的期限与缴纳义务人的增值税纳税期限相同。

文化事业费相关减免优惠政策：增值税小规模纳税人中月销售额不超过 2 万元（按季纳税 6 万元）的企业和非企业性单位提供的应税服务，免征文化事业建设费（财税〔2016〕25 号文件）；自 2015 年 1 月 1 日起至 2017 年 12 月 31 日，对按月纳税的月销售额不超过 3 万元（含 3 万元），以及按季纳税的季度销售额不超过 9 万元（含 9 万元）的缴纳义务人，免征文化事业建设费（财税〔2014〕122 号文件、财税〔2016〕25 号文件）；未达到增值税起征点的缴纳义务人，免征文化事业建设费（财税〔2016〕60 号文件第 3 条）。

《财政部关于调整部分政府性基金有关政策的通知》（财税〔2019〕46 号）第一条规定：自 2019 年 7 月 1 日至 2024 年 12 月 31 日，对归属中央收入的文化事业建设费，按照缴纳义务人应缴费额的 50% 减征；对归属地方收入的文化事业建设费，各省（区、市）财政、党委宣传部门可以结合当地经济发展水平、宣传思想文化事业发展等因素，在应缴费额 50% 的幅度内减征。各省（区、市）财政、党委宣传部门应当将本地区制定的减征政策文件抄送财政部、中共中央宣传部。

2. 使用管理

中央级文化事业建设费由财政部会同中央精神文明建设指导委员会办公室（以下简称中央文明委办公室）管理。省级文化事业建设费由省级财政部门会同省级精神文明建设指导委员会办公室（以下简称省文明委办公室）管理。

文化事业建设费主要用于国家对社会主义精神文明建设，重点是思想道德和文化建设进行宏观调控等方面的开支。中央级文化事业建设费的具体支出范围包括：①重大活动经费。即用于举办有关社会主义思想道德建设和群众性精神文明创建活动的开支：由中央文明委负责组织的群众性精神文明创建活动评比表彰支出；由中央文明委负责组织的各类思想道德教育活动等所需支出；由中央文明委负责组织的大型综合文艺演出、庆典等活动的补助；由中央文明委责成或批准有关部门承办的思想道德和文化建设等活动的补助。②培训经费。即用于中央文明委负责组织或责成有关部门组织的宣传文化事业人才培训和教学设备等方面的补助。③优秀作品奖励经费。即由中央文明委组织的用于支持文学艺术、新闻出版、广播影视、哲学社会科学方面的优秀作品的创作和奖励。④中央级国家公益性文化事业单位维修购置补助经费。⑤中央级国家公益性文化事业单位的特殊需要。省级文化事业建设费的支出范围参照上述规定办理。

文化事业建设费不得用于下列各项开支：部门和单位人员支出、正常办公支出、行政后勤支出、职工福利支出；部门和单位的基本建设支出，特殊情况，报经中央文明委办公室、省文明委办公室审核批准后个案处理；宣传文化企业的支出；其他不属于文化事业建设费开支范围的支出。

文化事业建设费支出预算，根据“先收后支、收支平衡，专款专用，重点扶持”的原则编制和核定。①中央级文化事业建设费支出年度预算的编报和核定。由中央文明委办公室提出当年支出预算建议数和具体项目。财政部根据上年度文化事业建设费收入征缴入库数和当年预计征缴入库数核定年度支出预算。②中央级文化事业建设费支出预算的执行。财政部根据核定的支出预算和收入缴库情况按季将经费拨给中央文明委办公室。中央文明委责成或批准有关部门和单位承办的项目和活动，其经费由中央文明委办公室在财政部核定的年度预算指标之内拨付有关主管部门，同时抄送财政部。③省级文化事业建设费年度支出预算的编报、核定和执行办法参照前两款制定。

文化事业建设费收入年终入库数超过当年财政部门核定的文化事业建设费支出预算数时，超过的部分在核定的文化事业建设费支出预算数量，超过的部分在核定下年度文化事业建设费支出预算时予以安排；财政部门核定的文化事业建设费支出预算数，超过当年文化事业建设费收入年终入库数与上年结余数之和时，相应调减当年文化事业建设费支出预算。

决算的编报和核批：①中央文明委办公室于年度终了按照财政部有关规定编制年度文化事业建设费支出决算，并附文字说明，于下年度 3 月上旬报送财政部核批。②由中央文明委责成或批准各有关主管部门和单位承办的项目和活动所开支的文化事业建设费，分别由承办的主管部门编制文化事业建设费支出决算并附文字说明，于下年度2月上旬报中央文明委办公室审核汇总。③省文明委办公室按照同级财政部门的规定，将本省文化事业建设费支出年终决算报同级财政部门核批。④省文明委责成或批准各有关主管部门和单位承办事项开支的文化事业建设费，其决算编报按省级财政部门的规定执行。⑤省级财政部门要按照财政部有关规定将本地区文化事业建设费支出年终决算随地方文教事业费决算一并报送财政部审核、汇总。

中央文明委办公室及有关部门、省文明委办公室及有关部门的文化事业建设费年终结余，随决算报同级财政部门审定。①中央文明委办公室、省文明委办公室未完成事项的文化事业建设费结余，结转下年度继续使用；已完成事项的文化事业建设费结余，由同级财政部门在核定下年度文化事业建设费支出预算时安排使用。②有关部门未完成事项的文化事业建设费结余，结转下年度继续使用；已完成事项的文化事业建设费结余，分别缴回中央文明委办公室、省文明委办公室。

3. 监督管理

文化事业建设费的使用必须遵守国家财政、财务规章制度和财经纪律。必须接受财政、审计部门的指导、检查和监督。

财政部门应定期对文化事业建设费的使用情况进行检查。对于违反规定的，要按照《国务院关于违反财政法规处罚的暂行规定》予以处理。

## 七、国家电影事业发展专项资金

国家电影事业发展专项资金是国家为支持电影事业的发展而设立的政府性基金。

### （一）国家电影事业发展专项资金历史沿革

20世纪80年代后期，在电视普及、物价上涨等因素的冲击下，电影行业陷入大面积亏损的状态；全国经济形势不好，财政也比较困难，无力扶持，在这一背景下，广播电影电视部联合财政部等相关部门出台的《关于明确电影票价管理权限和建立国家电影事业发展专项资金的通知》（广发影字〔1991〕13号）指出："为使电影更好地为社会主义精神文明建设服务，增强电影制片、发行、放映企业的活力，解决电影经济的困难，从一九九一年一月一日起，自票价管理权限下放后，在适当调整票价的基础上，县和县以上的城市电影院（包括对外售票的影剧院、开放俱乐部等）从售出的每张电影票款中提取五分钱（对国务院确认的扶贫县暂提取二分钱），作为国家电影事业发展专项资金。基础票价偏低的可适当调高。”

2001 年，国务院颁布的《电影管理条例》（国务院令第 342 号）第四十八条规定：“国家建立电影事业发展专项资金，并采取其他优惠措施，支持电影事业的发展。电影事业发展专项资金缴纳单位应当按照国家有关规定履行缴纳义务。”

2016 年《电影产业促进法》颁布实施，该法第三十七条规定，国家引导相关文化产业专项资金、基金加大对电影产业的投入力度，根据不同阶段和时期电影产业的发展情况，结合财力状况和经济社会发展需要，综合考虑、统筹安排财政资金对电影产业的支持，并加强对相关资金、基金使用情况的审计。

### （二）国家电影事业发展专项资金基本规定

1. 管理机构

中央和省两级分别设立国家和省级电影专项资金管理委员会（以下简称管委会）。国家管委会由中央宣传部、财政部组成，负责研究提出电影专项资金管理政策和制度，提出电影专项资金使用方向、支持重点和对特殊贫困地区电影事业发展的扶持政策，审核中央分成的电影专项资金预决算，指导省级管委会相关工作，监督电影专项资金征缴和使用。

省级管委会由省级电影行政主管部门、财政部门组成，负责电影专项资金征缴管理，研究提出本地区电影专项资金管理政策和制度，提出本地区电影专项资金支持重点，审核省级分成的电影专项资金预决算。省级管委会人员组成报国家管委会备案。

国家和省级管委会办公室分别设在中央宣传部和省级电影行政主管部门。国家和省级管委会办公室应配备人员，具体负责电影专项资金征收、缴库、预决算编制、账务核算、票据使用、报表报送、电影票房收入监管、业务培训等工作。

电影专项资金的征收、使用和管理应当接受财政部门的监督检查和审计机关的审计监督。

2. 征收管理

办理工商注册登记的经营性电影放映单位，应当按其电影票房收入的5%缴纳电影专项资金。经营性电影放映单位包括对外营业出售电影票的影院、影城、影剧院、礼堂、开放俱乐部，以及环幕、穹幕、水幕、动感、立体、超大银幕等特殊形式电影院。经营性电影放映单位的电影票房收入按全国电影票务综合信息管理系统记录的数据核定。

电影专项资金由省级管委会办公室负责按月征收。经营性电影放映单位应当于每月8日前，向省级管委会办公室申报上月电影票房收入和应缴纳的电影专项资金，并按省级管委会办公室指定的账户足额上缴资金。省级管委会办公室应当对经营性电影放映单位上缴电影专项资金情况进行审核，发现申报不实、少缴纳资金的，应当要求经营性电影放映单位限期补缴。

省级管委会办公室征收电影专项资金时，应当使用省级财政部门统一印制的票据。

电影专项资金按照4∶6分别缴入中央和省级国库。应缴中央国库的资金，由各省级管委会办公室于每月20日前，缴入财政部为国家管委会开设的中央财政汇缴专户，并由财政部及时划转中央国库。应缴省级国库的资金，具体缴库办法按照省级财政部门的规定执行。各省级管委会要确保将中央分成的电影专项资金收入及时足额上缴中央国库，不得截留、占压或者拖延上缴。

经营性电影放映单位应当按全国电影票务综合信息管理系统的管理要求，及时、准确报送电影票房收入情况，并按规定如实申报缴纳电影专项资金。

省级管委会办公室应当核实各经营性电影放映单位全年电影票房收入，在次年2月底前完成对其全年应缴电影专项资金的汇算清缴工作，并向国家管委会办公室书面报告本地区全年电影专项资金征缴情况。

任何单位和个人均不得违反规定，擅自减免或缓征电影专项资金，不得自行改变电影专项资金的征收对象、范围和标准。

省级管委会办公室应当将电影专项资金的征收依据、征收主体、征收标准、征收程序、法律责任等进行公示。

3. 使用管理

电影专项资金使用范围包括：资助影院建设和设备更新改造；资助少数民族语电影译制；资助重点制片基地建设发展；奖励优秀国产影片制作、发行和放映；资助文化特色、艺术创新影片发行和放映；全国电影票务综合信息管理系统建设和维护；经财政部或省级财政部门批准用于电影事业发展的其他支出。

国家和省级管委会办公室开展电影专项资金征收管理工作所需经费，由中央和省级财政预算统筹安排。

电影专项资金纳入中央和省级政府性基金预决算管理。国家管委会办公室应按规定编制年度电影专项资金支出预算，经中宣部审核后报财政部，经财政部审核后，纳入中央政府性基金预算，并按程序报经批准后批复下达。国家管委会办公室应根据电影专项资金支出预算执行情况编制年度决算，经中宣部审核，并经财政部审核批准后，纳入中央政府性基金决算。省级管委会办公室应按规定编制年度电影专项资金支出预算，经省级电影行政主管部门审核后报省级财政部门，经省级财政部门审核后，纳入省级政府性基金预算，并按程序报经批准后批复下达。省级管委会办公室应根据电影专项资金支出预算执行情况编制年度决算，经省级电影行政主管部门审核，并经省级财政部门审核批准后，纳入省级政府性基金决算。

电影专项资金支付按照国库集中支付制度有关规定执行。国家和省级管委会办公室应当每年向社会公布电影专项资金支出情况，接受社会监督。

4. 监督管理

单位和个人违反规定，有下列情形之一的，依照《预算法》《财政违法行为处罚处分条例》《违反行政事业性收费和罚没收入收支两条线管理规定行政处分暂行规定》等国家有关规定进行处理；涉嫌犯罪的，依法移送司法机关处理：擅自减免电影专项资金或者改变电影专项资金征收范围、对象和标准的；隐瞒、坐支应当上缴的电影专项资金的；滞留、截留、挪用应当上缴的电影专项资金的；不按照规定的预算级次、预算科目将电影专项资金缴入国库的；违反规定扩大电影专项资金开支范围、提高开支标准的；其他违反国家财政收入管理规定的行为。

经营性电影放映单位不按规定及时足额缴纳电影专项资金的，取消对其安排电影专项资金奖励或资助。

对不及时足额上缴、不按规定使用电影专项资金的省（区、市），将视情况减少或停止对其安排中央电影专项资金补助。

电影专项资金征收、使用管理单位的工作人员违反规定，在电影专项资金征收和使用管理工作中徇私舞弊、玩忽职守、滥用职权的，依法给予处分；涉嫌犯罪的，依法移送司法机关处理。

## 八、森林植被恢复费

森林植被恢复费是国家为保护森林资源，促进林业可持续发展而设立的政府性基金。

### （一）森林植被恢复费历史沿革

推动林业发展，建设生态文明需要强有力的物质保障，森林植被恢复费是对征占用林地单位而收取的费用，是林业发展重要的资金来源。1992 年，国务院办公厅在转发《林业部　国家计委等有关部门关于进一步加强林地保护管理工作请示的通知》（国办发〔1992〕32 号）中作出明确规定，对征占用林地收取林地补偿费、林木补偿费、安置补助费和森林植被恢复费四项费用。根据《森林法》第十八条规定，进行勘查、开采矿藏和各项建设工程，应当不占或者少占林地；必须占用或者征用林地的，经县级以上人民政府林业主管部门审核同意后，依照有关土地管理的法律、行政法规办理建设用地审批手续，并由用地单位依照国务院有关规定缴纳森林植被恢复费。根据《中华人民共和国森林法实施条例》第十六条第一款规定，用地单位应当向县级以上人民政府林业主管部门提出用地申请，经审核同意后，按照国家规定的标准预交森林植被恢复费，领取使用林地审核同意书。

2002 年，《财政部　国家林业局关于印发〈森林植被恢复费征收使用管理暂行办法〉的通知》（财综〔2002〕73 号）更进一步明确了具体征收标准与使用管理、违规处理等办法。随着经济的发展，各项建设工程对占用征收林地需求不断增加，无序占用、粗放利用林地，减少的森林植被难以恢复以及收费低、地类和林种协调差异大等问题突出，为解决这些问题，财政部和国家林业局下发《关于调整森林植被恢复费征收标准引导节约集约利用林地的通知》（财税〔2015〕122 号），调整了全区森林植被恢复费征收标准。

### （二）森林植被恢复费基本规定

1. 征收管理

（1）缴纳人。

凡勘查、开采矿藏和修建道路、水利、电力、通信等各项建设工程需要占用、征用或者临时占用林地，经县级以上林业主管部门审核同意或批准的，用地单位应当按照规定向县级以上林业主管部门预缴森林植被恢复费。

县级以上林业主管部门按照下列规定预收森林植被恢复费：占用或者临时占用国务院确定的国家所有的重点林区（以下简称重点林区）林地的，由国务院林业主管部门或其委托的单位负责预收；占用或者征用除重点林区以外林地的，由省、自治区、直辖市林业主管部门负责预收；临时占用重点林区以外林地的，由县、地（州、市）、省（自治区、直辖市）林业主管部门按照《占用征用林地审核审批管理办法》（国家林业局令第2号）规定的审批权限负责预收。其中，属于国家林业和草原局审批的，由省、自治区、直辖市林业主管部门负责预收。

（2）征收标准。

制定森林植被恢复费征收标准应当遵循以下原则：合理引导节约集约利用林地，限制无序占用、粗放使用林地；反映不同类型林地生态和经济价值，合理补偿森林植被恢复成本；充分体现公益林、城市规划区林地的重要性和特殊性，突出加强公益林和城市规划区林地的保护；保障公共基础设施、公共事业和民生工程等建设项目使用林地，控制经营性建设项目使用林地；考虑不同地区经济社会发展水平、森林资源禀赋和恢复成本差异，适应各地植树造林、恢复森林植被工作需要；与经济社会发展相适应，考虑企业承受能力，并建立定期评估和调整机制；体现公平公正原则，对中央和地方企业不得实行歧视性征收标准。

森林植被恢复费征收标准应当按照恢复不少于被占用征收林地面积的森林植被所需要的调查规划设计、造林培育、保护管理等费用进行核定。具体征收标准如下：①郁闭度0.2以上的乔木林地（含采伐迹地、火烧迹地）、竹林地、苗圃地，每平方米不低于10元；灌木林地、疏林地、未成林造林地，每平方米不低于6元；宜林地，每平方米不低于3元。各省、自治区、直辖市财政、林业主管部门在上述下限标准基础上，结合本地实际情况，制定本省、自治区、直辖市具体征收标准。②国家和省级公益林林地，按照第①款规定征收标准2倍征收。③城市规划区的林地，按照第①、第②款规定征收标准2倍征收。④城市规划区外的林地，按占用征收林地建设项目性质实行不同征收标准。属于公共基础设施、公共事业和国防建设项目的，按照第①、第②款规定征收标准征收；属于经营性建设项目的，按照第①、第②款规定征收标准2倍征收。公共基础设施建设项目包括：公路、铁路、机场、港口码头、水利、电力、通信、能源基地、电网、油气管网等建设项目。公共事业建设项目包括：教育、科技、文化、卫生、体育、环境和资源保护、防灾减灾、文物保护、社会福利、市政公用等建设项目。经营性建设项目包括：商业、服务业、工矿业、仓储、城镇住宅、旅游开发、养殖、经营性墓地等建设项目。

（3）减免规定。

对农村居民按规定标准建设住宅，农村集体经济组织修建乡村道路、学校、幼儿园、敬老院、福利院、卫生院等社会公益项目以及保障性安居工程，免征森林植被恢复费。法律、法规规定减免森林植被恢复费的，从其规定。

（4）其他规定。

县级以上林业主管部门收取森林植被恢复费，按照财务隶属关系使用财政部和省、自治区、直辖市财政部门统一印制的政府性基金票据。

县级以上林业主管部门收取的森林植被恢复费，按照预算收入级次上缴国库。国务院林业主管部门及其委托单位收取的森林植被恢复费，全额缴入中央国库。省、自治区、直辖市以下各级林业主管部门收取的森林植被恢复费，全额缴入同级地方国库。

森林植被恢复费实行就地缴库办法。县级以上林业主管部门收取森林植被恢复费后，自取得收入之日起 3 日内就地缴入同级国库。

县级以上林业主管部门在办理缴库手续时，应填制一般缴款书，并填列“基金预算收入”科目中第 84 类“农业部门基金收入”第 8409 款“森林植被恢复费收入”。国务院林业主管部门及其委托单位在缴款书的“收款单位”栏填写“财政部”，“预算级次”栏填写“中央级”；省、自治区、直辖市以下林业主管部门按同级财政部门的有关规定填写。

占用、征用或者临时占用林地未被批准，有关林业主管部门需要将预收的森林植被恢复费退还用地单位时，应当由有关林业主管部门汇总实际发生的退还金额，并附有关证明材料，按照财政部规定的退库项目，向同级财政部门申请办理森林植被恢复费退库手续。

2. 使用管理

森林植被恢复费实行专款专用，专项用于林业主管部门组织的植树造林、恢复森林植被，包括调查规划设计、整地、造林、抚育、护林防火、病虫害防治、资源管护等开支，不得平调、截留或挪作他用。

国务院林业主管部门及其委托单位收取的森林植被恢复费，纳入中央财政预算管理。其中：占用或者临时占用大兴安岭林业集团管理的林地收取的森林植被恢复费，列入中央本级支出预算，用于大兴安岭林区植树造林、恢复森林植被；占用或者临时占用内蒙古、吉林、黑龙江森工集团管理的林地收取的森林植被恢复费，列入中央补助地方专款预算，用于有关森工集团管理林区范围内的植树造林、恢复森林植被。

省、自治区、直辖市林业主管部门收取的森林植被恢复费，纳入省级财政预算管理。其中：省、自治区集中用于全省（自治区）范围内异地植树造林、恢复森林植被的比例不得高于20%；通过省、自治区财政专项转移支付返还被占用或征用林地所在地县、地（州、市）级财政，用于植树造林、恢复森林植被的比例不得低于80%。直辖市集中用于全市范围内异地植树造林、恢复森林植被的比例可高于20%。具体比例由各省、自治区、直辖市财政部门商林业主管部门制定。

县、地（州、市）级林业主管部门收取的森林植被恢复费，纳入同级财政预算管理，全部用于本区域范围内的植树造林、恢复森林植被。

县级以上林业主管部门应当按照规定编制森林植被恢复费收支预决算报同级财政部门审核，并按照批准的预算以及财政部门核拨的资金安排使用。

森林植被恢复费支出时，填列“基金预算支出”科目中的第84类“农业部门基金支出”第8409款“森林植被恢复费支出”。

3. 监督管理

占用或者临时占用林地的单位和个人不按照规定缴纳森林植被恢复费；县级以上林业主管部门违反规定，多收、减收、免收、缓收，或者隐瞒、截留、挪用、坐收坐支森林植被恢复费，由上级或同级财政部门会同有关部门责令改正，并按照《国务院关于违反财政法规处罚的暂行规定》（国发〔1987〕58号）等有关法律、行政法规的规定进行处罚。

对上述违反规定行为中涉及有关部门或单位直接负责的主管人员和其他直接责任人员，按照《违反行政事业性收费和罚没收入收支两条线管理规定行政处分暂行规定》，给予行政处分；构成犯罪的，移交司法机关依法追究其刑事责任。

## 第三节 地方政府性基金

目前，缴入地方国库的政府性基金包括：高等级公路车辆通行附加费（海南）、城市基础设施配套费、地方教育附加、地方水库移民扶持基金、残疾人就业保障金共五项。

### 一、高等级公路车辆通行附加费（海南）

高等级公路车辆通行附加费是只在海南省征收的为促进高等级公路发展建设的政府性基金。

#### （一）高等级公路车辆通行附加费历史沿革

海南是一个岛屿省份，由于受到地理环境的影响，省内的交通运输以公路为主。1988年建省初期，海南省公路的等级低，存在诸多弊病，如路况差、危桥多、混合交通严重、车辆拥挤以及通行能力不足等。但是，机动车的保有量却以每年约20%的速度增长，使得本来就拥挤的公路不堪重负。为加强公路建设养护，从源头上解决公路“三乱”问题，保障公路畅通，改革公路规费征收管理体制势在必行。因此，海南省率先进行了燃油附加费改革。根据海南省政府颁布的《海南经济特区机动车辆燃油附加费征收管理办法》（海南省人民政府令第39号），从1994年1月1日起，海南实行了公路规费征收模式改革，将原来的公路养路费、过路费、过桥费和公路运输管理费“四费合一”，统一收取为燃油附加费，并取消所有公路收费站。燃油附加费改革15年来，通过对“油”征费，体现了“多用油者多负担”的原则，使海南成为全国唯一没有公路收费站卡的省份。1996年8月23日，海南省通过了《海南经济特区机动车辆燃油附加费征收管理条例》（海南省人民代表大会常务委员会公告第36号），将燃油附加费征收管理的有关规定，由地方政府规章上升为法律效力更高的地方性法规。海南省成为我国第一个实施燃油附加费改革的省份。

按照国务院关于实施成品油价格和税费改革要求，2008年12月22日，财政部、国家发展改革委、交通运输部、监察部、审计署等五部门联合下发的《关于公布取消公路养路费等涉及交通和车辆收费项目的通知》(财综〔2008〕84号)规定，自2009年1月1日起，在全国范围内统一取消公路养路费、航道养护费、公路运输管理费、公路客货运附加费、水路运输管理费、水运客货运附加费。海南省征收的燃油附加费改为高等级公路车辆通行附加费，具体征收办法由海南省制定。

为加强和规范机动车辆通行附加费的征收与管理，促进公路事业的发展，《海南经济特区机动车辆通行附加费征收管理条例》由海南省第四届人民代表大会常务委员会第十七次会议于2010年9月20日通过，自2011年1月1日起施行。

### (二) 高等级公路车辆通行附加费基本规定

1. 管理机构

省交通运输行政主管部门负责全省机动车辆通行附加费的征收管理工作。

省交通运输行政主管部门设置的省、市、县、自治县交通规费征稽机构(以下简称征稽机构)负责具体实施机动车辆通行附加费的征收管理工作，对机动车辆通行附加费的征缴情况实施稽查，查处偷漏机动车辆通行附加费等行为。

征稽机构根据征稽工作的需要，可以在口岸、油库和城镇等地点设立征稽站点。

发展和改革、价格、公安、边防、消防、财政、商务、税务、审计、质量技术监督、工商等部门应当在各自的职责范围内，做好机动车辆通行附加费征收管理和监督的相关工作。

2. 征收管理

机动车辆通行附加费的缴纳人为海南经济特区内使用汽油和柴油的机动车辆。

汽油零售企业应当按照购买汽油的数量和征收标准价外缴纳机动车辆通行附加费。汽油零售企业具备国家规定的经营资格，所属加油站或者油库建设的储油设施、输油管道经勘验符合要求的，应当持成品油经营许可证和勘验合格证明等资料，向省征稽机构申报办理机动车辆通行附加费征稽登记证。省征稽机构应当自收到申报之日起20个工作日内予以审核并发给机动车辆通行附加费征稽登记证。汽油零售企业购油前应当到所在地征稽机构办理机动车辆通行附加费缴费手续。

柴油机动车辆按照核定的征费标准计量和征收标准，定额征收机动车辆通行附加费。柴油机动车辆缴费义务人可以按年、半年、季度、月或者按日缴纳机动车辆通行附加费。

目前汽油通行附加费征收标准为0.9元/升；柴油机动车辆通行附加费征收标准：按月征费标准为210元/吨·月；按日征费标准为10元/吨·日。

下列柴油机动车辆可以免征机动车辆通行附加费：拖拉机、三轮机动车；联合收割机、运输联合收割机（包括插秧机）的车辆；挖掘机、推土机、装载机等不能载客载货的专用车辆；设有固定装置的城市环卫车，医疗专用救护车、防疫车、采血车等车辆；军队车辆、武警部队车辆，以及省人民政府批准执行抢险救灾任务的车辆；城市公共汽车、农村客运班线车辆。对进出本经济特区运输鲜活农产品的车辆和经省人民政府批准的其他车辆，可以减免机动车辆通行附加费。柴油机动车辆通行附加费的减免办法由省交通运输行政主管部门会同省财政、价格主管部门提出意见，报经省人民政府批准后公布执行。

海南经济特区柴油机动车辆缴费义务人应当按照下列起始日期在10日内到车籍所在地征稽机构办理机动车辆通行附加费缴费登记，自登记之日起缴费：新购置的车辆自领取牌证之日起；外省转籍至本省的车辆自转入登记之日起；被盗抢的车辆自追回之日起。

柴油机动车辆因故停驶的，应当向征稽机构办理报停或者停征手续；恢复行驶的，应当办理缴费或启征手续。因缴费义务人、车辆信息等变更的，应当到所在地征稽机构办理机动车辆通行附加费变更登记。车辆报废、毁损、灭失或者转籍到省外的，以及被盗抢超过90日未追回的，应当到所在地征稽机构办理机动车辆通行附加费注销登记。

外省柴油机动车辆进入本经济特区行驶的，应当自进入本经济特区之日起依照规定缴纳机动车辆通行附加费；超过10日的，每10日应当向征稽机构办理机动车辆通行附加费缴费手续；需要长期在本经济特区内行驶的，可以申请依照本经济特区柴油机动车辆缴费的有关规定缴纳机动车辆通行附加费。外省柴油机动车辆应当到设在上岸港口的征稽站点领取缴费登记凭证；上岸港口没有征稽站点的，应当到上岸港口所在市县征稽机构领取缴费登记凭证。外省柴油机动车辆离开本经济特区前，应当到征稽机构或者其设立的征稽站点办理机动车辆通行附加费结算手续，并交还缴费登记凭证。

汽油经营企业所属加油站或者油库建设的储油设施、输油管道使用前，应当告知征稽机构进行现场勘验，经勘验符合要求的，方可使用。汽油经营企业储油设施的进出口管道应当按照规定安装符合国家标准的汽油流量计量等装置，其费用由汽油经营企业承担。汽油经营企业流量计量等装置发生故障或者损坏的，应当立即向所在地征稽机构报告，不得擅自拆卸、修理或者安装。征稽机构应当自接到报告后4小时内进行处理。征稽机构有权利用汽油经营企业安装的计量装置核查汽油入库、储存、销售的数据，汽油经营企业应当予以配合。在不影响税收征收管理的情况下，征稽机构有权利用加油机税控装置或者税控加油机的记录对汽油销售数据进行核查，税务机关应当予以配合。

汽油经营企业购进或者调拨汽油前，应当携带相关证明文件向征稽机构申报，经征稽机构核验后方可办理。运输汽油的车辆、船舶应当携带征稽机构开具的相关资料，以备检查。公安、边防等部门应当协助征稽机构对机动车辆通行附加费的征缴情况实施稽查，加强对在本经济特区内运输汽油的车辆、船舶的检查。汽油经营企业应当妥善保管进油、销售、库存和相关财务会计凭证账簿，按月向征稽机构报送进油、销售、库存、非正常损耗的报表，并在征稽机构进行检查时如实提供，配合检查。除军事单位以外，其他单位和个人不得设置内部汽油加油站或者油库，也不得在加油站或者油库储存汽油。

柴油机动车辆应当随车携带缴费凭证或者缴费登记凭证，以备检查。公安交通管理部门在办理柴油机动车辆年检手续时，应当要求柴油机动车辆所有人出具机动车辆通行附加费缴费凭证；无法出具的，不得办理柴油机动车辆年检手续。征稽机构有权利用公安交通管理部门记录的柴油机动车辆登记信息，公安交通管理部门应当予以配合。

单位或者个人举报非法买卖、运输汽油或者其他偷漏机动车辆通行附加费行为，经查证属实的，应当给予奖励。具体奖励办法由省交通运输行政主管部门会同省财政部门制定。

3. 使用管理

机动车辆通行附加费收入纳入财政预算，实行“收支两条线”管理，专款专用。

机动车辆通行附加费的使用范围包括：公路建设及偿还公路建设贷款本息；交通规费征稽事业；涉及交通行业的公益事业及工业、农业、渔业、旅游业等非车用汽油的补贴；省人民政府规定的其他支出。补贴由省交通运输行政主管部门根据各市、县、自治县非车用汽油销售量等情况，拟定补贴方案，报省人民政府批准后，由省财政部门通过转移支付的方式拨付。市、县、自治县人民政府负责补贴的具体安排。

省财政、审计部门依照法定职权对机动车辆通行附加费的征收、使用和管理进行监督。

4. 监督管理

汽油零售企业不办理机动车辆通行附加费征稽登记证或者缴费手续的，由征稽机构没收所进汽油，并处以其所进汽油应缴机动车辆通行附加费 3 倍以上 5 倍以下的罚款；有违法所得的，没收违法所得。

柴油机动车辆不按时缴纳机动车辆通行附加费的，由征稽机构责令补缴应缴费额，按日加收应缴费额万分之五的滞纳金；对连续不按时缴纳机动车辆通行附加费 30 日以上 1 年以下的，可处以 1 000 元以上 1 万元以下的罚款；对连续不按时缴纳机动车辆通行附加费 1 年以上的，可处以 1 万元以上 5 万元以下的罚款；无法查证柴油机动车辆欠缴机动车辆通行附加费起始日期的，处该车月应缴费额 1 倍以上 3 倍以下的罚款。柴油机动车辆恢复行驶未办理缴费或启征手续的，由征稽机构处该车月缴费额 1 倍以上 3 倍以下的罚款。

外省柴油机动车辆不办理缴费登记凭证的，由征稽机构责令补办缴费登记凭证，并处以该车日应缴费额 5 倍的罚款。外省柴油机动车辆每超过 10 日不办理缴费手续的，由征稽机构责令补缴所欠的机动车辆通行附加费，并处以该车日应缴费额 5 倍的罚款。

汽油经营企业擅自使用不符合勘验要求的储油设施、输油管道的，由征稽机构没收违法所得和库存汽油，并处以违法所得 3 倍以上 5 倍以下的罚款；没有违法所得的，处以 1 万元以上 10 万元以下的罚款。汽油经营企业故意损坏流量计量等装置，或者不使用安装有流量计量等装置的进出油管道而采用其他方法进出油的，由征稽机构责令改正，处以 5 000 元以上 5 万元以下的罚款。汽油经营企业的流量计量等装置发生故障或者损坏，未报告征稽机构擅自修理、拆卸、安装或者未修复就使用的，由征稽机构处以 5 000 元以上 5 万元以下的罚款。汽油经营企业购进、调拨汽油，不向征稽机构申报或者少报数量的，由征稽机构处以 5 000 元以上 5 万元以下的罚款。汽油经营企业未定期向征稽机构报送或者报送虚假的报表、资料，或者不按照规定保管报表和财务账册的，由征稽机构予以警告，责令改正；拒不改正的，处以 1 000 元以上 1 万元以下的罚款。单位和个人设置内部汽油加油站或者油库，或者在加油站、油库储存汽油的，由征稽机构没收其储存汽油，并处以储存汽油应缴机动车辆通行附加费 3 倍以上 5 倍以下的罚款。汽油经营企业购进数量与销售、库存数量之和不相符，不能证明其正当来源或去向的，由征稽机构责令补缴该差额部分机动车辆通行附加费，并处以该差额部分机动车辆通行附加费3倍以上5倍以下的罚款。

运输汽油的车辆或者船舶未携带相关资料的，由征稽机构处以200元的罚款。柴油机动车辆未随车携带机动车辆通行附加费缴费凭证或者缴费登记凭证的，处以50元的罚款。以其他方式偷漏机动车辆通行附加费的，由征稽机构责令补缴机动车辆通行附加费，并处以偷漏机动车辆通行附加费数额1倍以上3倍以下的罚款。

违反《海南经济特区机动车辆燃油附加费征收管理条例》运输汽油的车辆或者船舶，或者柴油机动车辆不按照规定缴纳机动车辆通行附加费的，征稽机构可以暂扣车辆或者船舶，并出具暂扣凭证。当事人在暂扣凭证规定的时间内向征稽机构交纳相当于罚款数额的保证金后，征稽机构应当解除扣留。当事人在补缴机动车辆通行附加费并履行处罚决定后，征稽机构应当及时退还其交纳的保证金。

依照《海南经济特区机动车辆燃油附加费征收管理条例》没收的汽油，由省财政部门会同省交通运输行政主管部门按有关规定处置。

征稽机构及其工作人员未在规定期限内核发机动车辆通行附加费征稽登记证，或者接到汽油流量计量装置故障、损坏报告后未按规定期限处理的，由其上一级机关责令改正，并对直接负责的主管人员和其他直接责任人员给予行政处分；给当事人造成损失的，应当承担赔偿责任。征稽机构或者征稽人员擅自改变机动车辆通行附加费征收标准，瞒报、截留、挪用、坐支机动车辆通行附加费的，私分或者变相私分罚没款项及财物的，按照国家有关规定予以追缴，并对直接负责的主管人员和其他直接责任人员给予行政处分；构成犯罪的，依法追究刑事责任。

负有机动车辆通行附加费征收、使用、监管等职责的部门的工作人员玩忽职守、滥用职权、徇私舞弊、索贿受贿的，由其任免机关或者监察机关给予行政处分；构成犯罪的，依法追究刑事责任。

## 二、城市基础设施配套费

城市基础设施配套费是城市人民政府有关部门强制征收用于城市基础设施建设的专项资金。

### （一）城市基础设施配套费历史沿革

1998 年，国务院批转国家计委关于加强房地产价格调控加快住房建设意见的相关文件中指出，对城市基础设施配套费等较大收费项目，要进行专项治理。城市基础设施配套费，凡未开征的城市，一律不得开征；对已开征的城市，由国家计委会同财政部、建设部结合税费改革和公用事业价格改革制定治理方案。

《财政部关于城市基础设施配套费性质的批复》（财综函〔2002〕3 号）指出，各省、自治区、直辖市财政、价格主管部门要对各类（市政建设）专项配套费进行整顿，将其统一归并为城市基础设施配套费，取消与城市基础设施配套费重复收取的水、电、气、热、道路以及其他各种名目的专项配套费。因此，各地征收的市政基础设施配套费应统一归并为城市基础设施配套费。城市基础设施配套费是城市人民政府有关部门强制征收用于城市基础设施建设的专项资金，其征收主体与征收对象之间不存在直接的服务与被服务关系；同时，收益者与征收对象也没有必然的联系，与各级政府部门或单位向特定服务对象提供特定服务并按成本补偿原则收取的行政事业性收费有明显区别。因此，城市基础设施配套费在性质上不属于行政事业性收费，而属于政府性基金。

### （二）基本规定

由于城市基础配套设施费的管理办法由各地自行制定，并没有全国统一规定，这里不再就具体规定加以赘述。

**知识链接**

**长沙市财政局　长沙市发展和改革委　长沙市住房和城乡建设委**
**关于长沙市城市基础设施配套费征收标准及有关问题的通知**

（2018 年 5 月 22 日　长财综〔2018〕3 号）

各区县（市）财政局、发改局、住建局，市直各有关单位：

根据《湖南省发改委、湖南省财政厅关于发布湖南省住房城乡建设系统行政事业性收费标准的通知》（湘发改价费〔2015〕1119 号）要求，为做好我市城市基础设施配套费执收管理工作，我们重新核定了城市基础设施配套费征收标准，现就有关事项通知如下：

一、征收对象

凡在全市城市规划区国有土地范围内（含风景名胜园区内）新建、改建（指原国有土地上的建筑改变原有性质等）、扩建住宅、办公用房（含配套设施用房）及工业生产厂房、商业类等建设项目的单位和个人，均应按本通知规定的征收方式和标准缴纳城市基础设施配套费。

二、征收方式

城市基础设施配套费由建设行政主管部门在报建环节按规划建筑面积征收。财政、发改、住建、规划、国土、统计等行政管理部门，应当按照各自职责协助做好城市基础设施配套费的征收管理工作。

三、征收标准

根据我市城区商品房平均销售价格水平，制定城市基础设施配套费征收标准如表3－8所示。

1. 征收标准。

**表3－8　　城市基础设施配套费征收标准**　单位：元/平方米建筑面积

| 类　别 | 一级地 | 二级地 | 三级地 | 四级地 | 五级地 | 六级地 |
|---|---|---|---|---|---|---|
| 住宅类 | 206 | 168 | 137 | 115 | 92 | 69 |
| 办公用房（含配套设施用房）及工业生产厂房类 | 206 | 168 | 137 | 115 | 92 | 69 |
| 商业类 | 275 | 230 | 183 | 153 | 122 | 92 |

2. 办公用房含行政事业性单位、医院、大中专院校、企业办公用房；大中专院校教学楼及学生公寓、食堂等后勤服务配套设施用房；医院住院楼和医疗设施设备配套用房。

3. 住宅类、办公用房（含配套设施用房）及工业生产厂房、商业类以外的建设类别，其城市基础设施配套费按照办公用房（含配套设施用房）及工业生产厂房类收费标准执行。

4. 六级以下用地，按照六级地收费标准执行。雨花区跳马镇、天心区暮云街道、南托街道行政区域范围内建设项目按六级地收费标准执行。

四、减免补退范围

1. 对房屋所有权人对自有房屋拆除后在原有土地上按原面积原性质重新建房、公租房、经济适用房、廉租住房、村民安置用房、部队军事和办公用房、中小学（含幼儿园）教学及配套设施用房、社会福利事业单位非营利性用房免征城市基础设施配套费。对非营利性养老和医疗机构建设免征城市基础设施配套费，对营利性养老和医疗机构建设减半征收城市基础设施配套费。

2. 临时建筑免征城市基础设施配套费。

3. 建设项目的配套设施（仅限于地上部分的车库；地下空间部分的车库、设备用房、交通用房）免征城市基础设施配套费。

4. 经批准，建设项目在建设过程中因土地利用条件、规划条件等调整而造成规划用途改变或建筑面积增减的，应当按照调整后的规划用途和规划建筑面积予以补退城市基础设施配套费（其中：原由国土在用地审批环节征收的城市基础设施配套费，因容积率减少退付需经规划部门核准）。

五、配套措施

1. 城市基础设施配套费属政府性基金，纳入财政预算，实行“收支两条线”管理。

2. 城市基础设施配套费是对政府建设城市道路、桥涵、公共交通设施、城市园林景观、政府办学校、地下排污管网、环卫等城市基础设施配套和建设费用的补充。

3. 具体征收城市基础设施配套费时，国家、省、市出台相关征收政策文件的，配套费征收按照国家、省、市文件执行。

4. 湘江新区、长沙高新技术开发区城市基础设施配套费的征收参照本通知执行，望城区、长沙县、浏阳市、宁乡市城市基础设施配套费征收标准由区（县、市）级财政部门商有关部门制定。

5. 本通知自公布之日起执行。公布之日前对于原应由国土部门在办理建设用地审批手续时征收的配套费和由住建部门在办理报建手续时需征收的配套费，且建设项目已办理了相关报建手续的，均继续按原政策标准执行。本通知由长沙市财政局、长沙市发展和改革委员会、长沙市住房和城乡建设委员会负责解释。

## 三、地方教育附加

地方教育附加是指各省、自治区、直辖根据国家有关规定，为实施“科教兴省”战略，增加地方教育的资金投入，促进本各省、自治区、直辖教育事业发展，开征的一项地方政府性基金。该收入主要用于各地方的教育经费的投入补充。

### （一）地方教育附加历史沿革

地方教育附加不是全国统一开征的费种，其开征依据是《教育法》（1995）第五十七条的规定，省、自治区、直辖市人民政府根据国务院的有关规定，可以决定开征用于教育的地方附加费，专款专用。据此，内蒙古自治区政府于1995年9月1日开征地方教育附加费，辽宁省于1999年1月1日起开征，福建省于2002年1月1日起开征，征收率均为1%。此后，陆续有省、直辖市开征地方教育费附加。

为贯彻落实《国家中长期教育改革和发展规划纲要（2010—2020年）》，财政部下发了《关于统一地方教育附加政策有关问题的通知》（财综〔2010〕98号，以下简称财综〔2010〕98号文件），要求各地统一征收地方教育附加，地方教育附加征收标准为单位和个人实际缴纳的增值税、营业税和消费税税额的2%。已经报财政部审批且征收标准低于2%的省份，应将地方教育附加的征收标准调整为2%。具体的开征时间由各省自己制定方案后于2010年12月31日前报财政部审批。财综〔2010〕98号文件下发后，全国已经有20多个省（自治区、直辖市）开征了地方教育附加。

《国务院关于进一步加大财政教育投入的意见》（国发〔2011〕22号，以下简称国发〔2011〕22号文件）要求，全面开征地方教育附加，各地区要加强收入征管，依法足额征收，不得随意减免。国发〔2011〕22号文件提出，拓宽经费来源渠道，多方筹集财政性教育经费。具体要求如下：全面开征地方教育附加。各省（区、市）人民政府应根据《教育法》的相关规定和财综〔2010〕98号文件的要求，全面开征地方教育附加。地方教育附加统一按增值税、消费税、营业税实际缴纳税额的2%征收。

根据《关于实施小微企业普惠性税收减免政策的通知》（财税〔2019〕

13号）文件规定：由省、自治区、直辖市人民政府根据本地区实际情况，以及宏观调控需要确定，对增值税小规模纳税人可以在50%的税额幅度内减征地方教育附加。

### （二）地方教育附加基本规定

由于地方教育附加的管理办法由各省自行制定，并没有全国统一规定，这里不再就具体规定加以赘述。

**知识链接**

#### 湖南省教育费附加和地方教育附加征收管理办法

（2007年12月31日　湖南省人民政府令第218号）

《湖南省教育费附加和地方教育附加征收管理办法》已经2007年12月19日省人民政府第115次常务会议讨论通过，现予公布，自2008年1月1日起施行。

第一条　根据国务院《征收教育费附加的暂行规定》《湖南省非税收入管理条例》和国家有关规定，制定本办法。

第二条　在本省行政区域内缴纳增值税、营业税、消费税（以下简称“三税”）的单位和个人，应当分别按照实际缴纳“三税”税额的3%和1.5%同时缴纳教育费附加和地方教育附加。

第三条　教育费附加、地方教育附加属于政府非税收入。教育费附加纳入一般预算管理，地方教育附加纳入基金预算管理。

不得因教育费附加、地方教育附加纳入预算管理而抵顶教育事业性拨款。

第四条　县级以上人民政府财政部门负责教育费附加、地方教育附加的收支管理工作。

教育费附加、地方教育附加由地方税务部门征收。

教育费附加、地方教育附加的征收管理，按照国家关于增值税、营业税、消费税的规定办理。

第五条　征收教育费附加、地方教育附加，应当执行以下规定：

（一）办理代开发票并代扣、代缴、代征“三税”的单位，应同时代扣、代缴、代征教育费附加、地方教育附加。

（二）海关对进口产品征收的增值税、消费税，不征收教育费附加，地方教育附加。

（三）依照税法规定批准减征、免征或缓征“三税”的单位和个人的减征、免征、缓征，按照国家减征、免征、缓征教育费附加的规定执行。

第六条　企业缴纳的教育费附加、地方教育附加，一律在销售收入（或营业收入）中支付。

第七条　省级财政可以从各地征收的地方教育附加中集中一定比例，主要用于扶持经济欠发达地区的义务教育、全省义务教育重点项目支出以及解决城乡义务教育发展不平衡问题等。具体比例由省财政部门提出建议，报省人民政府批准后执行。

第八条　已征收入库的教育费附加、地方教育附加，因依法减免“三税”需要退付的，由地方税务部门汇总实际发生的退付金额并附相关文件，按照有关规定向同级财政部门申请办理退库手续。

第九条　教育费附加、地方教育附加用于改善中小学教育设施和办学条件，发展职业教育，不得用于教职工工资福利和发放奖金，不得挪作他用。

第十条　教育费附加、地方教育附加收支预算，由当地教育行政部门根据实际情况提出初步方案，报同级财政部门及其非税收入管理机构按规定程序审核批准后下达执行。任何部门和单位不得随意调整教育费附加、地方教育附加收支预算，如特殊情况确需调整的，应按规定的程序办理。

第十一条　违反本办法规定，擅自缓征、减征、免征或扩大征收范围以及隐瞒、截留、挪用、坐收坐支教育费附加、地方教育附加的，由上级或同级财政、审计、监察部门会同有关部门责令其改正，并按国务院《财政违法行为处罚处分条例》和《湖南省非税收入管理条例》等相关法律、法规的规定进行处理。

第十二条　本办法自2008年1月1日起施行。1986年7月1日湖南省人民政府湘政发〔1986〕19号发布的《湖南省征收教育费附加实施办法》同时废止。

## 四、地方水库移民扶持基金

地方水库移民扶持基金由省级大中型水库库区基金和小型水库移民扶助基金组成。

### （一）地方水库移民扶持基金历史沿革

2006 年，国务院发布的《关于完善大中型水库移民后期扶持政策的意见》（国发〔2006〕17 号，以下简称国发〔2006〕17 号文件）指出，后期扶持资金作为政府性基金纳入中央财政预算管理。通过电价加价筹措的后期扶持资金由各省级电网公司随电费征收，全额上缴中央财政；应拨付给各省、自治区、直辖市的后期扶持资金由财政部会同国务院移民管理机构，按照国家发展改革委、财政部、水利部等部门核定的各省、自治区、直辖市移民人数和规定的标准据实拨付。后期扶持基金征收使用管理办法由财政部会同国家发展改革委、水利部和国务院移民管理机构等部门另行制定。妥善解决小型水库移民的困难和现有后期扶持项目续建问题。各省、自治区、直辖市人民政府可通过提高本省（区、市）区域内全部销售电量（扣除农业生产用电）的电价筹集资金，统筹解决小型水库移民的困难，并保证对在建后期扶持项目的后续资金投入，确保项目按期建成并发挥作用。提价标准为每千瓦时不超过 0.5 厘，具体方案报国家发展改革委、财政部审批后实施。其后各地方案陆续出台。

根据《财政部关于取消、停征和整合部分政府性基金项目等有关问题的通知》（财税〔2016〕11 号）规定，自 2016 年 2 月 1 日起，将省级大中型水库库区基金、小型水库移民扶助基金合并为地方水库移民扶持基金。具体征收政策、收入划分、使用范围等仍按现行规定执行，今后根据水库移民扶持工作需要适时完善分配使用政策。

### （二）地方水库移民扶持基金基本规定

1. 省级大中型水库库区基金

库区基金属于政府性基金，实行分省统筹，纳入财政预算，实行“收支两条线”管理。其中，省级辖区内大中型水库的库区基金，由省级财政部门负责征收。

库区基金从有发电收入的大中型水库发电收入中筹集，根据水库实际上网销售电量，按不高于8厘/千瓦时的标准征收。

地方政府在安排库区基金时，应将其中的75%用于支持实施库区及移民安置区基础设施建设和经济发展规划，以及解决水库移民的其他遗留问题，其余部分用于库区防护工程及移民生产、生活设施维护。

库区基金列入企业成本，按规定不征收企业所得税。

应缴纳库区基金的大中型水库应在每月终了后7日内，按规定上缴库区基金。

相关省、自治区、直辖市财政部门应会同同级投资主管部门、价格主管部门、水行政主管部门、移民主管机构，结合本地实际情况，制定本地区库区基金征收使用管理实施细则上报财政部，由财政部会同国家发展改革委、水利部、国务院移民主管机构批准后执行。

库区基金收入列第103010401项“大中型水库库区基金收入”科目，该科目为中央与地方共用科目，反映征收的库区基金收入；库区基金支出，省级财政列第2130336项“库区基金支出”科目，反映地方用库区基金收入安排的支出。

各级财政、审计、监察和移民管理机构等部门需按照职责分工，加强对库区基金征收、拨付、使用的监督检查，以确保库区基金及时足额征收和按规定使用。

各省、自治区、直辖市需按照国发〔2006〕17号文件，停止收取涉及水库移民的各种其他基金、资金。对违反规定，擅自改变库区基金征收范围、标准、对象和期限，以及截留、挤占、挪用库区基金的单位及个人，按照《财政违法行为处罚处分条例》的有关规定进行处罚。构成犯罪的，移送司法机关处理。

2. 小型水库移民扶助基金

由于小型水库移民扶助基金的管理办法由各省自行制定，并没有全国统一规定，这里不再就具体规定加以赘述。

## 五、残疾人就业保障金

残疾人就业保障金是指国家为促进残疾人就业工作，鼓励各企业和单位安排残疾人就业而设立的一项政府性基金。

### （一）残疾人就业保障金历史沿革

残疾人就业保障金制度实际上是自《中华人民共和国残疾人保障法》（以下简称《残疾人保障法》）颁布以后，各级残联组织根据实际工作情况，不断摸索出来的一项符合残疾人就业工作实际的重要制度安排，其大致可以分为萌芽阶段、确立及发展阶段和历史性突破阶段。

1. 萌芽阶段（1990～1995 年）

自 1990 年《残疾人保障法》的颁布至 1995 年《残疾人就业保障金管理暂行规定》颁布期间，是残疾人就业保障金的萌芽阶段。1990 年的《残疾人保障法》规定："机关、团体、企事业组织、城乡集体经济组织，应当按一定比例安排残疾人就业，并为其选择适当的工种和岗位。省（自治区、直辖市）人民政府可以根据实际情况规定具体比例。"该法颁布后，部分省（自治区、直辖市）人大根据各地区实情制定"残疾人保障法实施办法"，规定了安排残疾人就业的比例，一般为 1.5%～2.0%，并对安排残疾人就业达不到规定比例的单位制定处罚性措施，即征收残疾人就业保障金，残疾人就业保障金制度逐步在各省（自治区、直辖市）实施。在萌芽阶段，征收残疾人就业保障金，直接目的是为了对未按规定安排残疾人就业的单位进行处罚，其最终目的还是以此促进残疾人就业。所征收的资金主要用于残疾人职业培训、就业扶持等方面。

2. 确立及发展阶段（1995～2003 年）

随着各省（自治区、直辖市）残疾人就业保障金制度的不断实施，该项资金数量也逐年增加，资金如何定位、如何管理等问题也日益突出。财政部为了规范各省（自治区、直辖市）残疾人就业保障金的收支管理，经中国残疾人联合会提出，于 1995 年制定了《残疾人就业保障金管理暂行规定》。该规定的颁布，标志着残疾人就业保障金制度的正式确立。《残疾人就业保障金管理暂行规定》规定了残疾人就业保障金的性质、收支和管理以及监管等。自该规定颁布以来，残疾人就业保障金数目逐年增加，切实发挥了促进残疾人就业的作用，同时在残疾人教育、康复、扶贫、社会保险等其他方面也发挥着积极的作用。

3. 历史性突破阶段（2003 年至今）

残疾人就业保障金制度自实施以来，虽然取得了一定的成绩，但是征缴覆盖范围窄，征缴率低，漏缴、拒缴比例大。为此，2001 年山西率先开始实行税收代征方式。随后，从2003年开始，河北、辽宁、四川、陕西、宁夏、天津、北京、上海、广西等省（自治区、直辖市）相继开始转变残疾人就业保障金由各级残联机构自收的征缴方式，实行地方税务机关代收残疾人就业保障金的方式。之所以将2003年至今界定为残疾人就业保障金历史性突破阶段，就是以残疾人就业保障金征收方式的转变为依据的。因为自税务部门代征后，残疾人就业保障金总数有了巨大的突破。

为更好发挥残保金制度作用，有效有力促进残疾人就业，国家发展和改革委员会、财政部、民政部、人力资源和社会保障部、国家税务总局、中国残疾人联合会下发《关于印发〈关于完善残疾人就业保障金制度　更好促进残疾人就业的总体方案〉的通知》（发改价格规〔2019〕2015号），自2020年1月1日实施。

### （二）残疾人就业保障金基本规定

1. 征收管理

（1）缴费义务人。

残疾人就业保障金是为保障残疾人权益，由未按规定安排残疾人就业的机关、团体、企业、事业单位和民办非企业单位（以下简称用人单位）缴纳的资金。

残疾人，是指持有《中华人民共和国残疾人证》上注明属于视力残疾、听力残疾、言语残疾、肢体残疾、智力残疾、精神残疾和多重残疾的人员，或者持有《中华人民共和国残疾军人证》（1~8级）的人员。

用人单位安排残疾人就业的比例不得低于本单位在职职工总数的1.5%。具体比例由各省、自治区、直辖市人民政府根据本地区的实际情况规定。用人单位安排残疾人就业达不到其所在地省、自治区、直辖市人民政府规定比例的，应当缴纳残疾人就业保障金。

用人单位将残疾人录用为在编人员或依法与就业年龄段内的残疾人签订1年以上（含1年）劳动合同（服务协议），且实际支付的工资不低于当地最低工资标准，并足额缴纳社会保险费的，方可计入用人单位所安排的残疾人就业人数。用人单位安排1名持有《中华人民共和国残疾人证》（1~2级）或《中华人民共和国残疾军人证》（1~3级）的人员就业的，按照安排2名残疾人就业计算。用人单位跨地区招用残疾人的，应当计入所安排的残疾人就业人数。

（2）缴纳标准。

残疾人就业保障金实行分档征收，用人单位安排残疾人就业比例1%（含）以上但低于本省（区、市）规定比例的，三年内按应缴费额50%征收；1%以下的，三年内按应缴费额90%征收。

残疾人就业保障金年应缴纳额 =（上年用人单位在职职工人数 × 所在地省、自治区、直辖市人民政府规定的安排残疾人就业比例 - 上年用人单位实际安排的残疾人就业人数）× 上年用人单位在职职工年平均工资

用人单位在职职工，是指用人单位在编人员或依法与用人单位签订1年以上（含1年）劳动合同（服务协议）的人员。季节性用工应当折算为年平均用工人数。用人单位依法以劳务派遣方式接受残疾人在本单位就业的，由派遣单位和接受单位通过签订协议的方式协商一致后，将残疾人数计入其中一方的实际安排残疾人就业人数和在职职工人数，不得重复计算。用人单位安排残疾人就业未达到规定比例的差额人数，以公式计算结果为准，可以不是整数。上年用人单位在职职工年平均工资，按用人单位上年在职职工工资总额除以用人单位在职职工人数计算。

设置残疾人就业保障金征收标准上限。用人单位在职职工年平均工资未超过当地社会平均工资（社会平均工资的口径为城镇私营单位和非私营单位就业人员加权平均工资）2倍（含）的，按用人单位在职职工年平均工资计征残疾人就业残疾人就业保障金；超过当地社会平均工资2倍以上的，按当地社会平均工资2倍计征残疾人就业残疾人就业保障金。用人单位在职职工年平均工资的计算口径，按照国家统计局关于工资总额组成的有关规定执行。

（3）征收机关。

残疾人就业保障金由用人单位所在地的税务机关负责征收，并积极采取财税库银税收收入电子缴库横向联网方式征缴残疾人就业保障金。有关省、自治区、直辖市对残疾人就业保障金征收机关另有规定的，按其规定执行。残疾人就业保障金征收机关征收残疾人就业保障金时，应当向用人单位开具省级财政部门统一印制的票据或税收票证。

（4）减免规定。

在职职工总数30人（含）以下的企业，暂免征收残疾人就业保障金。

用人单位遇不可抗力自然灾害或其他突发事件遭受重大直接经济损失，可以申请减免或者缓缴残疾人就业保障金。具体办法由各省、自治区、直辖市财政部门规定。用人单位申请减免残疾人就业保障金的最高限额不得超过1

年的残疾人就业保障金应缴额，申请缓缴残疾人就业保障金的最长期限不得超过6个月。批准减免或者缓缴残疾人就业保障金的用人单位名单，应当每年公告一次。公告内容应当包括批准机关、批准文号、批准减免或缓缴残疾人就业保障金的主要理由等。

（5）其他。

残疾人就业保障金一般按月缴纳。用人单位应按规定时限向残疾人就业保障金征收机关申报缴纳残疾人就业保障金。在申报时，应提供本单位在职职工人数、实际安排残疾人就业人数、在职职工年平均工资等信息，并保证信息的真实性和完整性。

残疾人就业保障金征收机关应当定期对用人单位进行检查。发现用人单位申报不实、少缴纳残疾人就业保障金的，征收机关应当催报并追缴残疾人就业保障金。

残疾人就业服务机构应当配合残疾人就业保障金征收机关做好残疾人就业保障金征收工作。用人单位应按规定时限如实向残疾人就业服务机构申报上年本单位安排的残疾人就业人数。未在规定时限申报的，视为未安排残疾人就业。残疾人就业服务机构进行审核后，确定用人单位实际安排的残疾人就业人数，并及时提供给残疾人就业保障金征收机关。

残疾人就业保障金全额缴入地方国库。地方各级人民政府之间残疾人就业保障金的分配比例，由各省、自治区、直辖市财政部门商残疾人联合会确定。

残疾人就业保障金征收机关应当严格按规定的范围、标准和时限要求征收残疾人就业保障金，确保残疾人就业保障金及时、足额征缴到位。任何单位和个人均不得违反规定，擅自减免或缓征残疾人就业保障金，不得自行改变残疾人就业保障金的征收对象、范围和标准。

各地应当建立用人单位按比例安排残疾人就业及缴纳残疾人就业保障金公示制度。残疾人就业保障金征收机关应当定期向社会公布本地区用人单位缴纳残疾人就业保障金情况。残疾人联合会应当每年向社会公布本地区用人单位应安排残疾人就业人数、实际安排残疾人就业人数和未按规定安排残疾人就业人数。

2. 使用管理

残疾人就业保障金纳入地方一般公共预算统筹安排，主要用于支持残疾人就业和保障残疾人生活。支持方向包括：①残疾人职业培训、职业教育和职业康复支出。②残疾人就业服务机构提供残疾人就业服务和组织职业技能竞赛（含展能活动）支出。补贴用人单位安排残疾人就业所需设施设备购置、改造和支持性服务费用。补贴辅助性就业机构建设和运行费用。③残疾人从事个体经营、自主创业、灵活就业的经营场所租赁、启动资金、设施设备购置补贴和小额贷款贴息。各种形式就业残疾人的社会保险缴费补贴和用人单位岗位补贴。扶持农村残疾人从事种植、养殖、手工业及其他形式生产劳动。④奖励超比例安排残疾人就业的用人单位，以及为安排残疾人就业做出显著成绩的单位或个人。⑤对从事公益性岗位就业、辅助性就业、灵活就业，收入达不到当地最低工资标准、生活确有困难的残疾人的救济补助。⑥经地方人民政府及其财政部门批准用于促进残疾人就业和保障困难残疾人、重度残疾人生活等其他支出。

地方各级残疾人联合会所属残疾人就业服务机构的正常经费开支，由地方同级财政预算统筹安排。

各地要积极推行政府购买服务，按照政府采购法律制度规定选择符合要求的公办、民办等各类就业服务机构，承接残疾人职业培训、职业教育、职业康复、就业服务和就业援助等工作。

财政部每年按照预算管理规定向国务院报告上一年残保金收入和残疾人事业支出情况，中国残联等部门和单位向国务院报告支持残疾人就业、用人单位按比例安排残疾人就业的情况。省、市、县三级财政部门会同同级残联将辖区范围内上述情况定期向社会公开，接受社会监督。

3. 监督管理

单位和个人违反规定，有下列情形之一的，依照《财政违法行为处罚处分条例》和《违反行政事业性收费和罚没收入收支两条线管理规定行政处分暂行规定》等国家有关规定追究法律责任；涉嫌犯罪的，依法移送司法机关处理：擅自减免残疾人就业保障金或者改变残疾人就业保障金征收范围、对象和标准的；隐瞒、坐支应当上缴的残疾人就业保障金的；滞留、截留、挪用应当上缴的残疾人就业保障金的；不按照规定的预算级次、预算科目将残疾人就业保障金缴入国库的；违反规定使用残疾人就业保障金的；其他违反国家财政收入管理规定的行为。

用人单位未按规定缴纳残疾人就业保障金的，根据《残疾人就业条例》（国务院令第488号）的规定，由残疾人就业保障金征收机关提交财政部门，由财政部门予以警告，责令限期缴纳；逾期仍不缴纳的，除补缴欠缴数额外，还应当自欠缴之日起，按日加收5‰的滞纳金。滞纳金按照残疾人就业保障金入库预算级次缴入国库。对未按比例安排残疾人就业且拒缴、少缴残保金的用人单位，将其失信行为记入信用记录，纳入全国信用信息共享平台。

残疾人就业保障金征收、使用管理有关部门的工作人员违反规定在残疾人就业保障金征收和使用管理工作中滥用职权、玩忽职守、徇私舞弊的，依法给予处分；涉嫌犯罪的，依法移送司法机关。

**知识链接**

**政府性基金目录清单**

2014年6月，国务院办公厅印发《关于进一步加强涉企收费管理减轻企业负担的通知》（国办发〔2014〕30号），明确要求建立和实施涉企收费目录清单制度。2014年8月，财政部、国家发展改革委印发《关于进一步完善行政事业性收费项目目录公开制度的通知》，明确财政部和省级财政部门按照收费项目审批管理权限，分级编制并公布收费目录清单。2014年10月，财政部公布了《全国政府性基金目录清单》。通过建立和实施收费目录清单制度，将依法合规设立的收费项目全部纳入清单并主动公开，给社会一本明白账，有助于从源头上防止各类乱收费、乱摊派。《全国政府性基金目录清单（2017年版）》见表3－9。

**表3－9　全国政府性基金目录清单（2017年版）**

| 序号 | 项目名称 | 资金管理方式 | 政策依据文件 |
| --- | --- | --- | --- |
| 1 | 铁路建设基金 | 缴入中央国库 | 国发〔1992〕37号，财工字〔1996〕371号，财工〔1997〕543号，财综〔2007〕3号 |
| 2 | 港口建设费 | 缴入中央和地方国库 | 国发〔1985〕124号，财综〔2011〕29号，财综〔2011〕100号，财综〔2012〕40号，财税〔2015〕131号 |
| 3 | 民航发展基金 | 缴入中央国库 | 国发〔2012〕24号，财综〔2012〕17号，财税〔2015〕135号 |
| 4 | 高等级公路车辆通行附加费（海南） | 缴入地方国库 | 财综〔2008〕84号，《海南经济特区机动车辆通行附加费征收管理条例》（海南省人民代表大会常务委员会公告第54号） |

续表

| 序号 | 项目名称 | 资金管理方式 | 政策依据文件 |
| --- | --- | --- | --- |
| 5 | 国家重大水利工程建设基金 | 缴入中央和地方国库 | 财综〔2009〕90号，财综〔2010〕97号，财税〔2010〕44号，财税〔2015〕80号，财办税〔2015〕4号，财税〔2017〕51号，财办税〔2017〕60号，财税〔2018〕39号 |
| 6 | 水利建设基金 | 缴入中央和地方国库 | 财综字〔1998〕125号，财综〔2011〕2号，财综函〔2011〕33号，财办综〔2011〕111号，财税函〔2016〕291号，财税〔2016〕12号，财税〔2017〕18号 |
| 7 | 城市基础设施配套费 | 缴入地方国库 | 国发〔1998〕34号，财综函〔2002〕3号 |
| 8 | 农网还贷资金 | 缴入中央和地方国库 | 财企〔2001〕820号，财企〔2002〕266号，财综〔2007〕3号，财综〔2012〕7号，财税〔2015〕59号 |
| 9 | 教育费附加 | 缴入中央和地方国库 | 《教育法》，国发〔1986〕50号（国务院令第60号修改发布），国发明电〔1994〕2号，国发明电〔1994〕23号，国发〔2010〕35号，财税〔2010〕103号，财税〔2016〕12号 |
| 10 | 地方教育附加 | 缴入地方国库 | 《教育法》，财综〔2001〕58号，财综函〔2003〕2号，财综〔2003〕9号，财综〔2003〕10号，财综〔2003〕12号，财综〔2003〕13号，财综〔2003〕14号，财综〔2003〕15号，财综〔2003〕16号，财综〔2003〕18号，财综〔2004〕73号，财综函〔2005〕33号，财综〔2006〕2号，财综〔2006〕61号，财综函〔2006〕9号，财综函〔2007〕45号，财综函〔2008〕7号，财综函〔2010〕2号，财综函〔2010〕3号，财综函〔2010〕7号，财综函〔2010〕8号，财综函〔2010〕11号，财综函〔2010〕71号，财综函〔2010〕72号，财综函〔2010〕73号，财综函〔2010〕75号，财综函〔2010〕76号，财综函〔2010〕78号，财综函〔2010〕79号，财综函〔2010〕80号，财综函〔2010〕98号，财综函〔2011〕1号，财综函〔2011〕2号，财综函〔2011〕3号，财综函〔2011〕4号，财综函〔2011〕5号，财综函〔2011〕6号，财综函〔2011〕7号，财综函〔2011〕8号，财综函〔2011〕9号，财综函〔2011〕10号，财综函〔2011〕11号，财综函〔2011〕12号，财综函〔2011〕13号，财综函〔2011〕15号，财综函〔2011〕16号，财综函〔2011〕17号，财综函〔2011〕57号，财税〔2016〕12号 |

续表

| 序号 | 项目名称 | | 资金管理方式 | 政策依据文件 |
|---|---|---|---|---|
| 11 | 文化事业建设费 | | 缴入中央和地方国库 | 国发〔1996〕37号，国办发〔2006〕43号，财综〔2013〕102号，财文字〔1997〕243号，财预字〔1996〕469号，财税〔2016〕25号，财税〔2016〕60号 |
| 12 | 国家电影事业发展专项资金 | | 缴入中央和地方国库 | 《电影管理条例》，国办发〔2006〕43号，财税〔2015〕91号，财教〔2016〕4号 |
| 13 | 旅游发展基金 | | 缴入中央国库 | 旅办发〔1991〕124号，财行〔2001〕24号，财综〔2007〕3号，财综〔2010〕123号，财税〔2015〕135号 |
| 14 | 中央水库移民扶持基金 | 大中型水库移民后期扶持基金 | 缴入中央国库 | 《大中型水利水电工程建设征地补偿和移民安置条例》，《长江三峡工程建设移民条例》，国发〔2006〕17号，财综〔2006〕29号，监察部、人事部、财政部令第13号，财综〔2007〕26号，财综〔2008〕17号，财综〔2008〕29号，财综〔2008〕30号，财综〔2008〕31号，财综〔2008〕32号，财综〔2008〕33号，财综〔2008〕35号，财综〔2008〕64号，财综〔2008〕65号，财综〔2008〕66号，财综〔2008〕67号，财综〔2008〕68号，财综〔2008〕85号，财综〔2008〕86号，财综〔2008〕87号，财综〔2008〕88号，财综〔2008〕89号，财综〔2008〕90号，财综〔2009〕51号，财综〔2009〕59号，财综〔2010〕15号，财综〔2010〕16号，财综〔2010〕43号，财综〔2010〕113号，财综函〔2010〕10号，39号，财税〔2015〕80号，财综〔2016〕11号，财税〔2016〕13号，财税〔2017〕51号，财办税〔2017〕60号，财农〔2017〕128号 |
| | | 跨省大中型水库库区基金 | | |
| | | 三峡水库库区基金 | | |

续表

| 序号 | 项目名称 | | 资金管理方式 | 政策依据文件 |
|---|---|---|---|---|
| 15 | 地方水库移民扶持基金 | 省级大中型水库库区基金 | 缴入地方国库 | 国发〔2006〕17号，财综〔2007〕26号，财综〔2008〕17号，财综〔2008〕29号，财综〔2008〕30号，财综〔2008〕31号，财综〔2008〕32号，财综〔2008〕33号，财综〔2008〕35号，财综〔2008〕64号，财综〔2008〕65号，财综〔2008〕66号，财综〔2008〕67号，财综〔2008〕68号，财综〔2008〕85号，财综〔2008〕86号，财综〔2008〕87号，财综〔2008〕88号，财综〔2008〕89号，财综〔2008〕90号，财综〔2009〕51号，财综〔2009〕59号，财综〔2010〕15号，财综〔2010〕16号，财综〔2010〕43号，财综〔2010〕113号，财综函〔2010〕10号，财综函〔2010〕39号，财综〔2016〕11号，财税〔2016〕13号，财税〔2017〕18号 |
| | | 小型水库移民扶助基金 | | |
| 16 | 残疾人就业保障金 | | 缴入地方国库 | 《残疾人就业条例》，财税〔2015〕72号，财综〔2001〕16号，财税〔2017〕18号，财税〔2018〕39号 |
| 17 | 森林植被恢复费 | | 缴入中央和地方国库 | 《森林法》，《森林法实施条例》，财综〔2002〕73号，财税〔2015〕122号，财税〔2016〕2号 |
| 18 | 可再生能源发展基金 | | 缴入中央国库 | 《可再生能源法》，财综〔2011〕115号，财建〔2012〕102号，财综〔2013〕89号，财税〔2016〕4号，财办税〔2015〕4号 |
| 19 | 船舶油污损害赔偿基金 | | 缴入中央国库 | 《环境保护法》，《防治船舶污染海洋环境管理条例》，财综〔2012〕33号，交财审发〔2014〕96号 |
| 20 | 核电站乏燃料处理处置基金 | | 缴入中央国库 | 财综〔2010〕58号 |
| 21 | 废弃电器电子产品处理基金 | | 缴入中央国库 | 《废弃电器电子产品回收处理管理条例》，财综〔2012〕34号，财综〔2012〕48号，财综〔2012〕80号，财综〔2013〕32号，财综〔2013〕109号，财综〔2013〕110号，财综〔2014〕45号，财税〔2015〕81号，财政部公告2014年第29号，财政部公告2015年第91号，国家税务总局公告2012年第41号，海关总署公告2012年第33号 |

# 第四章　其他非税收入基础知识

其他非税收入，是指除了行政事业性收费收入、政府性基金收入以外的非税收入。具体包括：国有资本经营收入（国有资本收益）、国有资源（资产）有偿使用收入、罚没收入、彩票公益金收入、专项收入和其他收入。

## 第一节　中央政府其他非税收入

现行财税管理体制下，除政府性基金和行政事业费收入以外，属于我国中央政府的非税收入主要包括：国有资本经营收入、国有资源（资产）有偿使用收入、罚没收入、专项收入和其他收入。

### 一、中央政府国有资本经营收入

国有资本经营收入是指政府以所有者身份依法取得的国有资本收益，反映各级人民政府及部门、机构、履行出资人职责的企业（即一级企业）上缴的国有资本收益。

中央政府国有资本经营收入是指中央政府以所有者身份依法取得的中央企业国有资本投资收益。中央企业国有资本收益直接上交中央财政，纳入中央本级国有资本经营预算收入管理。

#### （一）国有资本经营收入的历史沿革

新中国成立以来，我国对国有资本经营收入在不同时期采用了不同的分配方式。

1977 年以前，采取的是“统收统支”模式。

1977 年以后，对国有企业利润分配主要制度有：企业基金和利润留成制度（1978～1982 年）、利改税制度（1983～1987 年）、承包经营责任制度（1988～1993 年）、税利分流制度（1994～2006 年）、国有资本收益收取制度（2007 年至今）。

在“利改税”初期，考虑到国企经营困难，政府过渡性地暂停了税后利润上缴，以给企业休养生息的机会。除个别企业以外，国有企业不向国家上缴利润，企业的国有产权处置收益主要由国有企业按规定自行支配使用。随之而来的是国企利润大幅度上升，盲目投资、重复建设现象严重，再加上历史包袱、控制、垄断程度等诸多差异，国企盈利水平在行业间、企业间差距明显、职工收入高低悬殊，分配不公问题凸显。随着经济发展及经济体制进一步改革，国企上缴红利逐渐成为政府和社会各界的共识。为进一步完善社会主义市场经济体制，深化国有资产管理体制改革，落实国家资本收益权利，国务院决定对国有资本收益施行国有资本收益收取制度。

2008 年，《国务院关于试行国有资本经营预算的意见》（国发〔2007〕26 号，以下简称国发〔2007〕26 号文件）发布，标志着中国开始正式建立国有资本经营预算制度。文件要求，中央本级国有资本经营预算将从 2008 年开始实施，收取实施范围内企业 2007 年实现的国有资本收益，结束了国有企业 13 年“独享利润”的历史。

2008 年 10 月中华人民共和国第十一届全国人民代表大会常务委员会通过的《中华人民共和国企业国有资产法》（以下简称《企业国有资产法》）规定，国有资本经营预算按年度单独编制，纳入本级政府预算，报本级人民代表大会批准。国有资本经营预算管理的具体办法和实施步骤，由国务院规定，报全国人民代表大会常务委员会备案。

为规范中央企业国有资本收益收取管理，根据《预算法》、《中华人民共和国公司法》、《企业国有资产法》及《国务院关于改革和完善国有资产管理体制的若干意见》（国发〔2015〕63 号）等规定，财政部制定了《中央企业国有资本收益收取管理办法》（财资〔2016〕32 号，以下简称《国有资本收益收取管理办法》）。同年，财政部印发的《政府非税收入管理办法》规定，国有资产有偿使用收入、国有资本收益由拥有国有资产（资本）产权的人民政府及其财政部门按照国有资产（资本）收益管理规定征收。

### （二）中央政府国有资本经营收入的基本规定

1. 缴纳义务人

按照国有资产管理权限划分，国有企业分为中央企业（由中央政府监督管理的国有企业）和地方企业（由地方政府监督管理的国有企业）。中央企业在关系国家安全和国民经济命脉的主要行业和关键领域占据支配地位，是国民经济的重要支柱。

广义的中央企业包括三类：一是由国务院国资委管理的企业，从经济作用上分为提供公共产品的（如军工、电信）、提供自然垄断产品的（如石油）、提供竞争性产品的（如一般工业、建筑、贸易）；二是由中国银行保险监督管理委员会（原银监会、保监会）、证监会管理的企业，属于金融行业，如国有五大银行（建行、农行、中行、交行、工行）及中国进出口银行、中国农业发展银行、国家开发银行；三是由国务院其他部门或群众团体管理的企业，属于烟草、黄金、铁路客货运、港口、机场、广播电视、文化、出版等行业。

狭义的中央企业通常指由国务院国有资产监督管理委员会（以下简称国资委）监督管理的企业。

根据《国有资本收益收取管理办法》规定，中央企业（即一级企业，不含金融企业，下同）归属中央政府管理，其国有资本收益的申报、审核、上交，纳入中央国有资本经营预算实施范围。

从2019年中央国有资本经营预算编制范围看，归属中央政府管理的国有资本经营收入的中央企业包括：国资委监管企业96户、所属企业31户，最高人民检察院所属企业2户，教育部所属企业387户，工业和信息化部所属企业85户，民政部所属企业3户，司法部所属企业1户，自然资源部所属企业2户，生态环境部所属企业2户，水利部所属企业8户，农业农村部所属企业5户，商务部所属企业1户，文化和旅游部所属企业12户，卫生健康委所属企业6户，体育总局所属企业44户，国家林业和草原局所属企业1户，民航局所属企业9户，国家文物局所属企业1户，中宣部所属企业1户，网信办所属企业1户，中直管理局所属企业3户，共青团中央所属企业1户，中国文联所属企业5户，中国国际贸易促进委员会所属企业29户，全国老龄委所属企业2户，财政部代表国务院履行出资人职责的中央文化企业118户和中国烟草总公司、中国邮政集团公司、中国铁路总公司等，以及新疆生产建设兵团所属国有企业。

2. 缴纳对象

《国有资本收益收取管理办法》明确，国有资本收益是指国家以所有者身份依法取得的国有资本投资收益。具体包括以下五种：

（1）应交利润，即中国人民银行、国有独资企业按规定应当上交国家的利润。具体包括：烟草企业利润收入、石油石化企业利润收入、电力企业利润收入、电信企业利润收入、煤炭企业利润收入、有色冶金采掘企业利润收入、钢铁企业利润收入、化工企业利润收入、运输企业利润收入、电子企业利润收入、机械企业利润收入、投资服务企业利润收入、纺织轻工企业利润收入、贸易企业利润收入、建筑施工企业利润收入、房地产企业利润收入、建材企业利润收入、境外企业利润收入、对外合作企业利润收入、医药企业利润收入、农林牧渔企业利润收入、邮政企业利润收入、军工企业利润收入、转制科研院所利润收入、地质勘查企业利润收入、卫生体育福利企业利润收入、教育文化广播企业利润收入、科学研究企业利润收入、机关社团所属企业利润收入、金融企业利润收入（纳入国有资本预算）、其他国有资本经营预算企业利润收入。

以上内容中，烟草企业利润收入属于中央专属收入。

（2）国有股股利、股息。包括：国有控股、参股企业国有股权（股份）获得的股利、股息收入；纳入国有资本经营预算的金融企业股利股息收入；其他国有资本经营预算企业股利股息收入。

（3）国有资产产权转让收入，即转让或出售国有资产产权、股权（股份）获得的收入。包括：国有股减持收入；国有股权（股份）转让收入；国有独资企业产权转让收入；金融企业产权转让收入；获得的股利、股息收入；纳入国有资本经营预算的金融企业股利股息收入；其他国有资本经营预算企业产权转让收入。

（4）企业清算收入。包括：国有独资企业清算收入（扣除清算费用）；国有控股、参股企业国有股权（股份）分享的公司清算收入（扣除清算费用）；其他国有资本经营预算企业清算收入。

（5）其他国有资本收益。

3. 收益申报及缴纳标准

（1）收益申报。

财政部驻中央企业所在省（自治区、直辖市、计划单列市）监管局（以下简称驻地监管局）负责收缴中央企业国有资本收益。中央部门（机构）根据财政部通知要求负责组织所属（或监管）中央企业申报、上交国有资本收益。

中央企业根据财政部通知要求，向中央部门（机构）和驻地监管局申报国有资本收益，并如实填写中央企业国有资本收益申报表。中国烟草总公司、中国邮政集团公司、中国铁路总公司直接向财政部和财政部北京监管局（以下简称北京监管局）申报国有资本收益。具体申报要求如下：

应交利润。每年5月31日前，由中央企业按照净利润和规定的上交比例一次申报，并附送经依法审计的年度合并财务会计报告。

国有股股利、股息。在股东会或者股东大会（没有设立股东会或者股东大会的为董事会，下同）表决日起30个工作日内，由中央企业据实申报，并附送经依法审计的年度合并财务会计报告和股东会或股东大会决议通过的利润分配方案。

国有产权转让收入。在签订产权转让合同之日起30个工作日内，由中央企业据实申报，并附送产权转让合同和经核准或备案的资产评估报告。

企业清算收入。在清算组或者管理人编制剩余财产分配方案之日起30个工作日内，由清算组或者管理人据实申报，并附送经依法审计的清算报告，涉及资产评估项目应附送经核准或备案的资产评估报告。

其他国有资本收益。在收益确定之日起30个工作日内，由有关单位申报，并附送有关经济事项发生和金额确认的资料。

国有独资企业拥有全资公司或者控股子公司、子企业的，应当由集团公司根据国有独资企业经依法审计的年度合并财务会计报告反映的归属于母公司所有者的净利润为基础申报。

企业计算当年应交利润时，可从净利润中扣除以前年度未弥补亏损和提取的法定公积金。

国有控股、参股企业应当依法分配年度净利润。当年不予分配的，应当说明不分配的理由和依据，并出具股东会或者股东大会的决议。

财政部会同中央部门（机构），提出国有独资企业应交利润的上交比例建议，报国务院批准后执行。国有独资企业调整以前年度损益的，应相应补交或抵减应交利润。

（2）缴纳标准。

根据《财政部关于进一步提高中央企业国有资本收益收取比例的通知》（财企〔2014〕59号）和《国有资本收益收取管理办法》等规定，国有资本经营收入的收取比例（按照中央企业税后利润——净利润扣除以前年度未弥补亏损和提取的法定公积金）分为以下五类执行：

第一类为烟草企业，收取比例25%；

第二类为石油石化、电力、电信、煤炭等资源型企业，收取比例20%；

第三类为钢铁、运输、电子、贸易、施工等一般竞争型企业，收取比例15%；

第四类为军工企业、转制科研院所、中国邮政集团公司、中国铁路总公司、中央文化企业、中央部门所属企业，收取比例10%；

第五类为政策性企业，免交当年应交利润。

符合小型微型企业规定标准的国有独资企业，应交利润不足10万元的，比照第五类政策性企业，免交当年应交利润。

为了健全政府预算体系，提高财政资金效益、增强财政预算透明度，适应建立现代公共财政制度的要求，财政部在2014年发布的《关于完善政府预算体系有关问题的通知》（财预〔2014〕368号）中强调要“完善国有资本经营预算制度，提高国有资本收益上缴公共财政的比例，2020年提高到30%，更多地用于保障和改善民生”。

4. 缴纳期限及收益入库

（1）缴纳期限。

中央企业应在收到中央部门（机构）国有资本收益上交通知和驻地监管局开具的《非税收入一般缴款书》之日起15个工作日内，上交国有资本收益。

中央企业当年应交利润应当在申报日起4个月内交清。其中：应交利润在10亿元以下（含10亿元）的，须一次交清；应交利润在10亿元以上、50亿元以下（含50亿元）的，可分两次交清；应交利润在50亿元以上的，可分三次交清。

（2）收益入库。

根据《国有资本收益收取管理办法》第四条规定，中央企业国有资本收益应当按照国库集中收缴的有关规定直接上交中央财政，纳入中央本级国有资本经营预算收入管理。

5. 减免规定

中央企业由于国家政策进行重大调整，或者遭受重大自然灾害等不可抗力因素造成巨大损失，要求减免上交国有资本收益的，中央企业应当通过中央部门（机构）向财政部提出申请，由财政部报国务院批准。

6. 收益审核

（1）中央企业国有资本收益区别以下情况核定。

应交利润。根据中央企业经依法审计的年度合并财务会计报告反映的归属于母公司所有者的净利润和规定的上交比例计算核定；

国有股股利、股息。根据国有控股、参股企业利润分配方案中确定的国有股获得的股利、股息全额核定；

国有产权转让收入。根据企业产权转让协议和资产评估报告等资料计算的转让净收入（扣除转让费用）全额核定；

企业清算收入。根据清算组或者管理人提交的企业清算报告计算的清算净收入（扣除清算费用）全额核定；

其他国有资本收益。根据有关经济行为的财务会计资料核定。

（2）事业单位所属国有控股、参股企业的国有股股利、股息，根据国有控股、参股企业当年可供国有投资者分配利润和规定的上交比例计算核定。如企业利润分配方案确定的实际分配国有股股利、股息低于计算核定金额的，则按实际分配的国有股股利、股息核定。

（3）审核机构及程序。

中央部门（机构）应当在收到所属（或监管）中央企业上报的国有资本收益申报表及相关材料之日起 15 个工作日内提出初审意见，报送财政部复核。

驻地监管局应当在收到中央企业上报的国有资本收益申报表及相关资料之日起 15 个工作日内提出审核意见，报送财政部。

财政部向中央部门（机构）提出复核意见；中央部门（机构）根据财政部复核意见向所属（或监管）中央企业下达国有资本收益上交通知。

财政部根据北京监管局审核意见，向中国烟草总公司、中国邮政集团公司、中国铁路总公司下达国有资本收益上交通知。

财政部向驻地监管局下达国有资本收益收缴通知；驻地监管局根据财政部下达的收缴通知向中央企业开具《非税收入一般缴款书》。

7. 监督管理

（1）预算管理。根据《中华人民共和国预算法实施条例》第二十条规定，各级政府预算按照复式预算编制，分为政府公共预算、国有资产（本）经营预算、社会保障预算和其他预算。国有资本经营收入纳入国有资产（本）经营预算。

国有资本经营预算支出应编列到具体项目。中央国有企业需要通过国有资本经营预算安排的支出，由一级预算单位审核后报财政部，财政部审核后统筹提出资金安排使用方案，报国务院审批，以后结合国有资产管理体制改革，进一步完善国有资本经营预算编制程序。

（2）财政部和中央部门（机构）对中央企业国有资本收益申报、审核、上交进行监督。

（3）对隐瞒、挪用、拖欠、不交或少交以及违规审核国有资本收益的行为，依照《预算法》《财政违法行为处罚处分条例》的相关规定进行处理处罚。

## 二、中央政府国有资源（资产）有偿使用收入

### （一）国有资源（资产）有偿使用的历史沿革

全民所有自然资源是宪法和法律规定属于国家所有的各类自然资源，主要包括国有土地资源、水资源、矿产资源、国有森林资源、国有草原资源、海域海岛资源等。自然资源资产有偿使用制度是生态文明制度体系的一项核心制度。改革开放以来，我国全民所有自然资源资产有偿使用制度逐步建立，在促进自然资源保护和合理利用、维护所有者权益方面发挥了积极作用。

我国国有自然资源有偿使用制度始于20世纪80年代初的国有建设用地，随后相继建立了矿产、水、海域海岛等国有自然资源有偿使用制度，但各门类自然资源一直未形成统一规范的有偿使用制度。

2016年，国务院发布《关于全民所有自然资源资产有偿使用制度改革的指导意见》（国发〔2016〕82号，以下简称《意见》），这是国家层面就国有自然资源资产有偿使用作出全面部署的第一个文件，系统总结和创新了我国国有自然资源资产有偿使用的实践经验，针对土地、水、矿产、森林、草原、海域海岛6类国有自然资源不同特点和情况，分别提出了建立完善有偿使用制度的重点任务。《意见》的出台，首次统一提出了自然资源资产有偿使用制度的指导思想、总体思路和主要目标，突出体现了改革的整体性、系统性和协同性，是当前和今后一段时期推动各类国有自然资源资产有偿使用制度建设的纲领性文件。

《意见》明确指出：一是要“完善国有土地资源有偿使用制度”，以扩大范围、扩权赋能为主线，将有偿使用扩大到公共服务领域和国有农用地；二是要“完善水资源有偿使用制度”，健全水资源费差别化征收标准和管理制度，严格水资源费征收管理，确保应收尽收；三是要“完善矿产资源有偿使用制度”，完善矿业权有偿出让、矿业权有偿占有和矿产资源税费制度，健全矿业权分级分类出让制度；四是要“建立国有森林资源有偿使用制度”，严格执行森林资源保护政策，规范国有森林资源有偿使用和流转，确定有偿使用的范围、期限、条件、程序和方式，通过租赁、特许经营等方式发展森林旅游；五是要“建立国有草原资源有偿使用制度”，对已改制国有单位涉及的国有草原和流转到农村集体经济组织以外的国有草原，探索实行有偿使用“完善海域海岛有偿使用制度”；六是要“完善海域海岛有偿使用制度”，丰富海域使用权权能，设立无居民海岛使用权和完善其权利体系，并逐步扩大市场化出让范围。到2020年要实现全民所有自然资源资产有偿使用的主要目标，即“基本建立产权明晰、权能丰富、规则完善、监管有效、权益落实的全民所有自然资源资产有偿使用制度，使全民所有自然资源资产使用权体系更加完善，市场配置资源的决定性作用和政府的服务监管作用充分发挥，所有者和使用者权益得到切实维护，自然资源保护和合理利用水平显著提升，实现自然资源开发利用和保护的生态、经济、社会效益相统一”。

### （二）中央政府管理的国有资源（资产）有偿使用收入的基本规定

1. 缴纳义务人

中央政府国有资源（资产）有偿使用收入的缴纳义务人为：取得中央政府管理的国有土地资源、水资源、矿产资源、国有森林资源、国有草原资源、海域海岛资源等的使用权人。

2. 缴纳对象

国有资源和资产有偿使用收入包括国有自然资源有偿使用收入、社会公共资源有偿使用收入和行政事业单位国有资产有偿使用收入。

根据《2019年政府收支科目划分》，目前作为中央预算收入，上缴中央财政的国有资源收（资产）有偿使用收入主要包括以下内容：

（1）海上石油矿区使用费收入。

（2）行政单位国有资产处置收入及行政单位国有资产出租出借收入（以

下统称行政单位国有资产收入)。

(3)事业单位国有资产处置收入及事业单位国有资产出租出借收入。

(4)特种矿产品出售收入。

(5)专项储备物质销售收入。

(6)利息收入。包括国库存款利息收入、有价证券利息收入、其他利息收入。

(7)无居民海岛使用金收入。

(8)非经营性国有资产收入。

(9)石油特别收益金专项收入。包括石油特别收益金专项收入和石油特别收益金退库。

(10)动用国家储备物质上缴财政收入。

(11)铁路资产变现收入。

(12)电力改革预留资产变现收入。

(13)矿产资源专项收入。

(14)航班时刻拍卖和使用费收入。

(15)国家留成油上缴收入等。

3. 收入缴库

国有自然资源资产有偿使用遵循“保护优先、合理利用”“两权分离、扩权赋能”“明确权责、分级行使”“创新方式、强化监管”的管理原则。明确全民所有自然资源资产有偿处置的主体，合理划分中央和地方政府对全民所有自然资源资产的处置权限。

归属中央政府的国有资源(资产)有偿使用收入应当按照国库集中收缴的有关规定直接上交中央财政，纳入中央财政预算管理。

4. 征收管理

(1)海上石油矿区使用费收入的征收管理。根据《财政部开采海洋石油资源缴纳矿区使用费的规定的通知》(国税油政字〔1989〕2号)规定，海上石油矿区使用费收入的征收管理的主要内容如下:

缴纳义务人。在中华人民共和国境内从事合作开采陆上石油资源的中国企业和外国企业，应当依照《开采海洋石油资源缴纳矿区使用费的规定》缴纳矿区使用费。

缴纳标准。矿区使用费按照每个油、气田日历年度原油或者天然气总产量计征，矿区使用费费率见表4-1。

表 4-1　　　　矿区使用费费率

| 类别 | 产量 | 矿区使用费费率 |
| --- | --- | --- |
| 原油（每个油田日历年度原油总产量） | 不超过 100 万吨的部分 | 免征 |
| | 超过 100 万吨至 150 万吨的部分 | 4% |
| | 超过 150 万吨至 200 万吨的部分 | 6% |
| | 超过 200 万吨至 300 万吨的部分 | 8% |
| | 超过 300 万吨至 400 万吨的部分 | 10% |
| | 超过 400 万吨的部分 | 12.5% |
| 天然气（每个气田日历年度原油总产量） | 不超过 20 立方米的部分 | 免征 |
| | 超过 20 亿立方米至 35 亿立方米的部分 | 1% |
| | 超过 35 亿立方米至 50 亿立方米的部分 | 2% |
| | 超过 50 亿立方米的部分 | 3% |

缴纳方式。原油和天然气的矿区使用费，均用实物缴纳，由税务机关负责征收管理。中外合作开采的油、气田的矿区使用费，由油、气田的作业者代扣，交由中国石油开发公司负责代缴。矿区使用费按年计算，分次或者分期预缴，年度终了后汇算清缴，预缴期限和汇算清缴期限，由税务机关确定。

违规处理。油、气田的作业者应当在每一季度终了后 10 日内向税务机关报送油、气田的产量，以及税务机关所需要的其他有关资料。矿区使用费的代扣义务人和代缴义务人，必须按照税务机关确定的期限缴纳矿区使用费。逾期缴纳的，税务机关从逾期之日起，按日加收滞纳矿区使用费的 1‰的滞纳金。油、气田的作业者违反规定，不按期向税务机关报送油、气田的实际产量和税务机关所需其他有关资料的，税务机关可酌情处以人民币 5 000 元以下的罚款；隐匿产量的，除追缴应缴纳的矿区使用费外，可酌情处以应补缴矿区使用费 5 倍以下的罚款。

（2）行政单位国有资产处置收入及行政单位国有资产出租出借收入的征收管理。

根据《财政部关于印发〈中央行政单位国有资产处置收入和出租出借收入管理暂行办法〉的通知》（财行〔2009〕400 号，以下简称财行〔2009〕400 号文件）规定，行政单位国有资产处置收入及行政单位国有资产出租出借收入的征收管理内容主要有以下三项：

缴纳义务人。行政单位国有资产处置收入及行政单位国有资产出租出借收入缴纳义务人是指取得国有资产处置收入及出租出借收入的中央行政单位及行政单位。包括中共中央直属机关，国务院各部委、各直属机构、办事机构，全国人民代表大会常务委员会办公厅，全国政协办公厅，最高人民法院，最高人民检察院，各民主党派中央等；中央垂直管理系统行政单位；驻外机构，指驻外使领馆、常驻联合国和其他国际组织代表团、中央行政单位驻外非外交性质代表机构等。

缴纳对象。一是国有资产处置收入，包括中央行政单位国有资产产权的转移或核销所产生的收入如国有资产的出售收入、出让收入、置换差价收入、报废报损残值变价收入等；二是国有资产出租出借收入，即中央行政单位在保证完成正常工作的前提下，经审批同意，出租、出借国有资产所取得的收入；三是参照《公务员法》管理、执行行政单位财务和会计制度的中央级事业单位和社会团体的取得的国有资产收入，以及人民银行系统和外汇管理局系统因行政经费支出形成的国有资产收入。

收入收缴。国有资产收入属于中央政府非税收入，是中央财政收入的重要组成部分，由财政部负责收缴和监管。中央行政单位处置和出租、出借国有资产收入中可抵扣应缴纳的税款和所发生的相关费用（资产评估费、技术鉴定费、交易手续费等），抵扣后的余额按照政府非税收入收缴管理有关规定上缴中央财政。

中央行政单位取得的国有资产收入，应区分不同情况，按照以下两种方式上缴：

一是对已开设中央财政汇缴专户的预算单位，应按照财政部非税收入收缴制度有关规定，在收入抵扣后 2 个工作日内，将余额缴入中央财政汇缴专户。

二是对未开设中央财政汇缴专户的预算单位，应按照财政部非税收入收缴制度有关规定，分下列不同情况上缴国有资产收入：一级预算单位，由财政部为其开设中央财政汇缴专户，一级预算单位在收入抵扣后 2 个工作日内，将余额缴入其中央财政汇缴专户；二级预算单位对于无下属预算单位的二级预算单位，由财政部为其主管一级预算单位开设中央财政汇缴专户，二级预算单位在收入抵扣后 2 个工作日内，将余额直接缴入一级预算单位的中央财政汇缴专户；对于有下属预算单位的二级预算单位，由财政部为二级预算单位开设中央财政汇缴专户，二级预算单位在收入抵扣后 2 个工作日内，将余额直接缴入其中央财政汇缴专户；三级及三级以下预算单位，由财政部为其主管二级预算单位开设中央财政汇缴专户，三级及三级以下预算单位在收入抵扣后2个工作日内，将余额直接缴入其主管二级预算单位的中央财政汇缴专户。

监督检查与法律责任。财政部各地监管局负责对中央行政单位国有资产收入缴纳情况进行监督检查。中央行政单位履行对下属单位国有资产的监管职责，建立健全国有资产收入形成、收缴、使用、监督管理等方面的规章制度，防止隐瞒、截留、挤占、坐支和挪用国有资产收入。

财政部、中央行政单位和个人违反财行〔2009〕400号文件规定的，应根据《财政违法行为处罚处分条例》等国家有关规定追究法律责任。

（3）事业单位国有资产处置收入及事业单位国有资产出租出借收入征收管理。

国有资产处置是指事业单位对其占有、使用的国有资产进行产权转让或者注销产权的行为。

根据《事业单位国有资产管理暂行办法》（财政部令第36号）以及《中央级事业单位国有资产使用管理暂行办法》（财教〔2009〕192号）规定，事业单位国有资产处置收入属于国家所有，应当按照政府非税收入管理的规定，实行“收支两条线”管理。

缴纳义务人与缴纳对象。执行事业单位财务和会计制度的中央级各类事业单位因国有资产处置取得的出售、出让、转让、对外捐赠、报废、报损以及货币性资产损失核销等收入。

事业单位国有资产，是指事业单位占有、使用的，依法确认为国家所有，能以货币计量的各种经济资源的总称，即事业单位的国有（公共）财产。具体包括：国家拨给事业单位的资产，事业单位按照国家规定运用国有资产组织收入形成的资产，以及接受捐赠和其他经法律确认为国家所有的资产，其表现形式为流动资产、固定资产、无形资产和对外投资等。

收入管理。中央级事业单位利用国有资产对外投资取得的收益及出租出借取得的收入，应按照预算管理及事业单位财务和会计制度的有关规定纳入单位预算，统一核算，统一管理；中央级事业单位国有资产出租、出借，资产单项或批量价值在800万元人民币以上（含800万元）的，经主管部门审核后报财政部审批；资产单项或批量价值在800万元以下的，由主管部门按照有关规定进行审批，并于15个工作日内将审批结果（一式三份）报财政部备案。

监督管理。事业单位国有资产实行国家统一所有，政府分级监管，单位占有、使用的管理体制。财政部是负责中央事业单位国有资产管理的职能部门，对事业单位的国有资产实施综合管理；中央事业单位的主管部门（以下简称主管部门）负责对本部门所属事业单位的国有资产实施监督管理。财政部、主管部门负责对中央级事业单位国有资产使用行为及其收入的日常监督和专项检查。财政部、中央级事业单位主管部门（以下简称主管部门）按照规定权限对中央级事业单位国有资产对外投资和出租、出借等事项进行审批（审核）或备案。中央级事业单位负责本单位国有资产使用的具体管理。

法律责任。事业单位及其工作人员有下列行为之一的，依据《财政违法行为处罚处分条例》的规定进行处罚、处理、处分：以虚报、冒领等手段骗取财政资金的；擅自占有、使用和处置国有资产的；擅自提供担保的；未按规定缴纳国有资产收益的。

财政部门、主管部门及其工作人员在上缴、管理国有资产收益，或者下拨财政资金时，违反《事业单位国有资产管理暂行办法》规定的，依据《财政违法行为处罚处分条例》的规定进行处罚、处理、处分。财政部门、行政单位及其工作人员违反规定，擅自占用、使用、处置国有资产的，按照《财政违法行为处罚处分条例》处理。

主管部门在配置事业单位国有资产或者审核、批准国有资产使用、处置事项的工作中违反《事业单位国有资产管理暂行办法》规定的，财政部门可以责令其限期改正，逾期不改的予以警告。

在实践中，国有资源（资产）有偿使用还有不少难题需要研究。比如，由于各类资源的差异，如何确定在各类资源之间有偿使用方式的适用性？如何确定自然资源资产“家底”的清查核算标准？中央和地方分级行使的管理权限怎么划分，收益如何分配？诸如此类问题都需要进一步明确和细化。

## 三、中央政府罚没收入

罚款是执法部门依法行政的一种责任形式，其作为一种行政处罚措施和社会管理的手段，广泛应用于我国行政体制的各个领域。

依据《行政处罚法》《中共中央　国务院关于对行政性收费、罚没收入实行预算管理的规定》《违反行政事业性收费和罚没收入收支两条线管理规定行政处分暂行规定》等文件，中央政府罚没收入的基本规定主要包括以下四方面内容。

### （一）管理对象

根据《行政处罚法》规定，公民、法人或者其他组织违反行政管理秩序的行为，应当给予行政处罚的，依照本法由法律、法规或者规章规定，并由行政机关依照本法规定的程序实施。

### （二）管理范围

罚没收入是指国家行政机关、司法机关和法律、法规授权的机构依据法律、法规，对公民、法人和其他组织实施处罚所取得的罚没款以及没收赃物的折价收入。

根据财政部《2019 年政府预算收支科目》（财预〔2018〕108 号），属于中央财政的罚没收入具体包括：公安罚没收入、检察院罚没收入、法院罚没收入、工商罚没收入、新闻出版罚没收入、技术监督罚没收入、税务部门罚没收入、海关罚没收入、食品药品监督罚没收入、卫生罚没收入、检验检疫罚没收入、证监会罚没收入、保监会罚没收入、交通罚没收入、铁道罚没收入、审计罚没收入、渔政罚没收入、银行监督罚没收入、民航罚没收入、交强险罚没收入、物价罚没收入、其他一般罚没收入、缉毒罚没收入等。

其中，银行监督罚没收入、民航罚没收入、电力监督罚没收入、公安缉私罚没收入、工商缉私罚没收入、海关缉私罚没收入、边防武警缉私罚没收入、其他部门缉私罚没收入专属中央财政。

税务部门罚没收入中，关税、特别关税、船舶吨税、车辆购置税、海洋石油资源税、军队个人所得税、中央企业所得税、消费税等归属中央管理的税收，其税款滞纳金及罚款收入归中央财政。其他部门罚款收入按相关法律规定确定中央政府管理收入。

### （三）收入收缴

（1）执收、执罚部门和单位所取得的收费收入、罚没收入，应在 3 日内上缴国库。

（2）对零星收入，账面余额不足 1 000 元的，经本级财政部门同意，可每 15 日上缴一次。

（3）达到 1 000 元的，应即时上缴国库。任何单位和个人不得拖欠、截留、坐支、挪用、私分。

执收、执罚部门和单位要严格执行国家有关收费和罚没项目的规定。收费、罚没收入必须全部上缴财政，并使用《非税收入一般缴款书》，应按《中华人民共和国国家金库条例实施细则》的规定，认真办理缴库手续。

#### （四）监督检查

财政部负责对中央管理的罚没收入进行监督和检查。

对拖欠、截留、坐支、挪用、私分行政性收费收入和罚没收入，实行提留、分成和收支挂钩办法或者下达罚没收入指标的，要按违反财经纪律论处，情节严重的，要追究直接责任人员和有关领导人的法律责任。

## 第二节　中央地方共享收入

按照国家相关规定，现行由中央政府和地方政府共享的非税收入主要包括：彩票公益金收入、海域使用金收入、无居民海岛使用金收入等。

### 一、彩票公益金收入

#### （一）彩票公益金历史沿革

1. 中国彩票公益金的产生

中国福利彩票和体育彩票是在顺应改革开放形势、关爱困难群体、促进体育事业发展的背景下诞生的。

20 世纪 80 年代，中国进入改革开放的快速发展时期，原有的社会福利由国家包办的传统方式已难以适应社会和经济发展的需要。为了弥补各级财政对社会福利事业投入的不足，缓解政府压力，更好地发展“扶老、助残、救孤、济困”等社会福利事业，1986 年 6 月 18 日，民政部向国务院正式报送《关于开展社会福利有奖募捐活动的请示》。1987 年，经党中央、国务院批准，中国社会福利有奖募捐委员会在北京正式成立。7 月 27 日，中国福利彩票正式发行。

1993 年“中国社会福利有奖募捐券发行中心”更名为“中国社会福利奖券发行中心”，1994 年正式定名为“中国福利彩票发行管理中心”。

1995 年，“中国社会福利有奖募捐券”更名为“中国福利彩票”，中国彩票正式与国际接轨。

1994 年，为了加快体育事业的发展，弥补体育事业经费的不足，为全民健身、奥运争光和办好大赛筹集资金，经国务院批准，我国正式开始在全国范围内统一发行、统一印制、统一管理中国体育彩票。

财政部数据显示，自 1987 年福利彩票发行销售以来至 2018 年底，福利彩票累计发行销售 20 197.26 亿元，筹集公益金超过 6 000 亿元。为社会福利与社会公益事业发展做出了应有贡献。中国彩票业发展对社会的贡献不仅体现在公益金方面，彩票发行销售目前已经发展成为一个产业，仅投注站的从业人员就已达到 30 万～50 万人。同时，彩票业还围绕印刷、设计、软件开发、系统运营、广告等业务展开，可以说已经形成了完整的产业链。它在财政税收所得、劳动力就业、带动相关产业发展等方面都发挥着重要作用。

2. 彩票公益金的使用范围

我国彩票公益金纳入政府性基金预算管理，专项用于社会福利、体育等社会公益事业，结余结转下年继续使用，不得用于平衡财政一般预算。

（1）社会福利性质的公益金的使用范围。主要包括：用于资助为老年人、残疾人、孤儿、革命伤残军人等特殊群体服务的社会福利事业，帮助有特殊困难的人，支持社区服务、社会福利企业和其他社会公益、慈善事业的发展；对陈旧老化的社会福利设施和社会福利事业单位的维修和更新改造予以适当资助；对公众关注、有利于弘扬社会主义精神文明、能体现扶弱济困宗旨的其他社会公益事业给予适当资助，但全年资助总量应控制在本级留成社会福利基金的10%以内；同等条件下，社会福利基金要优先资助老、少、边、穷和灾区的社会福利事业。

（2）体育公益金主要用于落实《全民健身计划纲要》《奥运争光计划纲要》，使用范围包括：资助开展全民健身活动。这是指用于群众性体育活动、进行全民体质监测、培训社会体育指导员等项开支；弥补大型体育运动会比赛（如国际、国家、地方最高级别的大型综合性运动会及重大国际单项体育比赛）的经费不足；弥补维修和新建大众体育设施及专业体育比赛、训练场馆的经费不足；体育扶贫工程专项支出（专项用于支持贫困地区体育事业发展的支出）。

为规范和加强彩票公益金筹集、分配和使用管理，健全彩票公益金监督机制，提高资金使用效益，我国颁布了彩票管理相关法律法规（见表 4－2）。

表 4－2　　　　　　我国彩票立法部门及主要法规设置情况

| 立法部门 | 主要法规 |
|---|---|
| 国务院 | 《彩票管理条例》(2009 年) |
| 财政部<br>民政部 | 《中央集中彩票公益金支持社会福利事业资金使用管理办法》(2017 年) |
| 财政部 | 《彩票管理条例实施细则》(2012 年)(联合)、《彩票公益金管理办法》(2012 年修订)、《彩票发行销售管理办法》(2012 年修订)、《彩票机构财务管理办法》(2012 年) 等 |
| 民政部 | 《中国福利彩票代销合同示范文本》(2012 年)、《处理因意外事故无法销售奖券的暂行规定》(2010 年)、《社会福利奖券实物兑奖奖品管理办法 (试行)》(2008 年) 等 |
| 国家体育总局 | 《中国足球彩票发行与销售管理办法》(2009 年修订) 等 |
| 地方政府 | 各地方政府发布的相关法规 |

### (二) 彩票公益金收入基本规定

1. 彩票发行费比例

彩票发行需切实保障彩票公益金比例，依据相关规定，按照彩票品种特性、发行规模和发行方式等合理控制彩票发行费比例，在彩票游戏规则中合理拟定彩票公益金比例。彩票公益金比例最低不得低于 20%。

自 2016 年 1 月 1 日起，对经财政部批准已上市销售的彩票品种，传统型、即开型彩票发行费比例暂维持 15% 不变（最高不得超过 15%）；乐透型、数字型、视频型、基诺型彩票发行费比例最高不得超过 13%。超过 13% 的，一律调整为 13%，不超过 13% 的，暂维持其发行费比例不变；竞猜型彩票游戏公益金比例低于 20% 的，一律将其发行费比例下调 2 个百分点。以上下调的彩票游戏发行费比例，除将中国福利彩票双色球游戏发行费下调的 1 个百分点转入该游戏调节基金用于返奖等外，其余的应当全部用于上调相应彩票游戏的公益金比例。

逾期未兑奖的奖金纳入彩票公益金管理。

2. 彩票公益金分配比例

(1) 彩票公益金在中央与地方之间分配，具体由各省、自治区、直辖市彩票销售机构（以下简称彩票销售机构）根据国务院批准的彩票公益金分配政策和财政部批准的提取比例，按照每月彩票销售额据实结算后分别上缴中央财政和省级财政。

逾期未兑奖的奖金由彩票销售机构上缴省级财政，全部留归地方使用。

（2）为促进社会公益事业统筹协调发展，有利于形成彩票公益金与彩票市场良性互动的发展机制，经国务院批准，从2005年起，对彩票公益金分配政策作如下调整：

一是彩票公益金在中央与地方之间，按50∶50的比例分配；

二是中央集中的彩票公益金，在社会保障基金、专项公益金、民政部和国家体育总局之间，按60%、30%、5%和5%的比例分配；

三是地方留成的彩票公益金，将福利彩票和体育彩票分开核算，坚持按彩票发行宗旨使用，由省级人民政府财政部门商民政、体育部门研究确定分配原则。

3. 收缴管理

（1）上缴省级财政的彩票公益金，由省级财政部门负责征收。

（2）上缴中央财政的彩票公益金，由财政部各地监管局负责就地执收。财政部各地监管局应当按照规定的彩票公益金比例和彩票公益金分配政策，及时、足额执收上缴中央财政的彩票公益金。

具体程序为：彩票销售机构于每月5日前向驻在地监管局报送《上缴中央财政的彩票公益金申报表》及相关材料，申报上月彩票销售金额和应上缴中央财政的彩票公益金金额；监管局于每月10日前完成申报资料的审核工作，核定缴款金额，并向彩票销售机构开具《非税收入一般缴款书》；彩票销售机构于每月15日前，按照《非税收入一般缴款书》载明的缴款金额上缴中央财政。

（3）西藏自治区应上缴中央财政的彩票公益金，由西藏自治区财政厅负责执收。

财政部各地监管局、西藏财政厅应当于每季度终了后15日内、年度终了后30日内，向财政部报送《上缴中央财政的彩票公益金统计报表》相关重大问题应随时报告。

（4）上缴省级财政的彩票公益金，由各省、自治区、直辖市人民政府财政部门（以下简称省级财政部门）负责执收，具体收缴程序按照省级财政部门的有关规定执行。

省级财政部门应当于年度终了后30日内，向财政部报送《彩票公益金统计报表》。

财政部各地监管局和省级财政部门应当于年度终了后30日内，完成对上一年度应缴中央财政和省级财政彩票公益金的清算及收缴工作。

4. 监督管理

根据《彩票公益金管理办法》《彩票管理条例实施细则》等相关法律规定，彩票公益金由财政部、民政部、国家体育总局负责彩票的监督管理工作。

财政部门负责彩票监督管理工作，主要职责是制定彩票监督管理制度和政策，审批彩票品种的开设、停止和有关审批事项的变更，监督管理全国彩票市场及彩票发行和销售活动、监督管理彩票资金和财务活动等。

民政部门、体育行政部门分别负责福利彩票、体育彩票管理工作，主要职责是制定全国福利彩票、体育彩票事业的发展规划和管理制度，设立彩票发行机构，审核彩票品种的开设、停止和有关审批事项的变更，制定福利彩票、体育彩票代销合同示范文本，监督彩票销毁等。

彩票发行机构负责全国的彩票发行和组织销售工作，彩票销售机构负责本行政区域的彩票销售工作。

5. 检查管理

（1）彩票销售机构应当严格按照《彩票公益金管理办法》的规定缴纳彩票公益金，不得拒缴、拖欠、截留、挤占、挪用彩票公益金；

（2）彩票公益金的使用部门、单位，应当按照同级财政部门批准的项目资金使用计划和预算执行，不得挤占挪用彩票公益金，不得改变彩票公益金使用范围；

（3）省级以上财政部门应当加强对彩票公益金筹集、分配、使用的监督检查，保证彩票公益金及时、足额上缴财政和专款专用；

（4）违反《彩票公益金管理办法》规定，拒缴、拖欠、截留、挤占、挪用彩票公益金，以及改变彩票公益金使用范围的，依照《财政违法行为处罚处分条例》、《彩票管理条例》（国务院令第554号）、《财政部关于印发〈彩票发行销售管理办法〉的通知》（财综〔2012〕102号）、《财政部关于印发〈彩票机构财务管理办法〉的通知》（财综〔2012〕89号）、《财政部关于进一步规范和加强彩票资金构成比例政策管理的通知》（财综〔2015〕94号）等有关规定处理。

省级财政部门应当根据《彩票公益金管理办法》规定，结合本地实际，制定本行政区域的彩票公益金使用管理办法，报财政部备案。

6. 法律责任

（1）彩票发行机构、彩票销售机构有下列行为之一的，由财政部门责令改正。对直接负责的主管人员和其他直接责任人员，建议所在单位或者主管部门给予相应的处分。主要情形如下：

①违反彩票销售原始数据、彩票开奖设备管理规定的；

②违反彩票发行销售风险基金、彩票兑奖周转金或者彩票游戏的奖池资金、调节基金以及一般调节基金管理规定的；

③未按批准的销毁方式、期限销毁彩票的；

④未按规定向社会公告相关信息的；

⑤使用奖池资金、业务费开展派奖活动的；

⑥未以人民币现金或者现金支票形式一次性兑奖的。

（2）彩票代销者有下列行为之一的，由民政部门、体育行政部门责令改正，情节严重的，责成彩票发行机构、彩票销售机构解除彩票代销合同。主要情形包括：转借、出租、出售彩票代销证的；未以人民币现金或者现金支票形式一次性兑奖的。

## 二、海域使用金收入

海域使用金收入是指按照《中华人民共和国海域使用管理法》（以下简称《海域使用管理法》）征收的国家海域使用金收入，属于国有资源（资产）有偿使用收入。

根据《海域使用管理法》第三十三条规定，海域属国家所有，任何单位和个人使用海域，必须依法缴纳海域使用金，取得海域使用权。

### （一）海域使用金历史沿革

我国海域有偿使用始于20世纪90年代初。为促进海域海岛资源有效保护与可持续利用，保障国家海洋生态安全和海洋权益，2001年10月27日第九届全国人民代表大会常务委员会第二十四次会议审议通过了《海域使用管理法》，决定在中国内水和领海海域实行海洋功能区划、海域权属管理和海域有偿使用三大基本制度，并于2002年1月日起正式施行。

国家建立海域使用权登记制度，依法登记的海域使用权受法律保护。单位和个人使用海域，必须依法取得海域使用权。海域使用申请经依法批准后，国务院批准用海的，由国务院海洋行政主管部门登记造册，向海域使用申请人颁发海域使用权证书；地方人民政府批准用海的，由地方人民政府登记造册，向海域使用申请人颁发海域使用权证书。海域使用申请人自领取海域使用权证书之日起，取得海域使用权。

海域使用金收入分为中央海域使用金收入和地方海域使用金收入。中央海域使用金收入归属中央财政，地方海域使用金收入使用金归属地方财政。

根据国家自然资源部《2017 年中国土地矿产海洋资源统计公报》中的数据，2017 年我国征收海域使用金 64. 85 亿元。自《海域使用管理法》实施以来，我国已累计征收海域使用金 820 多亿元，有效维护了海域资源所有者权益①。

### （二）海域使用金收入基本规定

根据国家海洋局 2018 年 7 月 5 日发布的《关于海域、无居民海岛有偿使用的意见》、财政部关于印发《调整海域无居民海岛使用金征收标准》、财政部、国家海洋局制定的《海域使用金征收标准》（见附件，以下简称国家标准）等文件，海域使用金收入基本规定如下。

1. 缴纳义务人

根据《海域使用管理法》规定，海域使用金收入缴纳者为依法申请取得，或者通过招标、拍卖方式取得海域使用权证书的海域使用权人。

海域：是指中华人民共和国内水、领海的水面、水体、海床和底土。

内水：是指中华人民共和国领海基线向陆地一侧至海岸线的海域。

在中华人民共和国内水、领海持续使用特定海域 3 个月以上的排他性用海活动，适用《海域使用管理法》。

2. 海域使用权使用期限

按照下列用途确定最高使用期限：

（1）养殖用海 15 年；

（2）拆船用海 20 年；

（3）旅游、娱乐用海 25 年；

（4）盐业、矿业用海 30 年；

---

① 国土资源部调控和监测司负责人解读《关于全民所有自然资源资产有偿使用制度改革的指导意见》[EB/OL]. 新华网，http：//www. xinhua. com//expo/2017－01/23/c_129458586. htm，2017－01－23.

（5）公益事业用海40年；

（6）港口、修造船厂等建设工程用海50年。

海域使用权期限届满，海域使用权人需要继续使用海域的，应当至迟于期限届满前2个月向原批准用海的人民政府申请续期。除根据公共利益或者国家安全需要收回海域使用权的外，原批准用海的人民政府应当批准续期。准予续期的，海域使用权人应当依法缴纳续期的海域使用金。

3. 征收标准

自2018年5月1日起，征收海域使用金统一按照国家标准执行。

沿海省、自治区、直辖市、计划单列市应根据本地区情况合理划分海域级别，制定不低于国家标准的地方海域使用金征收标准。

（1）以申请审批方式出让海域使用权的，执行地方标准；以招标、拍卖、挂牌方式出让海域使用权的，出让底价不得低于按照地方标准计算的海域使用金金额。

（2）尚未颁布地方海域使用金征收标准的地区，执行国家标准。

（3）养殖用海海域使用金执行地方标准。

（4）地方人民政府管理海域以外的用海项目，执行国家标准，相关等别按照毗邻最近行政区的等别确定。养殖用海的海域使用金征收标准参照毗邻最近行政区的地方标准执行。

2018年5月1日之前已获批准但尚未缴纳海域使用金的用海、用岛项目，仍执行原海域使用金征收标准。其中，招标、拍卖、挂牌方式出让的项目批准时间，以政府批复出让方案的时间为准。

经批准分期缴纳海域使用金的用海、用岛项目，在批准的分期缴款时间内，应按照出让合同或分期缴款批复缴纳剩余部分。

已获批准按规定逐年缴纳海域使用金的用海项目，项目确权登记时间在通知施行前的，仍执行原海域使用金征收标准，出让合同另有约定的除外，缴款通知书已有规定的从其规定；因海域使用权续期或用海方案调整等需重新报经政府批准的，批准后按照新标准执行。

2018年5月1日后批准的逐年缴纳海域使用金的用海项目，如海域使用金征收标准调整，调整后第二年起执行新标准。

地方海域使用金征收标准（含养殖用海征收标准）制定工作，应于2019年4月底前完成，并报财政部、国家海洋局备案。

财政部会同国家海洋局将根据海域、无居民海岛资源环境承载能力和国民经济社会发展情况，综合评估用海用岛需求、海域和无居民海岛使用权价值、生态环境损害成本、社会承受能力等因素的变化，建立价格监测评价机制，对海域、无居民海岛使用金征收标准进行动态调整。

4. 缴纳方式

根据不同的用海性质或者情形，海域使用金可以按照规定一次缴纳或者按年度逐年缴纳。

5. 减征免征

下列用海可以免缴海域使用金：军事用海、公务船舶专用码头用海、非经营性的航道、锚地等交通基础设施用海、教学、科研、防灾减灾、海难搜救打捞等非经营性公益事业用海。按照国务院财政部门和国务院海洋行政主管部门的规定，经有批准权的人民政府财政部门和海洋行政主管部门审查批准，下列用海可以减缴或者免缴海域使用金：公用设施用海、国家重大建设项目用海、养殖用海。

6. 监督检查

国务院海洋行政主管部门负责全国海域使用的监督管理。沿海县级以上地方人民政府海洋行政主管部门根据授权，负责本行政区毗邻海域使用的监督管理。中央人民政府海洋行政主管部门行使对海域使用的监督检查，财政部行使对海域使用金缴纳情况的监督检查。

7. 法律责任

（1）未经批准或者骗取批准，非法占用海域的，责令退还非法占用的海域，恢复海域原状，没收违法所得，并处非法占用海域期间内该海域面积应缴纳的海域使用金 5 倍以上 15 倍以下的罚款。

（2）对未经批准或者骗取批准，进行围海、填海活动的，并处非法占用海域期间内该海域面积应缴纳的海域使用金 10 倍以上 20 倍以下的罚款。

（3）海域使用权期满，未办理有关手续仍继续使用海域的，责令限期办理，可以并处 1 万元以下的罚款；拒不办理的，以非法占用海域论处。

（4）擅自改变海域用途的，责令限期改正，没收违法所得，并处非法改变海域用途的期间内该海域面积应缴纳的海域使用金 5 倍以上 15 倍以下的罚款；对拒不改正的，由颁发海域使用权证书的人民政府注销海域使用权证书，收回海域使用权；按年度逐年缴纳海域使用金的海域使用权人不按期缴纳海域使用金的，限期缴纳；在限期内仍拒不缴纳的，由颁发海域使用权证书的人民政府注销海域使用权证书，收回海域使用权。

## 三、无居民海岛使用金收入

无居民海岛使用金收入是指按照《海域使用管理法》征收的国家无居民海岛使用金收入，属于国有资源（资产）有偿使用收入。

无居民海岛使用金收入分为中央无居民海岛使用金收入和地方无居民海岛使用金收入。中央无居民海岛使用金收入归属中央财政，地方无居民海岛使用金收入归属地方财政。

### （一）无居民海岛使用金历史沿革

我国无居民海岛有偿使用源于2010年颁布实施的《中华人民共和国海岛保护法》（以下简称《海岛保护法》）。

我国现已初步建立无居民海岛有偿使用制度，对开发利用者征收无居民海岛使用金。自《海岛保护法》实施以来，我国累计征收无居民海岛使用金约5亿元，对维护国家所有者权益、促进海域海岛资源保护发挥了积极作用。

《国务院关于全民所有自然资源资产有偿使用制度改革的指导意见》（国发〔2016〕82号）提出，在采取严格生态保护措施的前提下，明确无居民海岛有偿使用的范围、条件、程序和权利体系，设立无居民海岛使用权和完善其权能，并逐步扩大市场化出让范围。

### （二）无居民海岛使用金基本规定

根据国家海洋局2018年7月5日发布《关于海域、无居民海岛有偿使用的意见》、财政部关于印发《调整海域、无居民海岛使用金征收标准》、财政部、国家海洋局制定的《无居民海岛使用金征收标准》（以下简称国家标准）以及《财政部　国家海洋局关于印发〈无居民海岛使用金征收使用管理办法〉的通知》等文件，无居民海岛使用金基本规定如下。

1. 缴纳义务人

无居民海岛使用金的缴纳义务人，是指依法取得一定年限内国家无居民海岛使用权的无居民海岛使用者。

无居民海岛使用金，是指无居民海岛使用者依法向国家缴纳的无居民海岛使用权价款，不包括无居民海岛使用者取得无居民海岛使用权应当依法缴纳的其他相关税费。

无居民海岛使用权可以通过申请审批方式出让，也可以通过招标、拍卖、挂牌的方式出让。其中，旅游、娱乐、工业等经营性用岛有两个及两个以上意向者的，一律实行招标、拍卖、挂牌方式出让。未经批准，无居民海岛使用者不得转让、出租和抵押无居民海岛使用权，不得改变海岛用途和用岛性质。

单位和个人利用无居民海岛，应当经国务院或者沿海省、自治区、直辖市人民政府依法批准，并按照规定缴纳无居民海岛使用金。未足额缴纳无居民海岛使用金的，海洋主管部门不得办理无居民海岛使用权证书。

2. 缴纳标准

（1）无居民海岛使用权出让实行最低标准限制制度。

无居民海岛使用权出让由国家或省级海洋行政主管部门按照相关程序通过评估提出出让标准，作为无居民海岛市场化出让或申请审批出让的使用金征收依据，出让标准不得低于按照最低标准核算的最低出让标准。

自 2018 年 5 月 1 日起，征收无居民海岛使用金统一按照国家标准执行。

2018 年 5 月 1 日之前已获批准但尚未缴纳无居民海岛使用金的用海、用岛项目，仍执行原无居民海岛使用金征收标准。其中，招标、拍卖、挂牌方式出让的项目批准时间，以政府批复出让方案的时间为准。

经批准分期缴纳无居民海岛使用金的用海、用岛项目，在批准的分期缴款时间内，应按照出让合同或分期缴款批复缴纳剩余部分。

（2）财政部会同国家海洋局将根据海域、无居民海岛资源环境承载能力和国民经济社会发展情况，综合评估用海用岛需求、海域和无居民海岛使用权价值、生态环境损害成本、社会承受能力等因素的变化，建立价格监测评价机制，对海域、无居民海岛使用金征收标准进行动态调整。

（3）无居民海岛使用权出让最低价的计算。

$$\text{无居民海岛使用权出让最低价} = \text{无居民海岛使用权出让面积} \times \text{使用年限} \times \text{无居民海岛使用权出让最低价标准}$$

公式中，无居民海岛使用权出让面积以无居民海岛使用批准文件确定的开发利用面积为准。

（4）无居民海岛使用金征收标准见“知识链接：无居民海岛使用金征收

标准”。

3. 缴纳方式

（1）无居民海岛使用金按照批准的使用年限实行一次性计征。

（2）应缴纳的无居民海岛使用金额度超过 1 亿元的，无居民海岛使用者可以提出申请，经批准用岛的海洋主管部门商同级财政部门同意后，可以在 3 年时间内分次缴纳。

（3）分次缴纳无居民海岛使用金的，首次缴纳额度不得低于总额度的 50%。在首次缴纳无居民海岛使用金后，由国务院海洋主管部门或者省级海洋主管部门依法颁发无居民海岛使用临时证书；全部缴清无居民海岛使用金后，由国务院海洋主管部门或者省级海洋主管部门依法换发无居民海岛使用权证书。

无居民海岛使用者申请分次缴纳无居民海岛使用金的申请和批准程序，按照本办法规定的免缴无居民海岛使用金的申请和核准程序执行。

4. 征收管理

（1）无居民海岛使用金属于政府非税收入，由省级以上财政部门负责征收管理，由省级以上海洋主管部门负责具体征收。

（2）国务院批准用岛的，无居民海岛使用金由国务院海洋主管部门负责征收。省级人民政府批准用岛的，无居民海岛使用金由海岛所在地省级海洋主管部门负责征收。

（3）无居民海岛使用者未按规定及时足额缴纳无居民海岛使用金的，按日加收 1‰的滞纳金。滞纳金随同无居民海岛使用金按规定分成比例和科目一并缴入相应级次国库。

5. 免缴规定

下列用岛免缴无居民海岛使用金：

（1）国防用岛。

（2）公务用岛。指各级国家行政机关或者其他承担公共事务管理任务的单位依法履行公共事务管理职责的用岛。

（3）教学用岛，指非经营性的教学和科研项目用岛。

（4）防灾减灾用岛。

（5）非经营性公用基础设施建设用岛，包括非经营性码头、桥梁、道路建设用岛，非经营性供水、供电设施建设用岛，不包括为上述非经营性基础设施提供配套服务的经营性用岛。

（6）基础测绘和气象观测用岛。

（7）国务院财政部门、海洋主管部门认定的其他公益事业用岛。

6. 免缴审批

省级以上财政、海洋主管部门应当严格按照本办法规定权限核准免缴无居民海岛使用金。其他任何部门和单位均不得核准免缴无居民海岛使用金。

免缴无居民海岛使用金的，应当依法申请并经核准。申请人在收到《无居民海岛使用金缴款通知书》之日起30日内，按照下列规定提出免缴无居民海岛使用金的书面申请，逾期不予受理：申请人申请免缴国务院审批项目用岛应缴的无居民海岛使用金，应当分别向国务院财政、海洋主管部门提出书面申请；申请人申请免缴省级人民政府审批项目用岛应缴的无居民海岛使用金，应当分别向项目所在地的省级财政、海洋主管部门提出书面申请。

申请人申请免缴无居民海岛使用金，应当提交下列相关资料：免缴无居民海岛使用金的书面申请，包括免缴理由、免缴金额、免缴期限等内容；能够证明项目用岛性质的相关证明材料；省级以上财政、海洋主管部门认为应当提交的其他相关材料。

（1）国务院财政、海洋主管部门原则上应当在收到申请人的申请后60日内，由国务院海洋主管部门对免缴无居民海岛使用金的合法性提出初审意见，经同级财政部门审核同意后，由国务院财政部门会同同级海洋主管部门以书面形式批复申请人。

（2）省级财政、海洋主管部门原则上应当在收到申请人的申请后60日内，由省级海洋主管部门对免缴无居民海岛使用金的合法性提出初审意见，经同级财政部门审核同意后，由省级财政部门会同同级海洋主管部门以书面形式批复申请人。

（3）经依法核准免缴无居民海岛使用金的用岛项目，申请转让无居民海岛使用权或者改变海岛用途和用岛性质的，应当按照有关规定重新履行无居民海岛使用金免缴申请和报批手续。

7. 分成比例及缴库管理

（1）无居民海岛使用金实行中央地方分成。其中20%缴入中央国库，80%缴入地方国库。

（2）地方分成的无居民海岛使用金在省（自治区、直辖市，以下简称省）、市、县级之间的分配比例，由沿海各省级人民政府财政部门确定，报省级人民政府批准后执行。

（3）无居民海岛使用金实行就地缴库办法。

（4）省级以上海洋主管部门征收无居民海岛使用金，应当向无居民海岛使用者开具《无居民海岛使用金缴款通知书》，通知无居民海岛使用者按照有关要求，填写《非税收入一般缴款书》，在无居民海岛所在市、县就地缴纳无居民海岛使用金。省级以上海洋主管部门应将《无居民海岛使用金缴款通知书》以及《非税收入一般缴款书》第四联复印件报送财政部当地监管局备查。填写《非税收入一般缴款书》时，“财政机关”填写“财政部门”，“预算级次”填写“中央地方分成”，“收款国库”填写实际收纳款项的国库名称，“备注”栏注明中央地方分成比例。

《无居民海岛使用金缴款通知书》应当明确用岛面积、适用的征收等别、征收标准、应缴纳的无居民海岛使用金数额、缴纳无居民海岛使用金的期限、缴库方式、适用的政府收支分类科目等相关内容。无居民海岛使用者应当在收到《无居民海岛使用金缴款通知书》1个月之内，按要求缴纳无居民海岛使用金。

8. 资金使用规定

无居民海岛使用金纳入一般预算管理，主要用于海岛保护、管理和生态修复。

（1）无居民海岛使用金的具体使用范围。

海岛保护。包括海岛及其周边海域生态系统保护、无居民海岛自然资源保护和特殊用途海岛保护，即保护海岛资源、生态，维护国家海洋权益和国防安全。

海岛管理。包括各级政府及其海岛管理部门依据法律及法定职权，综合运用行政、经济、法律和技术等措施对海岛保护和合理利用进行的管理和监督。

海岛生态修复。包括依据生态修复方案，通过生物技术、工程技术等人工方法对生态系统遭受破坏的海岛进行修复，并对修复效果进行追踪的工作。

省级以上财政、海洋主管部门确定的其他项目。

（2）当年缴入国库的无居民海岛使用金由财政部门在下一年度支出预算中安排使用。

（3）中央分成的无居民海岛使用金支出预算，按照国务院财政部门关于部门预算管理的规定进行编报、审核和下达。中央分成的无居民海岛使用金在用于中央本级支出有结余时，可以视情况安排补助地方无居民海岛使用金支出预算，或者由国务院财政部门统筹安排。

（4）地方分成的无居民海岛使用金支出预算，按照本地区关于部门预算管理的规定执行。

（5）无居民海岛使用金的支付按照财政国库管理制度的规定执行。资金使用中涉及政府采购的，按照《中华人民共和国政府采购法》及政府采购的有关规定执行。

（6）无居民海岛使用金项目资金应当纳入单位财务统一管理，分账核算，确保专款专用。严禁将无居民海岛使用金项目资金用于支付各种罚款、捐助、赞助、投资等。

（7）跨年度执行的项目在项目未完成时形成的年度结转资金，结转下一年度按规定继续使用。项目因故终止的，结余资金按照国务院财政部门关于财政拨款结余资金的有关规定办理。

9. 监督检查与法律责任

（1）各级财政、海洋主管部门负责对无居民海岛使用金征收、使用情况的管理，定期或不定期地开展无居民海岛使用金征收、使用情况的专项检查。

（2）拒不缴纳无居民海岛使用金的，由依法颁发无居民海岛使用权证书的海洋主管部门无偿收回无居民海岛使用权。

（3）无居民海岛使用金项目承担单位未按照批准的用途使用无居民海岛使用金的，由县级以上财政部门会同同级海洋主管部门依据职权责令限期改正；逾期不改正的，项目承担单位应将无居民海岛使用金按原拨款渠道退回批准预算的财政部门，并给予5年内不得申请无居民海岛使用金项目的处理。

（4）单位和个人有下列行为之一的，依照《财政违法行为处罚处分条例》等国家有关规定追究法律责任：

①不按规定征收无居民海岛使用金的；

②不按规定及时足额缴纳无居民海岛使用金的；

③违反规定核准免缴无居民海岛使用金的；

④申请人不如实提供有关资料，弄虚作假，骗取免缴无居民海岛使用金的；

⑤截留、挤占、挪用无居民海岛使用金的。

## 知识链接

### 无居民海岛使用金征收标准

一、无居民海岛等别

依据经济社会发展条件差异和无居民海岛分布情况，将无居民海岛划分为六等。

一等：

上海：浦东新区

山东：青岛市（市北区　市南区）

福建：厦门市（湖里区　思明区）

广东：广州市（黄埔区　南沙区）　深圳市（宝安区　福田区　龙岗区　南山区　盐田区）

二等：

上海：金山区

天津：滨海新区

辽宁：大连市（沙河口区　西岗区　中山区）

山东：青岛市（城阳区　黄岛区　崂山区）

福建：泉州市丰泽区　厦门市（海沧区　集美区）

广东：东莞市　中山市　珠海市（金湾区　香洲区）

三等：

上海：崇明区

辽宁：大连市甘井子区

山东：即墨区　龙口市　蓬莱市　日照市（东港区　岚山区）　荣成市　威海市环翠区　烟台市（莱山区　芝罘区）

浙江：宁波市（北仑区　鄞州区　镇海区）　台州市（椒江区　路桥区）　舟山市定海区

福建：福清市　福州市马尾区　晋江市　泉州市泉港区　石狮市　厦门市翔安区

广东：茂名市电白区　惠东县　惠州市惠阳区　汕头市（澄海区　濠江区　潮南区　潮阳区　金平区　龙湖区）　湛江市（赤坎区　麻章区　坡头区）

海南：海口市美兰区　三亚市（吉阳区　崖州区　天涯区　海棠区）

四等：

辽宁：长海县　大连市（金州区　旅顺口区）　瓦房店市　葫芦岛市市辖区　绥中县　兴城市

河北：秦皇岛市山海关区

山东：莱州市　乳山市　威海市文登区　烟台市牟平区　海阳市

江苏：连云港市连云区

浙江：海盐县　平湖市　嵊泗县　温岭市　玉环市　乐清市　舟山市普陀区

福建：福州市长乐区　惠安县　龙海市　南安市

广东：恩平市　南澳县　汕尾市城区　台山市　阳江市江城区

广西：北海市海城区

海南：儋州市

五等：

辽宁：东港市　大连市普兰店区　庄河市

河北：唐山市曹妃甸区　乐亭县

山东：长岛县　东营市（东营区　河口区）　莱阳市　潍坊市寒亭区

江苏：盐城市大丰区　东台市　如东县

浙江：岱山县　温州市洞头区　宁波市奉化区　临海市　宁海县　瑞安市　三门县　象山县

福建：连江县　罗源县　平潭县　莆田市（荔城区　秀屿区）　漳浦县

广东：海丰县　惠来县　雷州市　廉江市　陆丰市　饶平县　遂溪县　吴川市　徐闻县　阳东区　阳西县

广西：防城港市（防城区　港口区）　钦州市钦南区

海南：澄迈县　琼海市　文昌市　陵水县　乐东县　万宁市

六等：

辽宁：锦州市（凌海市）　盘锦市（大洼区　盘山县）

山东：昌邑市　广饶县　利津县　无棣县

江苏：连云港市赣榆区

浙江：苍南县　平阳县

福建：东山县　福安市　福鼎市　宁德市蕉城区　霞浦县　云霄县

诏安县

广西：东兴市　合浦县

海南：昌江县　东方市　临高县　三沙市

我国管辖的其他区域的海岛。

二、无居民海岛用岛类型

根据无居民海岛开发利用项目主导功能定位，将用岛类型划分为九类，见表4-3。

表4-3　　无居民海岛用岛类型

| 编码 | 类型名称 | 界定 |
|---|---|---|
| 1 | 旅游娱乐用岛 | 用于游览、观光、娱乐、康体等旅游娱乐活动及相关设施建设的用岛 |
| 2 | 交通运输用岛 | 用于港口码头、路桥、隧道、机场等交通运输设施及其附属设施建设的用岛 |
| 3 | 工业仓储用岛 | 用于工业生产、工业仓储等的用岛，包括船舶工业、电力工业、盐业等 |
| 4 | 渔业用岛 | 用于渔业生产活动及其附属设施建设的用岛 |
| 5 | 农林牧业用岛 | 用于农、林、牧业生产活动的用岛 |
| 6 | 可再生能源用岛 | 用于风能、太阳能、海洋能、温差能等可再生能源设施建设的经营性用岛 |
| 7 | 城乡建设用岛 | 用于城乡基础设施及配套设施等建设的用岛 |
| 8 | 公共服务用岛 | 用于科研、教育、监测、观测、助航导航等非经营性和公益性设施建设的用岛 |
| 9 | 国防用岛 | 用于驻军、军事设施建设、军事生产等国防目的的用岛 |

三、无居民海岛用岛方式

根据用岛活动对海岛自然岸线、表面积、岛体和植被等的改变程度，将无居民海岛用岛方式划分为六种，见表4-4。

表 4－4　　　　无居民海岛用岛方式

| 编码 | 方式名称 | 界定 |
|---|---|---|
| 1 | 原生利用式 | 不改变海岛岛体及表面积，保持海岛自然岸线和植被的用岛行为 |
| 2 | 轻度利用式 | 造成海岛自然岸线、表面积、岛体和植被等要素发生改变，且变化率最高的指标符合以下任一条件的用岛行为：<br>（1）改变海岛自然岸线属性≤10%<br>（2）改变海岛表面积≤10%<br>（3）改变海岛岛体体积≤10%<br>（4）破坏海岛植被≤10% |
| 3 | 中度利用式 | 造成海岛自然岸线、表面积、岛体和植被等要素发生改变，且变化率最高的指标符合以下任一条件的用岛行为：<br>（1）改变海岛自然岸线属性＞10%且＜30%<br>（2）改变海岛表面积＞10%且＜30%<br>（3）改变海岛岛体体积＞10%且＜30%<br>（4）破坏海岛植被＞10%且＜30% |
| 4 | 重度利用式 | 造成海岛自然岸线、表面积、岛体和植被等要素发生改变，且变化率最高的指标符合以下任一条件的用岛行为：<br>（1）改变海岛自然岸线属性≥30%且＜65%<br>（2）改变岛体表面积≥30%且＜65%<br>（3）改变海岛岛体体积≥30%且＜65%<br>（4）破坏海岛植被≥30%且＜65% |
| 5 | 极度利用式 | 造成海岛自然岸线、表面积、岛体和植被等要素发生改变，且变化率最高的指标符合以下任一条件的用岛行为：<br>（1）改变海岛自然岸线属性≥65%<br>（2）改变岛体表面积≥65%<br>（3）改变海岛岛体体积≥65%<br>（4）破坏海岛植被≥65% |
| 6 | 填海连岛与造成岛体消失的用岛 | |

四、无居民海岛使用权出让最低标准

根据各用岛类型的收益情况和用岛方式对海岛生态系统造成的影响，在充分体现国家所有者权益的基础上，将生态环境损害成本纳入价格形成机制，确定无居民海岛使用权出让最低标准（见表 4－5）。国家每年对无居民海岛使用权出让最低标准进行评估，适时调整。

**表 4－5　　无居民海岛使用权出让最低标准**　　单位：万元/公顷·年

| 等别 | 用岛类型 | 用岛方式 | | | | | 填海连岛与造成岛体消失的用岛 |
|---|---|---|---|---|---|---|---|
| | | 原生利用式 | 轻度利用式 | 中度利用式 | 重度利用式 | 极度利用式 | |
| 一等 | 旅游娱乐用岛 | 0.95 | 1.91 | 5.73 | 12.41 | 19.09 | 2 455.00 万元/公顷，按用岛面积一次性计征 |
| | 交通运输用岛 | 1.18 | 2.36 | 7.07 | 15.32 | 23.56 | |
| | 工业仓储用岛 | 1.37 | 2.75 | 8.25 | 17.87 | 27.49 | |
| | 渔业用岛 | 0.38 | 0.75 | 2.26 | 4.90 | 7.54 | |
| | 农林牧业用岛 | 0.30 | 0.60 | 1.81 | 3.92 | 6.03 | |
| | 可再生能源用岛 | 1.04 | 2.08 | 6.25 | 13.54 | 20.83 | |
| | 城乡建设用岛 | 1.47 | 2.95 | 8.84 | 19.15 | 29.46 | |
| | 公共服务用岛 | — | — | — | — | — | |
| | 国防用岛 | — | — | — | — | — | |
| 二等 | 旅游娱乐用岛 | 0.77 | 1.54 | 4.62 | 10.00 | 15.38 | 1 976.00 万元/公顷，按用岛面积一次性计征 |
| | 交通运输用岛 | 0.95 | 1.90 | 5.69 | 12.33 | 18.97 | |
| | 工业仓储用岛 | 1.11 | 2.21 | 6.64 | 14.38 | 22.13 | |
| | 渔业用岛 | 0.30 | 0.61 | 1.83 | 3.95 | 6.08 | |
| | 农林牧业用岛 | 0.24 | 0.49 | 1.46 | 3.16 | 4.87 | |
| | 可再生能源用岛 | 0.84 | 1.68 | 5.04 | 10.91 | 16.78 | |
| | 城乡建设用岛 | 1.19 | 2.37 | 7.11 | 15.41 | 23.71 | |
| | 公共服务用岛 | — | — | — | — | — | |
| | 国防用岛 | — | — | — | — | — | |
| 三等 | 旅游娱乐用岛 | 0.68 | 1.37 | 4.10 | 8.88 | 13.66 | 1 729.00 万元/公顷，按用岛面积一次性计征 |
| | 交通运输用岛 | 0.83 | 1.66 | 4.98 | 10.79 | 16.60 | |
| | 工业仓储用岛 | 0.97 | 1.94 | 5.81 | 12.59 | 19.36 | |
| | 渔业用岛 | 0.28 | 0.55 | 1.65 | 3.58 | 5.50 | |
| | 农林牧业用岛 | 0.22 | 0.44 | 1.32 | 2.86 | 4.40 | |
| | 可再生能源用岛 | 0.75 | 1.49 | 4.47 | 9.69 | 14.90 | |
| | 城乡建设用岛 | 1.04 | 2.07 | 6.22 | 13.48 | 20.75 | |
| | 公共服务用岛 | — | — | — | — | — | |
| | 国防用岛 | — | — | — | — | — | |

续表

| 等别 | 用岛类型 | 用岛方式 | | | | | 填海连岛与造成岛体消失的用岛 |
| --- | --- | --- | --- | --- | --- | --- | --- |
| | | 原生利用式 | 轻度利用式 | 中度利用式 | 重度利用式 | 极度利用式 | |
| 四等 | 旅游娱乐用岛 | 0.49 | 0.98 | 2.94 | 6.36 | 9.79 | 1 248.00 万元/公顷，按用岛面积一次性计征 |
| | 交通运输用岛 | 0.60 | 1.20 | 3.59 | 7.79 | 11.98 | |
| | 工业仓储用岛 | 0.70 | 1.40 | 4.19 | 9.08 | 13.98 | |
| | 渔业用岛 | 0.20 | 0.39 | 1.17 | 2.54 | 3.91 | |
| | 农林牧业用岛 | 0.16 | 0.31 | 0.94 | 2.03 | 3.13 | |
| | 可再生能源用岛 | 0.53 | 1.07 | 3.20 | 6.94 | 10.68 | |
| | 城乡建设用岛 | 0.75 | 1.50 | 4.49 | 9.73 | 14.97 | |
| | 公共服务用岛 | — | — | — | — | — | |
| | 国防用岛 | — | — | — | — | — | |
| 五等 | 旅游娱乐用岛 | 0.42 | 0.84 | 2.51 | 5.45 | 8.38 | 1 056.00 万元/公顷，按用岛面积一次性计征 |
| | 交通运输用岛 | 0.51 | 1.01 | 3.04 | 6.59 | 10.14 | |
| | 工业仓储用岛 | 0.59 | 1.18 | 3.55 | 7.69 | 11.83 | |
| | 渔业用岛 | 0.17 | 0.34 | 1.02 | 2.21 | 3.39 | |
| | 农林牧业用岛 | 0.14 | 0.27 | 0.81 | 1.76 | 2.71 | |
| | 可再生能源用岛 | 0.46 | 0.91 | 2.74 | 5.94 | 9.14 | |
| | 城乡建设用岛 | 0.63 | 1.27 | 3.80 | 8.24 | 12.68 | |
| | 公共服务用岛 | — | — | — | — | — | |
| | 国防用岛 | — | — | — | — | — | |
| 六等 | 旅游娱乐用岛 | 0.37 | 0.75 | 2.24 | 4.86 | 7.48 | 927.00 万元/公顷，按用岛面积一次性计征 |
| | 交通运输用岛 | 0.45 | 0.89 | 2.67 | 5.79 | 8.90 | |
| | 工业仓储用岛 | 0.52 | 1.04 | 3.12 | 6.75 | 10.39 | |
| | 渔业用岛 | 0.15 | 0.31 | 0.93 | 2.01 | 3.09 | |
| | 农林牧业用岛 | 0.12 | 0.25 | 0.74 | 1.61 | 2.47 | |
| | 可再生能源用岛 | 0.41 | 0.82 | 2.45 | 5.30 | 8.16 | |
| | 城乡建设用岛 | 0.56 | 1.11 | 3.34 | 7.23 | 11.13 | |
| | 公共服务用岛 | — | — | — | — | — | |
| | 国防用岛 | — | — | — | — | — | |

无居民海岛出让前，应确定无居民海岛等别、用岛类型和用岛方式，核算出让最低价，在此基础上对无居民海岛上的珍稀濒危物种、淡水、

沙滩等资源价值进行评估，一并形成出让价。出让价作为申请审批出让和市场化出让底价的参考依据，不得低于最低价。

**海域使用金缴款通知书模版**

×××项目用海总面积×××公顷，其中×××（用海方式）用海面积×××公顷。海域使用金按×××（文号）规定征收。项目所在海域等别为×××等，征收标准为：×××（用海方式）×××万元/公顷，一次性征收；×××（用海方式）×××万元/公顷，按年度征收。第一年度海域使用金合计为×××万元，其中30%（×××万元）缴中央国库，70%（×××万元）缴地方国库。自第二年度起，逐年缴纳海域使用金的用海按当年有效的征收标准征收海域使用金。

请你单位与×××海洋厅（局）联系，按要求办理缴款手续，确保海域使用金及时足额缴纳。

## 第三节　地方政府其他非税收入

地方政府非税收入是地方财政收入的重要补充，在地方财力体系中占有举足轻重的地位。《政府非税收入管理办法》明确规定："非税收入实行分类分级管理"，"根据非税收入不同类别和特点，制定与分类相适应的管理制度。鼓励各地区探索和建立符合本地实际的非税收入管理制度。""县级以上地方财政部门负责制定本行政区域非税收入管理制度和政策，按管理权限审批设立非税收入，征缴、管理和监督本行政区域非税收入。"

因此，我国不同地区非税收入的具体管理制度不尽相同。本节主要介绍地方政府（省一级，以下同）的非税收入管理规定。

### 一、地方政府国有资本经营收入

2011年，财政部发布《关于推动地方开展国有资本经营预算工作的通知》（财企〔2011〕83号）要求，进一步推进地方国有资本经营预算工作，完善政府预算管理体系。

以湖南省为例，根据《湖南省省级企业国有资本收益收取管理暂行办法》（湘财企〔2011〕2 号）规定，湖南省政府国有资本经营收入基本内容规定如下。

**（一）缴纳义务人**

地方政府国有资本经营收入缴纳义务人为省级企业，即省级政府及其各部门、机构履行出资人职责的一级企业（不含金融企业）。

**（二）缴纳对象**

地方政府国有资本经营收入是指地方政府代表国家以所有者身份依法获取的国有资本收入。

具体包括：应交利润，即国有独资企业按规定应当上交国家的利润；国有股股利、股息，即国有控股、参股企业国有股权（股份）获得的股利、股息收入；国有产权转让收入，即转让省级企业国有产权、股权（股份）获得的收入；企业清算收入，即国有独资企业清算收入（扣除清算费用），国有控股、参股企业国有股权（股份）分享的公司清算收入（扣除清算费用）以及其他国有资本收益。

**（三）收入缴库**

省级企业国有资本收益直接上交省财政，纳入省本级国有资本经营预算收入管理。省人民政府对省级企业国有资本收益另有规定的，从其规定。

**（四）收益申报**

申报省级企业上交国有资本收益应当按规定申报，并如实填写省级企业国有资本收益申报表。具体申报时间及要求如下：

（1）应交利润，在年度终了后 4 个月内，由省级企业一次申报。

（2）国有股股利、股息，在股东会或者股东大会（没有设立股东会或者股东大会的为董事会，下同）表决日后 30 个工作日内，由国有控股、参股企业据实申报，并附送股东会、股东大会的决议文件。

（3）国有产权转让收入，在签订产权转让合同后 15 个工作日内，由省级企业或者省国资委授权的机构据实申报，并附送产权转让合同和资产评估报告。

(4) 企业清算收入，在管理人编制剩余财产分配方案后30个工作日内，由管理人据实申报，并附送企业清算报告和中国注册会计师出具的审计报告。

(5) 其他国有资本收益，在收益确定后30个工作日内，由有关单位申报，并附送有关经济行为或事项发生和金额确认的资料。

省级企业在向省国资委及其他履行出资人职责的部门、机构申报上交国有资本收益时，将申报表及相关材料抄报省财政厅。

国有独资企业拥有全资公司或者控股子公司、子企业的，应当由集团公司（母公司、总公司）以年度合并财务报表反映的归属于母公司所有者的净利润为基础申报。

企业计算应交利润的年度净利润，可以抵扣以前年度未弥补亏损。

### （五）收益审定

省级企业上交国有资本收益区别以下情况核定：

(1) 应交利润，根据经中国注册会计师审计的企业年度合并财务报表反映的归属于母公司所有者的净利润和规定的上交比例计算核定。

(2) 国有股股利、股息，根据国有控股、参股企业关于利润分配的决议核定。

(3) 国有产权转让收入，根据企业产权转让协议和资产评估报告等资料核定。

(4) 企业清算收入，根据管理人提交的企业清算报告核定。

(5) 其他国有资本收益，根据有关经济行为的财务会计资料核定。

省级企业根据国家政策进行重大调整，或者由于遭受重大自然灾害等不可抗力因素造成巨大损失，需要减免应交利润的，由企业提出书面申请，并填报省级企业国有资本收益减免申报表，省国资委及其他履行出资人职责的部门、机构提出审核意见，省财政厅复核后，报省政府批准。减免的应交利润直接转增国家资本或国有资本公积。

### （六）缴纳比例

国有独资企业上交年度净利润的比例，区别不同行业，分以下四类执行：

(1) 资源型和投资型企业按15%。

(2) 农业企业、劳改劳教企业、军工企业和文化企业按5%。

(3) 粮食、棉花储备企业免交国有资本经营收益。

（4）其他企业按 10%。

国有控股、参股企业应付国有投资者的股利、股息，按照股东会或者股东大会决议通过的利润分配方案执行。

国有控股、参股企业应当依法分配年度净利润。当年不予分配的，应当说明暂不分配的理由和依据，并出具股东会或者股东大会的决议。

### （七）缴纳程序

省级企业国有资本收益上交，按照以下程序执行：

（1）省国资委及其他履行出资人职责的部门、机构在收到所属省级企业上报的国有资本收益申报表及相关材料后 15 个工作日内提出汇总审核意见，报送省财政厅复核，省财政厅在收到省国资委及其他履行出资人职责的部门、机构审核意见后 15 个工作日内提出复核意见，将复核意见上报省人民政府审批。

（2）省财政厅根据省人民政府的批复，将审核意见下达省国资委及其他履行出资人职责的部门、机构。

（3）省国资委及其他履行出资人职责的部门、机构根据省财政厅下达的审核意见向所属省级企业下达“国有资本收益上交通知”，并填开“省政府非税收入一般缴款书”，省级企业据此及时足额缴入国库。

### （八）缴纳期限

省级企业应上交的国有资本收益，按照以下规定的时限交清。

（1）省级企业当年应交利润应当在申报日后 1 个月内上交 50%，4 个月内交清。

（2）省级企业股利、股息收入，在股东（大）会通过的股息、股利实际分配日后的 10 个工作日内交清。

（3）产权转让收入，应在产权转让合同约定的付款日后的 10 个工作日内交清。分期付款的，在产权转让合同约定的每期付款日后的 10 个工作日内，将当期付款交清。

（4）清算收入，应在剩余财产实际分配日后的 10 个工作日内交清。以实物资产进行分配的，在实物资产处置合同中约定的付款日后的 10 个工作日内交清。

（5）其他收入，在收入实际发生后的 10 个工作日内交清。

### （九）监督管理

省属企业国有资本收益直接上交省财政，实行“收支两条线”管理，不得坐支。对省级企业欠交国有资本收益的情况，省财政厅、省国资委及其他履行出资人职责的部门、机构应当查明原因，采取措施予以催交。省级企业拒交或欠交国有资本收益的，省财政厅将依照《财政违法行为处罚处分条例》予以严肃处理。

各省的具体规定各有不同，如《贵州省省属企业国有资本收益收取管理办法》（黔府办发〔2014〕31 号）规定：“国有独资企业按规定比例上交年度净利润：2014 ~2015 年按 8% 上交、2016 ~2017 年按 12% 上交、2018 ~2019 年按 15% 上交、2020 年及以后按 18% 上交。”

总之，各省都发布了国有资本收益收取管理办法，进一步完善国有资本经营预算管理制度，规范国家与企业的分配关系，加强省属企业国有资本收益管理。

## 二、地方政府国有资源使用收入

### （一）市政公共资源有偿使用收入

根据《财政部　国家发展改革委　住房和城乡建设部关于印发〈市政公共资源有偿使用收入管理办法〉的通知》（财税〔2016〕116 号，以下简称财税〔2016〕116 号文件）规定，市政公共资源有偿使用收入属于政府非税收入，作为国有资源（资产）有偿使用收入上缴财政。

市政公共资源，是指政府为了满足城市公共需要，在城市的建成区和规划区内，投资建设或者依法行使所有者权益的市政设施、公共场地（所）、公共空间以及相关的无形资产、公共服务等。

1. 缴纳义务人

市政公共资源的受让方，为市政公共资源有偿使用收入的缴纳义务人。

2. 缴纳范围

市政公共资源有偿使用收入，是指县级及县级以上地方人民政府出让或者以其他有偿方式（出租、出借等）转让市政公共资源的占有权、使用权、收益权、经营权及其相关权益，所取得的收入。包括但不限于以下收入：

（1）城市公共场地、场所等有偿使用收入；

（2）市政道路路内停车泊位及政府投资的公共停车场等有偿使用收入；

（3）政府投资的城市地下人防设施等地下公共空间有偿使用收入；

（4）市政公共设施、空间、地名等冠名权有偿使用收入；

（5）公园绿地等城市绿地内配套服务设施（含临时设置）及场地有偿使用收入；

（6）城市公共空间广告设置权等有偿使用收入。

县级及县级以上地方人民政府应当按照法律、法规和国家有关规定，主要采取公开招标、拍卖等公平竞争方式，对市政公共资源实行有偿使用。

对不具备采用公平竞争方式实行有偿使用的市政公共资源，可以按照国家有关规定向受让的单位和个人（简称受让方）收取费用。

对政府和社会资本合作模式投资运营的市政公共资源，其有偿使用收入应当按照合同约定确定。

3. 缴纳标准

县级及县级以上地方人民政府可以根据城市管理需要，依照相关法律法规和财税〔2016〕116号文件规定确定本行政区域内实行有偿使用的市政公共资源项目。利用市政公共资源从事面向公众的经营活动并收取费用，按照法律法规规定纳入政府定价目录的，收费标准由价格主管部门确定。

4. 预算管理

市政公共资源有偿使用收入纳入一般公共预算管理，统筹用于市政公共资源建设、维护和管理等方面支出。

市政公共资源有偿使用收入实行收入和支出分离制度，任何部门、单位和个人不得隐瞒、滞留、截留、挪用或者坐支。

5. 监督管理

市政公共资源管理部门会同财政部门，依照相关法律、法规和国家有关规定，组织实施本行政区域内市政公共资源有偿使用管理工作。

受让方利用市政公共资源从事经营活动并向使用人收取费用的行为，由政府价格主管部门依法进行监督检查，对违反《价格法》等法律法规的不正当价格行为实施处罚。

市政公共资源管理部门应当切实做好市政公共资源有偿使用收入的收缴工作，建立健全内部控制制度，如实提供相关情况和资料，接受财政、审计、监察等部门的监督。

县级及县级以上地方财政部门应当切实加强对本地区市政公共资源的有偿使用、收入收缴、资金管理、票据使用等情况的监督，依法查处财政违法违规行为。

有关部门、单位和个人违反本办法规定，有下列情形之一的，依照《预算法》和《财政违法行为处罚处分条例》等国家有关规定追究法律责任：

（1）擅自改变市政公共资源有偿使用收入的收取对象、范围、标准和期限，多收、提前收取或者免收、减收或缓收市政公共资源有偿使用收入的；

（2）隐瞒、滞留、截留、挪用或者坐支市政公共资源有偿使用收入的；

（3）违反规定使用市政公共资源有偿使用收入的；

（4）其他违反政府非税收入管理规定的行为。

**知识链接**

**杭州市政公共资源有偿使用①**

2014 年，杭州市将城区自行车道遮阳棚户外广告项目公开出让，不仅实现了“以棚养棚”，还增加了 100 多万元的收入。2016 年，杭州市将城区公共自行车棚广告 5 年经营权通过杭州产权交易所公开挂牌转让，4 家单位经过 39 轮竞价，最终以 2.14 亿元的总价成交。按 5 年平均计算，每年广告收入 4 280 万元，而公共自行车的年均运营成本大约是 8 000 万元。广告资源已成为公共自行车运营组主要的收入来源，解决了 50% 以上的运营成本。

### （二）陆上石油矿区使用费收入

陆上石油矿区使用费收入属于地方政府国有资源（资产）有偿使用收入。

根据《中外合作开采陆上石油资源缴纳矿区使用费暂行规定》（财政部令〔1990〕3 号）及财政部、国家税务总局《关于修订〈中外合作开采陆上石油资源缴纳矿区使用费暂行规定〉的通知》（财税〔1995〕63 号）规定，陆上石油矿区使用费的基本规定如下。

1. 缴纳义务人

在中华人民共和国境内从事合作开采陆上石油资源的中国企业和外国企业，应当依照规定缴纳陆上石油矿区使用费矿区使用费。

① 资料来源：浙商网，http://biz.zjol.com.cn/system/2016/02/24/021033956.shtml。

2. 缴纳标准

矿区使用费按照每个油、气田日历年度原油或者天然气总产量分别计征。

（1）位于青海、西藏、新疆三省、自治区及浅海地区的中外合作油气田适用以下矿区使用费费率，见表4-6。

**表4-6　位于青海、西藏、新疆三省、自治区及浅海地区的中外合作油气田适用矿区使用费费率**

| 类别 | 产量 | 矿区使用费费率 |
| --- | --- | --- |
| 原油（每个油田日历年度原油总产量） | 不超过100万吨的部分 | 免征 |
| | 超过100万吨至150万吨的部分 | 4% |
| | 超过150万吨至200万吨的部分 | 6% |
| | 超过200万吨至300万吨的部分 | 8% |
| | 超过300万吨至400万吨的部分 | 10% |
| | 超过400万吨的部分 | 12.5% |
| 天然气（每个气田日历年度天然气总产量） | 不超过20亿标立方米的部分 | 免征 |
| | 超过20亿标立方米至35亿标立方米的部分 | 1% |
| | 超过35亿标立方米至50亿标立方米的部分 | 2% |
| | 超过50亿标立方米的部分 | 3% |

（2）位于其他省、自治区、直辖市的中外合作油气田适用以下矿区使用费费率，见表4-7。

**表4-7　位于其他省、自治区、直辖市的中外合作油气田适用矿区使用费费率**

| 类别 | 产量 | 矿区使用费费率 |
| --- | --- | --- |
| 原油（每个油田每个日历年度总产量） | 不超过50万吨的部分 | 免征 |
| | 超过50万吨至100万吨的部分 | 2% |
| | 超过100万吨至150万吨的部分 | 4% |
| | 超过150万吨至200万吨的部分 | 6% |
| | 超过200万吨至300万吨的部分 | 8% |
| | 超过300万吨至400万吨的部分 | 10% |
| | 超过400万吨的部分 | 12.5% |

续表

| 类别 | 产量 | 矿区使用费费率 |
| --- | --- | --- |
| 天然气（每个气田日历年度天然气总产量） | 不超过10亿标立方米的部分 | 免征 |
| | 超过10亿标立方米至25亿标立方米的部分 | 1% |
| | 超过25亿标立方米至50亿标立方米的部分 | 2% |
| | 超过50亿标立方米的部分 | 3% |

3. 缴纳方式

原油和天然气的矿区使用费，均用实物缴纳。

4. 征收管理

原油和天然气的矿区使用费，由税务机关负责征收管理。中外合作开采的油、气田的矿区使用费，由油、气田的作业者代扣，交由中国石油开发公司负责代缴。矿区使用费按年计算，分次或者分期预缴，年度终了后汇算清缴。预缴期限和汇算清缴期限，由税务机关确定。油、气田的作业者应当在每一季度终了后10日内向税务机关报送油、气田的产量，以及税务机关所需要的其他有关资料。

5. 违规处理

（1）油、气田的作业者违反规定，不按期向税务机关报送油、气田的实际产量和税务机关所需其他有关资料的，税务机关可酌情处以人民币5 000元以下的罚款。

（2）隐匿产量的，除追缴应缴纳的矿区使用费外，可酌情处以应补缴矿区使用费5倍以下的罚款。

### （三）外商投资企业场地使用费收入

外商投资企业场地使用费属国有土地有偿使用收入。

1. 外商投资企业场地使用费收入概述

外商投资企业场地使用权是在中国境内设立的中外合资经营企业、中外合作经营企业、外商独资企业以支付场地使用费或以中方已取得的划拨国有土地使用权作价出资、入股等方式而取得的一定期限的国有土地使用权。外商投资企业场地使用权是一种既不同于出让，也不同于划拨的特殊形式的国有土地使用权。

外商投资企业对场地享有占有权、使用权和部分收益权。外商投资企业不得擅自将场地使用权转让、出租、抵押或再作价出资或入股。

中央级外商投资企业场地使用费收入是指中央部门所属企业及中央管理企业与外商合营举办的中外合资、合作经营企业缴纳的场地使用费，中央部门所属企业及中央管理企业与地方企业共同举办的中外合资、合作经营企业缴纳的场地使用费分成部分。

根据《财政部关于地方不再上缴中央级外商投资企业场地使用费收入的通知》（财企〔2008〕293 号）规定，自 2009 年起，中央部门所属企业及中央管理企业与外商合营举办的中外合资、合作经营企业缴纳的场地使用费，中央部门所属企业及中央管理企业与地方企业共同举办的中外合资、合作经营企业缴纳的场地使用费分成部分，中央财政不再集中中央级外商投资企业场地使用费收入，由地方财政部门依法收取、安排使用，中央财政不再安排外商投资环境建设补助资金。

2. 外商投资企业场地使用费收入的基本规定

依据《财政部关于外商投资企业场地使用费征收问题的意见》（财企〔2008〕166 号）等相关文件，外商投资企业场地使用费收入的基本规定如下：

（1）缴纳义务人。

根据《中华人民共和国中外合资经营企业法》及其实施条例、《中华人民共和国外资企业法实施细则》等规定，外商投资企业通过缴纳场地使用费方式取得国有土地使用权，应当按相关合同等约定缴纳场地使用费。

（2）缴纳范围。

根据我国现行土地管理法律法规和政策，外商投资企业是否缴纳场地使用费，应依据《财政部关于外商投资企业场地使用费征收问题的意见》（财企〔2008〕166 号）的相关规定区别情况确定执行。

以划拨方式取得土地使用权的，外商投资企业由于没有支付土地出让金，应当按规定缴纳场地使用费。

以出让方式取得土地使用权的，外商投资企业由于已支付了土地出让金，不再缴纳场地使用费。

以租赁方式取得土地使用权的，如租金计算时已考虑场地开发和土地使用费因素，则不需要缴纳场地使用费；如租金中未予考虑场地开发和土地使用费因素，则由承租人即外商投资企业缴纳场地使用费。

在中外合资合作经营中，外商投资企业的中方以土地使用权作价出资或提供合作条件的，应当由中方投资者区别以上情况缴纳场地使用费。

外商投资企业租赁房屋，不需要缴纳场地使用费。

（3）征收管理。

外商投资企业应缴纳场地使用费的，地方各级财政部门应加强外商投资企业场地使用费征收管理，确保财政收入的及时、足额入库。

# 参考文献


[1] 任先德．政府非税收入管理知识读本［M］．济南：齐鲁书社，2007.

[2] 孙忠欣．政府非税收理论探索与制度建设［M］．北京：中国财政经济出版社，2011.

[3] 郑建新．政府非税收入管理十年纵论［M］．北京：经济科学出版社，2014.

[4] 刘寒波，易继元，郭平，等．政府非税收入概论［M］．长沙：湖南人民出版社，2015.

[5] 白宇飞．我国政府非税收入研究［M］．北京：经济科学出版社，2008.